高效能养育

52个核心教育理念，给孩子创造人生选择权

赵君潇 著

中国妇女出版社

图书在版编目（CIP）数据

高效能养育 / 赵君潇著. -- 北京 ：中国妇女出版社，2018.11
ISBN 978-7-5127-1651-3

Ⅰ.①高… Ⅱ.①赵… Ⅲ.①家庭教育 Ⅳ.①G78

中国版本图书馆CIP数据核字（2018）第236060号

高效能养育

作　　者：赵君潇　著
责任编辑：王海峰
封面设计：尚世视觉
责任印制：王卫东
出版发行：中国妇女出版社
地　　址：北京市东城区史家胡同甲24号　　邮政编码：100010
电　　话：（010）65133160（发行部）　　65133161（邮购）
网　　址：www.womenbooks.cn
法律顾问：北京市道可特律师事务所
经　　销：各地新华书店
印　　刷：北京中科印刷有限公司
开　　本：165×235　1/16
印　　张：18.25
字　　数：300千字
版　　次：2018年11月第1版
印　　次：2019年1月第2次
书　　号：ISBN 978-7-5127-1651-3
定　　价：49.80元

推荐序

家庭是人生的第一所学校

我自己成为一名专业的教育工作者，将近20年的时间了。同时，十多年来，我也养育了自己的孩子。所以，我的工作，我的生活，主要都是跟孩子打交道。作为家长，我要去影响自己孩子的成长；当然，作为以教育为自己安身立命的志业的教师，我更要考虑去影响别的孩子的成长。

在这多重角色的扮演中，尽管身为教师、校长，这些年我却越来越体会到家庭教育的重要。

学校教育当然很重要，但比起家庭教育，学校教育对一个人的成长的影响，我甚至认为只能起到锦上添花的功效。家庭教育是一个人所受教育的起始、根基，幼儿期更是孩子人格养成的“轴心时期”。这一时期的家庭养育，会影响一个人的一生。所以古训说：“三岁看大，七岁看老。”

苏霍姆林斯基说：“人的全面发展取决于母亲和父亲在儿童面前是怎样的人，取决于儿童从父母的榜样中怎样认识人与人的关系和社会环境。”从我当教师以来接触的很多学生来看，苏霍姆林斯基此言，是对家庭教育的作用的一个至关重要且十分精准的概括。想让孩子具备什么，家长首先就要具备什么。

其实，这也就是我们常说的“家庭是人生的第一所学校”“父母是孩子的第一任老师”这些耳熟能详的道理。

道理是都懂，但真正“信奉”并付诸行动的家长却并不多。甚至，作为专业的教育工作者，我常常看到很多家庭教育方面的反面例子：

有些家长，自己的孩子上学后出了问题，不会与人相处，无法适应相关规则。这时候，他们会责怪别人，怪家里看孩子的老人，怪老师，怪学校，怪其他小朋友的家长不包容……他们就是不知道怪自己。从在学校接触的众多个案来看，这类“问题孩子”的一个共同点，基本都是家庭教育中父母缺位，孩子长期在被父母忽略、敷衍，同时被老人溺爱的环境下长大——问题还是出在家庭里。

的确，家长潜移默化的启蒙教育和言传身教都会直接影响一个孩子的学习习惯、道德品质、人生观、世界观的形成。所以，当看到暖暖妈的新书书稿，我十分欣慰。她在书中对于家庭教育的肯定以及重视，与我的经验和判断，是高度契合的。

暖暖妈本科毕业于北京师范大学，硕士毕业于北京大学，目前儿童教育心理学博士生在读，有专业的教育背景，付出过极大耐心和精力研究儿童心理学以及行为学；当然，更重要的是，她有作为母亲养育孩子的实践经验。因此，跟大多数劝诫和示范性的理论不一样，这部著作是暖暖妈在亲历孩子成长的过程中，在不断学习和实践反思中写就的。书中不仅有关于家庭教育的重要案例、论证，还有很多关于早期启蒙教育的方法论。因此无论是理论上还是实践上，这部书都可以给我们很多实际的指导。

作为校长，作为一个教育工作者，我十分推荐在陪伴孩子成长方面有很多疑虑的家长看一看暖暖妈的这本书。教书育人，学校责无旁贷。但如果家庭教育能帮助孩子“扣好人生第一粒扣子”，父母能够与学校和老师相互信任、高度协作，孩子的教育之路就会更顺畅，潜力也会被挖掘得更加充分。至此，孩子也能在成长的过程中形成良好的人际关系，养成独立健全的人格、自主性和自制力。对于一个孩子来说，有了这些品质，优异的学业成绩自是水到渠成。

另外，作为家长，作为一位家庭教育研究者，暖暖妈理解教育的本质，理解父母的言传身教和家庭环境胜于一切书本教育。她说：我们给孩子充分的经济条件，让他们有安定的物质生活，这十分重要，但是能给孩子温暖和睦的家庭氛围，能和孩子平等交流的沟通渠道，能让孩子永远感到安全的心理依靠，这更加重要。

深以为然！

李建文

北京师范大学三帆中学朝阳学校执行校长

2018年10月

推荐序

给孩子创造人生选择权

暖暖妈是我见过最棒的妈妈之一，不是因为她高学历、高智商、高颜值，而是因为她有一颗真正了解孩子需求的心。在我看来，“高效能养育”不是让孩子简单成为高学历、高智商的人，而是为他们创造更多选择人生的机会。

“授人以鱼，不如授之以渔”，暖暖妈在本书中启发我们如何唤醒孩子的自驱力，看到每个孩子都是不可复制的宝藏，让我们每位父母都要找到孩子内心的小宇宙——那是孩子最灿烂的地方。

在《高效能养育》一书中，暖暖妈视孩子为独立个体，尊重孩子，提倡做孩子的朋友，给孩子独立的空间，从而让孩子学会平和。她以详实的事例和细腻的语言，为我们勾画出一幅幅“高效能养育蓝图”，将快乐根植于其中。

让我特别惊讶的是，暖暖妈明白孩子将来要在社会中生存，拥有规则意识和守约精神是重要的素养，她没有简单地维护孩子的童真世界，而是用方法去引导孩子如何做，非常棒!

暖暖妈还大胆开谈性教育，切入点很有技巧，致力于让孩子“学会保护自己”成为现实。

谢谢暖暖妈用爱心和经验打造的倾心之作，我相信每位读到此书的父母都是非常幸运的，包括我自己。

愿好书常驻人心。

让我们一起为孩子加油，给孩子创造人生选择权，他们每一个都是天使。

陈立均

当当副总裁

2018年10月

自 序

高效能养育，给孩子选择人生的权利

投身亲子教育领域的这几年，我跟很多妈妈探讨过孩子的教育问题。

当下，“佛系养育”、快乐教育似乎已经成为炙手可热的教育理念。当“鸡汤文”逐渐蔓延到教育领域的时候，我发现有一些观点特别有代表性。如：“我不想我的孩子压力太大，我只希望他快乐地长大，也不希望他以后功成名就，做个快乐的普通人就好。”再比如：“我们小时候也没人管，更不要说那么多五花八门的能力培养和教育，不一样长大了吗？做父母的不用焦虑，顺其自然就好。”

这样的观点目前已经成为“鸡汤育儿”的主流观点。父母完全放手，去捍卫孩子的绝对自由和快乐。这样的佛系状态，是很多新手父母在看完网络上盛行的鸡汤文之后，崇尚并努力追求的境界。

可这种观点本身就是一个悖论：

首先，快乐的普通人，应该如何理解？当一个人，整天为生存而挣扎，整天为下个月的生活费而茫然时，我们会觉得他快乐吗？当一个人整天为生不起病、吃不起药而痛苦时，我们会觉得他快乐吗？当一个人整天为柴米油盐的生活琐事，跟身边的人大吵大闹，整个人被搞得一地鸡毛、心力交瘁时，我们会觉得他快乐吗？所以，大部分人所定义的愿意让孩子成为的“快乐的普通人”，其实指的是“衣食无忧，身体健康，善良诚实，坚强勇敢，具有正能量，有人爱有人疼的快乐的普通人”。可这样的“普通人”的生活，就那么容易达成吗?

其次，那些说我们小时候没有接受过各种各样的专业培训和教育也同样长大了的人，其实是误解了教育的本质。教育的核心，不在于学校教育，不在于课堂，也不在于专家和理论，而在于家庭。我们父母的一言一行，对很多问题的解决方式，面对逆境的处理态度，都在潜移默化中影响了我们。童年时代的每一个细节，都在无形中成就了现在的我们。成功的孩子，不是被培训出来的，而是被影响出来的。

“育儿鸡汤”告诉我们，尊重就是不要替孩子选择他们的人生。然而，真正的养育是要教会我们，教育的最终目的，是让孩子在不久的将来，能拥有选择人生的权利。

说到这里，我们不妨先来谈谈快乐教育理念的起源。“快乐教育”这个理念最早是由19世纪英国著名教育家赫伯特·斯宾塞提出的。斯宾塞强调快乐教育是为了扭转长期以来人们“把教育仅仅看作是在严肃教室中的苦行僧生活”的误区，重视对孩子来说更有意义的自然教育和自助教育。快乐教育与任何一种教育方法一样，终极目标都是使人获得成功，因为只有成功才能让人感受到快乐。因此，帮助孩子成功是快乐教育的一项重要内容。

也就是说，快乐教育本来指的是让教育的过程和方法更快乐，目标也是指向“帮助孩子成功”，遗憾的是最后却被误解成了“无为而治”“随遇而安”“放任自流”的代名词。

“育儿鸡汤”告诉我们，要遵从孩子的内心，不能强迫。然而，真正的养育是要教会我们，如何用正确的家庭教育，去影响孩子找到内生的自驱力。做很多事情，取得一些成绩，浅尝辄止的快乐往往是暂时的，但凡想要再往专业和极致迈出一小步，就会立刻脱离舒适区，进入一个痛苦的反转。

苦吗？苦。

没有哪一种成就的获得，不需要经历苦的淬炼；没有哪一种辉煌的背后，不需要付出长期而持久的努力。凭什么教育就应该是轻松愉悦的？真正的成功之路，从来不会是别人早已准备好了鲜花、红毯和掌声，我们只是碰巧走上去就好。如果成就唾手可得，理想轻松成真，那最终赢的凭什么是我们？

有时候，苦，本身也是快乐的一种。

真正的快乐，是分层级的。吃喝玩乐、聚会聊天带来的身心愉悦是一种快乐，通过绞尽脑汁攻克一道又一道难题带来的成就感也是一种快乐。快乐没有对错。前者的快乐，因为太容易得到，也很容易被遗忘。反而是后者那种需要全身心投入、克服困难和挑战去获取的快乐，要比单纯的感官刺激的愉悦来得更持久、更深刻、更难忘，也更满足。而这种更高层级的快乐，不是天生的，也不是人人都能拥有的，它是一种需要反复训练才能获得的能力，是智慧、思考、努力、方法等多重因素凝结成的结晶。

“育儿鸡汤”告诉我们，那些高分低能的孩子，何其可悲、可叹。然而，真正的养育是要教会我们，教育的终点不是分数和名校，而是人生的态度与世界的高度联结。

在过去的40年里，对我们而言，高考是具有决定一个人人生走向作用的。可时至今日，对大多数人来说，高考决定不了什么。真正决定孩子命运的，是进入社会之前的价值观和行为习惯。

拥有良好的学习方法、不服输的坚强意志、对自己负责的积极态度的孩子，也会用同样的坚毅、灵活、勇敢、不轻言放弃，去面对将来的工作和生活。这些“附加值”才是亲子教育的核心。所以，越是爱孩子，越要看清快乐教育的真谛，它非但不意味着“散养”“无为”，反而是一种需要更高眼界、更多技巧、更多心血的教育方式。

因此，我认为真正的教育应该是这样的：

父母要用心发现和培养孩子对学习的兴趣，尽己所能地引导孩子、帮助孩子，让他学会如何高效地处理面临的困难，如何以快乐、有趣的方式去学习。而孩子，则在一次次挑战未知、克服局限、得到回馈的过程中，逐渐找到自己的优势和目标所在，体验到那种更高层次的快乐。

这样的教育，不单是为了让孩子赢得一次考试或者考上好大学，更是为了培养他坚忍不拔、善于思考和勇于尝试的品质。哪怕他日后在生活面前、在感情面前遇到再大的困难，都不会是一个浅尝辄止、轻言放弃的人。

这，比考试分数、考级、考上好大学都更加重要。

这也正如我在前文所说，我们去影响、去唤醒孩子的内驱力，不是要帮他们选择未来的人生，而是让他们在不久的将来，能拥有选择人生的权利。

在赛道上拼尽全力也好，坐在路边鼓掌也好，人生没有绝对正确的模式。但前提是，这是孩子主动、自由的选择，而不是生活所迫的不得已为之。

那时，我们的孩子才有资格说："我很快乐。"

所以本书的核心，是要跟大家分享，如何从家庭教育中，唤醒孩子的内驱力，如何正确地实施快乐教育。

如果你也正在为孩子的教育问题而焦虑，别紧张，我们一起前行，去探索让教育过程变得更加有趣、高效、有用的奥秘。

以上所谈论的一切教育观念，一言以蔽之，我暂且称之为高效能养育。

是为序。

暖暖妈　赵君潇

2018年8月

目录 —

C O N T E N T S

第一章 教养的格局：孩子的差距，来自原生家庭

第二章 育儿当如待客：学会爱孩子，跟家庭的伤说再见

第五章 规矩和爱：
孩子需要自由，也需要规则

第六章 着眼未来的养育：
比起高分，孩子更需要适应未来的能力

第七章　社会化培养：
让孩子成为一个合格的“社会人”

第一章

1

教养的格局：孩子的差距，来自原生家庭

别让原生家庭成为限制孩子发展的天花板

曾有一个姑娘小C向我抱怨自己的父母，语气里满是绝望和难过。

小C大学毕业2年多，工作和薪水在同龄人中属于“刚刚及格”的水平。

亲戚家的女儿留学归来，工作半年就给亲戚买了个价格五位数的名牌包。小C妈妈受了刺激，毫不留情地把小C讽刺挖苦了一顿，从工作能力差到没有上进心再到性格不讨喜，活活把小C形容成一个一事无成的Loser。

面对来自至亲之人尖锐的指责，小C虽从小就已经习以为常，但仍免不了低落愤懑：“他们还好意思说我，他们自己都是一辈子一事无成的丑鸭子，我怎么可能突然基因突变异化成白天鹅？”

小C的家境并不优渥，爸爸常年流连于附近街道的几个棋牌室，“废寝忘食”地玩儿，而妈妈热衷于抱怨老公、女儿和她身边的一切。

小C的成长中不仅没有良好的经济条件作为支撑，也没有温情而善意的家庭氛围，导致了她在遇到事情时，非常容易产生消极和抱怨的想法，根本谈不上什么追求理想人生的激情。

是谁决定了孩子的命运

她的故事让我想到美国教育部曾经做过一个大型的研究——儿童早期纵向研究（Early Childhood Longitudinal Study），该研究对儿童早期教育进行了科学的调查和分析，通过追踪两万余名儿童的成长足迹，最终得出了与孩子学习成绩强烈相关的几个因素：父母的教育程度、父母的经济社会地位、母亲生育孩子时年龄超过30岁、父母在家教英文等。

没错，从很大程度上来说，决定孩子成绩的主要因素是父母。同样，孩子的性格、眼界、为人处世的方式等也都深受父母影响。父母才是孩子人生的天花板。所以，如果要抱怨孩子，不妨先想一想，是谁决定了孩子的命运。

孩子是一颗未被定义的种子，种在什么土壤里就会开出什么样的花朵。

大部分时候，我们只要看到孩子，就能够基本知晓父母的样子。一度被称为“小股神”的青年才俊汤珈铖，出生在父母兢兢业业的家庭；而Facebook的创始人扎克伯格的医生父母，培养出了4个出色的孩子。

热播剧《欢乐颂》中，有两个年龄相仿但性格截然不同的姑娘关雎尔和邱莹莹。前者的身上带着浓浓的书卷气息，说话温柔，做事喜欢考虑他人的感受，就像一杯温度永远合适的水；而后者则充满了欢乐、直率的市井气息，性格冲动，不懂圆滑，缺乏细腻。

在两人的父母出场前，观众就能够大致猜出关雎尔家境不错、父母受教育程度不低；而邱莹莹则是出生于小城市的普通家庭，父母没有太多文化。事实证明，关雎尔气质优越、做事果断的妈妈和邱莹莹那个热衷于成功学的爸爸，就是两人女儿命运的无声暗示。

我们当然无法评判谁的人生更有意义一些，但是孩子的人生很大程度上受父母影响，他们要挣脱这种影响，实现脱胎换骨，并不是一件轻松的事情。

哥伦比亚有两对双胞胎，因为医院的失误，其中两人被抱错了。20多年后，因为一个偶然的巧合再相遇时，长在乡下的两个孩子都成为卖肉的屠夫；而长在城里的两个孩子虽然家庭条件也并不算很好，但他们有机会接受教育，分别成了会计和工程师——两个被抱错的孩子，命运发生了巨大改变。

美国加州州立大学双胞胎研究中心的心理专家曾经前往哥伦比亚采访这两对双胞胎，想搞清楚是遗传还是环境对他们的生活影响更大。专家们原以为双胞胎之间的相似度会更高，但最后发现，生活环境对他们的影响更值得关注。

孩子朝着满分人生奔跑时，我们能给孩子什么支持

一、经济基础

不管是ECLS研究结果中的“父母的经济社会地位”，还是现实生活的直接经验，都让我们对物质基础有着深刻的认知。看了浙江卫视的节目《爸爸回来了》之后，很多人对能讲一口流利英文的威廉弟弟大肆赞扬，羡慕他“一出生就已经赢了很多人的一生”时，其实他们真正羡慕的是王中磊夫妇在孩子教育上一年6位数的令人咋舌的高昂学费。当年王中磊结婚时连钻戒都买不起，20年后却让孩子有了近乎完美的人生设定。父母前进的每一步，都是在给孩子增加潜力无限的砝码。

二、个体性格

当孩子跨上更高的平台时，除了经济因素，父母的性格是更为重要的助推力。扎克伯格的父母之所以能培养出4个名校毕业的孩子，是因为他们本身善于思考，知道如何挖掘孩子的天赋，更是典型的擅长自我约束的犹太人。

父母经商的孩子做事灵活，而书香门第的孩子严谨自律。孩子在潜移默化地传袭着父母的生存经验，学习着父母的做人之道。在递给孩子人生钥匙之前，父母具备正直、善良、诚实、宽容等品质，至关重要。

三、教育方式

一位跟女儿一起经历了火热的幼升小战役的学霸奶爸在网上分享了自

己的故事：在“老破小”学区房和优质的居住环境（非学区房）之间，他选择了后者；在周围“不上思维班的孩子是异类”的重重压力之下，他甚至辞掉了“铁饭碗”，只为用轻松愉悦的教学方式亲自辅导女儿；去面试一家数一数二的民办小学，当别人家的孩子一出考场就被要求回忆考题时，他什么都不问，只是给女儿最温情的拥抱和亲吻。他焦虑得寝食难安却一人死扛，只为保护女儿自发的学习意识和稳定的发展水平。最后，这个幸运的女孩子果然被录取了，真好。

抛开物质基础和父母难以改变的天性，最适合孩子天性的教育方式，或许才是把握孩子命运最重要的东西。

孩子是上天赐予我们的最美好的礼物，他们的人生朝向被紧紧攥在我们的手中。在希望他们一生事事顺遂之前，让我们先做孩子折不断的翅膀。

别让原生家庭成为限制孩子发展的天花板。

暖暖妈爱分享

当孩子跨上更高的平台时，除了经济因素，父母的性格是更为重要的助推力。扎克伯格的父母之所以能培养出4个名校毕业的孩子，是因为他们本身善于思考，知道如何挖掘孩子的天赋，更是典型的擅长自我约束的犹太人。

可怕的现实：我们都成了自己讨厌的那种父母

▼

“我小的时候，曾经发誓自己长大后一定不要成为我妈妈那种凶神恶煞般的母亲，然而现在，我突然发现我活成了自己最讨厌的样子。”

有一次，一个好友充满伤感地在微信里给我发了这段话，当时她刚刚在咖啡厅里把哭闹着想吃冰淇淋的女儿骂哭了。等气氛缓和下来，等女儿抹了抹眼泪去儿童游乐区玩耍了，她才猛醒过来，曾几何时，自己是多么讨厌被妈妈不分场合地责骂啊！那个委屈的小女孩，曾经无数次在心里发誓，自己将来绝不做这样的不讲道理、不尊重孩子的妈妈。结果，事到临头，一瞬间的怒火战胜了理智，一直以来心里都想着好好说教，嘴上却不止一次“很诚实”地吼了女儿。

很多妈妈在自己当妈前都曾信誓旦旦要做个好妈妈，当了妈妈以后，刚开始也总觉得自己可以做得很好，但却总在某一天、某一时刻如梦初醒，发现自己正在与“理想妈妈”的目标背道而驰。

成为“理想好妈妈”真是无法实现的理想吗

记得有一次，我的公众号后台有一位妈妈留言说：

整个假期，每天忙于迎来送往等琐事的我实在没法分心时刻照顾女儿，就经常打发她自个儿去看动画片。在平常，每天看40分钟动画片是女儿的上限，而这个假期几乎每天她都能看上一个下午。我内心虽然意识到这是不对的，但还是不时地进行自我安慰，女儿能够不捣乱，已经万幸了。

然而，过完了这个假期，我发现女儿已经不像以前那样能自己控制看动画片的时间了，她还经常无意识地揉眼睛，我真是后悔不已。除了怕孩子视力下降，我更怕孩子在我的纵容下学会了没有节制的放纵。我曾言之凿凿地想要帮女儿培养起好的自控力，但却亲手破坏了已有的成果。以前我挺鄙视那种没时间陪孩子就把手机丢给孩子玩儿的父母，没想到，现在我也成了这样……

难道成为自己理想中的妈妈，真就是一种无法实现的“理想”？

其实，暖妈觉得，造成这个悖论的原因主要有两个：

一是原生家庭带来的创伤，让很多妈妈心有余悸，为避免重蹈覆辙，在内心设置了很多清规戒律般的条条框框，时刻约束自己的行为，本来以为自己杜绝了这些“错误”的做法，就会是一个“完美妈妈”，然而面对层出不穷的挑战，不知不觉就绕进了那些迷宫般的条条框框里。

二是如果妈妈们在追求完美的道路上用力过猛，认为贴上“妈妈”这个标签就意味着哪怕付出自己的全部，也要让孩子成为标杆和样板，时刻对自己充满高标准、严要求，那么就很容易陷入疲累和烦躁之中，而一旦“完美妈妈”们发现自己付出了这么多，居然还有什么事情无法掌控，就会感觉很崩溃。

别被“完美妈妈”的理想奴役

朋友敏一早就宣称自己要当“辣妈”，不会为了生育孩子牺牲掉自己的事业和生活，不会做一个把时间和精力都放在孩子身上的妈妈。

没想到，生完孩子后，敏却辞掉了原来的高管职位，做起了全职妈妈，整日围绕着孩子的衣食住行打转，辅食要亲自买食材来做，地板要擦得一尘不染，玩具要定期消毒晾晒……这些琐事让敏每天没有喘气的机会。儿子出生后两年内，敏几乎没参加过朋友聚会，也很少和老公出去单独相处，就连热爱的陶艺都闲置了许久。

后来有一天，敏偶然听到前同事说出“一个故步自封的妈妈，对孩子的成长毫无益处”这句听上去有点儿鸡汤但又不失道理的论断时，幡然醒悟，才发现自己不知不觉被“完美妈妈”的理想目标“奴役”了这么久，甚至丧失了自我。从那以后，敏找了钟点工来帮自己做饭、做家务，自己腾出时间健身，敷面膜，读书，带孩子去踏青，上陶艺课……放松下来的敏，跟孩子的相处反而更加融洽了。

在成为妈妈以前，我们曾嗤之以鼻的一些东西，一直被告知“等你当了妈妈就知道了”。如今当了妈妈，真的知道了，我们也很有可能会掉进那些“坑”——如果我们无知无觉、毫无反思和进步的话。

此刻永远是最佳时刻

电影《乘风破浪》里，成年后的徐太浪和爸爸徐正太一直不对付，他眼里的爸爸就是一个“脾气古怪、性格爆炸、没出息”的老头。后来穿越回20几年前的徐太浪重新认识了年轻的老爸阿正，直爽、讲义气、豪放，甚至还有点儿呆萌，和他印象中的爸爸完全是两个人。

试图扭转爸爸后来悲惨命运的徐太浪当然失败了，而后半辈子一直郁郁不得志的阿正是不是想过，年轻时意气风发的自己有一天会活成自己曾经最讨厌的样子。

也许阿正后来有很多机会可以成为一个好爸爸，而这永远都只是一个不会实现的可能了。

但是对于还有机会的我们来说，此刻永远是做一个好妈妈的最佳时机。当然，本文所有建议同样也适用于爸爸。

如果我们学会在即将爆发的时候深呼吸，慢一拍，就会及时控制那些像刀子一样会伤害孩子的话语，平复那些像炸雷一样的坏脾气；

如果我们懂得自省、反思和学习，就会意识到其实除了吼叫和辱骂之外，还有更多更好的解决育儿问题的办法；

如果我们意识到，“妈妈”的含义更多是指人生的榜样、幸福的示范，而非带着疲累和愁容的“保姆”，我们就会从那些牵绊我们的琐事中抬起头、挺起胸，让自己更加开阔些，从而也能让孩子更加快乐些。

当然，最重要的一点，不要时刻提醒自己“绝不能犯错”，而是放松一点儿、真实一点儿，偶尔也允许自己偷个懒。如果我们真的感觉自己很累，到了极限，记得像敏那样，找人来帮自己分担一些，找个合适的宣泄情绪的出口，把自己的好心情和主要精力都集中在更重要的事情上。

让自己快乐一点儿、从容一点儿、智慧一点儿，不要等到孩子长大了、远走高飞了，才发现自己留在孩子心中的，竟然是自己最讨厌的样子。

暖暖妈爱分享

当下永远是做一个好妈妈的最佳时机。如果我们意识到，"妈妈"的含义更多是指人生的榜样、幸福的示范，而非带着疲累和愁容的"保姆"，我们就会从那些牵绊我们的琐事中抬起头、挺起胸，让自己更加开阔些，从而也能让孩子更加快乐些。

也不要时刻提醒自己"绝不能犯错"，而是放松一点儿、真实一点儿，偶尔也允许自己偷个懒。如果我们真的感觉自己很累，到了极限，不妨找人来帮自己分担一些，找个合适的宣泄情绪的出口，把自己的好心情和主要精力都集中在更重要的事情上。

请远离“严父慈母”的脸谱化教育

朋友萧萧是个2岁男孩的妈妈，萧萧本来性格就非常温柔，又十分喜欢孩子，一向主张实施民主和温和的教育方法。

萧萧的老公大军则认为，家庭教育必须有一个人唱白脸，尤其是男孩子比较顽皮，不能太娇宠，得有一个人让孩子敬畏害怕，将来才不至于无法无天。于是，从孩子出生起，夫妻俩就确定了一个唱白脸一个唱红脸的教育分工。

比如，有一次，孩子看到咳嗽时喝的那种甜甜的糖浆，心血来潮想要喝，萧萧就哄着说：“乖宝宝，这个生病了才能喝，不生病不能喝哦。”

孩子还要闹，旁边的大军就大声呵斥：“那不能喝，别闹了！”

孩子“哇”的一声大哭起来，萧萧哄了半天，直到拿出一个棒棒糖才让孩子止住哭声。

随着孩子2岁——这个所谓的人生第一次叛逆期的来临，大军的“白脸教育法”的使用频率更高了：

“地上凉，我说了不能光着脚在地上跑，听见没有！”

“窗纱太脏了，你看上面有多少灰尘？不能摸！”

“谁教你打人的？再打人爸爸就生气了！”

“不能碰别人的东西！非得打屁股你才记得住？”

……

严父慈母，这是萧萧和大军认为很理想的家庭教育标配模式。但是没过多久，他们就发现问题来了：孩子不仅不害怕爸爸，反而抵触和讨厌爸爸了！比如：

大军下班回来跟孩子打招呼说“宝宝好”，正跟萧萧玩得十分开心的孩子一下子不开心了，噘着嘴回应：“爸爸不好！”

有时候大军拿起玩具想跟孩子玩一会儿，孩子会冲上去把玩具抢回来：“这是宝宝的！”

有时睡觉时，孩子会把爸爸往床下推，喊着：“这是我和妈妈的床！”

而且孩子明显变得脆弱了，现在大军一张口批评他，他就会哇哇哭，还借着情绪发脾气：“打爸爸！打爸爸！”

大军感觉好挫败：孩子的人生才刚开始，自己的“白脸教育”就失败了，以后的漫长人生可怎么管教才好？难道只能顺着孩子，任由他随心所欲？

萧萧问我：“严父慈母的教育方式为什么行不通？难道孩子真的被我宠坏了？”

“红脸白脸”教育模式的危害

很多中国家庭存在这样一种教育通病：这边正想着要好好教育孩子，那边马上就有人来拆台了……当家庭成员的教育意见不一致，尤其是在孩子面前发生争执甚至彼此否定对方的时候，会使家长的威信降低，从而破坏家庭教育的效果。

而这种红脸白脸“和平共存”的教育模式，看似解决了拆台的难题，却一样无效甚至有害。

危害一：父母教育形象受损

人的天性是趋利避害，如果父母一个唱红脸一个唱白脸，即使父母本身没有分歧和争执，孩子也必然会选择对自己最有利的“红脸”一方站队，而对总是唱白脸影响自己心情的那位避之不及。久而久之，“白脸”一方就成了孩子的对立面，被排斥、被反抗，教育又从何谈起呢？

危害二：教育效果大打折扣

如果孩子被强势的“白脸”一方压制而被迫表现出顺从，那么在“白脸”一方不在场的情况下，孩子会按照其之前的要求严格管束自己吗？答案可想而知。如果孩子判断对错需要按照不同的“脸谱”而不是真正的是非标准，他就不太可能实施自我约束，实现内在成长。教育流于表面、囿于局部，效果自然大打折扣。

危害三：影响孩子心理发育

其实，萧萧和大军的这种脸谱化教育的问题算是症状较轻的，最起码夫妻俩的意见基本还是一致的，只是表达方式不同。有的脸谱化教育连教育意见都不统一，比如那种“你唱戏来我拆台”的脸谱化教育法，双重标准更让孩子无所适从、难辨是非，对孩子的心理影响更加严重。

孩子是很聪明、很敏锐的，脸谱化教育会让孩子学会察言观色，练就“双面娇娃”的本事，比如在“白脸”面前规矩乖顺、言听计从，到了“红脸”面前就任性撒娇、肆意妄为。

孩子又是脆弱、易受家庭影响的，脸谱化教育情况严重的会造成孩子的双重人格、分裂人格，对孩子的心理发育及未来的家庭事业、人际交往等都会产生不利影响。电视剧《虎妈猫爸》里的小主人公茜茜最后被诊断为儿童抑郁症，就跟她的家庭教育理念冲突、矛盾纷争不断有直接的关系。

孩子不是不能管，而是怎么管

严父慈母、虎妈猫爸的脸谱化家庭教育真的不可取。至于萧萧和大军的疑问，我想说的是，孩子不是不能管，而是必须管，只是管的态度和方式一定要正确、得当。

一、该严的时候一定要严

就大军的教育方式来看，他是误会了“严”的含义和使用标准。有些情况其实是不需要制止的，比如孩子喜欢探索的时候，与其限制他到处“摸”，不如等他“摸”完帮他把手洗干净。要知道，当你滥用说“不”的权力的时候，你的“不”往往也就不怎么管用了。

二、该说“不”时要说“不”

当孩子的行为会对自己产生危险的时候，比如跑到马路上、触摸电源等；

当孩子影响到他人的时候，比如在公共场合大叫大闹，出于喜欢拿走了别人的东西等；

当孩子要违反你们约定的家庭规则的时候，比如吃糖超过了规定数量，要买计划之外的玩具等；

……

一旦父母站在正确的、统一的立场上说“不”的时候，就意味着父母的权威不容挑战，意味着孩子必须执行，哭闹也不能让步。

如果父母的立场不统一怎么办？私下商量好了再来管教孩子，不要当着孩子的面争执不休。

三、给孩子一张好脸

我们这代人，很多都是在“严父慈母”组合的家庭长大的。大家不妨问问自己：是不是明知道父亲管教自己是出于好意，但却始终对他的态度和方式耿耿于怀，以致终生难以与之亲近？

《爱和自由》《捕捉儿童敏感期》的作者孙瑞雪老师说：“中国有句俗话：‘宁可给孩子一颗好心，不给孩子一张好脸。’我告诫所有的父母：你宁可不给他一颗好心，你也给他一张好脸，他肯定长得好……因为父母的‘好脸’，能给孩子提供情绪安全的基础，其结果是随着年龄的增长，儿童容易采纳与父母相同的价值观和其他的一些行为。”所以，管教不一定要在怒气、冷脸、呵斥、打骂中进行，可以通过解释、商量、冷处理等温和的方式解决。

比如孩子打人这件事，你反过来打孩子，“以暴制暴”效果最差，一遍一遍地指责“打人是坏孩子”效果也不理想。那么该怎么做呢？

如果孩子因为不懂得触碰别人的界限而做了“打”的动作，可以抓住他的手，告诉他：“喜欢小朋友的话要轻轻摸，对，这样很好，小朋友也会喜欢宝宝。”

如果孩子因为大人对“打”做出了强烈反应而觉得好玩，可以握住他的手，简单地告诉他：“不可以。”然后拿别的东西转移他的注意力，冷处理几次后孩子就不会对这个事情感兴趣了。

如果孩子养成了喜欢打人的恶习，家长要反思自己的家庭是否有暴力行为，自己是否给孩子做了坏示范，然后和孩子一起改进，引导孩子用别的方式解决问题。

父母可以发脾气吗？可以，但是请就事论事，只表达自己的情绪：“我真的很生气，我觉得你已经是大宝宝了，能够理解妈妈的意思，但你还是打人，所以我现在感觉很不高兴。”而不是攻击孩子的行为：“你真是个坏孩子，我怎么生了你！”

要记住，脾气和情绪也是管教孩子的一种方法，不要滥用，不要让它左右你，使你失控。

四、让孩子参与解决问题

美国正面管教体系创始人简·尼尔森说：“传统的管教方式关注的是教给孩子不要做什么，或者因为别人是‘那么说的’而去做什么。正面管教关注的是教给孩子要做什么，关注问题的解决。孩子是整个过程的积极参与者，而不是被动的接受者。”

比如有一次一位妈妈问我：女儿性格外向活泼，写作业时根本坐不住、不专心，怎么办？

我的建议是，跟孩子一起做一个约定，写明完成作业的时间、要求及相应的奖励和惩罚，如到规定时间能写完且态度端正、完成良好的话，就奖励看电视10分钟；否则取消一次吃甜点的机会。

让孩子参与到解决问题的过程中来，一起制定规则，他就能慢慢学会为自己负责；完不成的时候执行规则，他也心服口服。

当然，管教孩子的方法有很多，而最了解孩子的人无疑是父母，只有真正从孩子的角度出发，用走心的、互相理解和尊重的方式来进行管教，方法论才能收获实际成效。

“没有管不好的孩子，只有不会管的父母。”以这句话和所有父母共勉。

暖暖妈爱分享

我们这代人，很多人都是在“严父慈母”组合的家庭长大，不妨问问自己：是不是明知道父亲管教自己是出于好意，但却始终对他的态度和方式耿耿于怀，以致终生难以与之亲近？

请给孩子一张好脸！因为父母的“好脸”，能给孩子提供情绪安全的基础，其结果是随着年龄的增长，孩子更容易采纳与父母相同的价值观和其他的一些行为。所以，管教不一定要在怒气、冷脸、呵斥、打骂中进行，可以通过解释、商量、冷处理等温和的方式解决。

真正的爱，不附加任何条件

▼

有次坐公交车，车上的一对母子引起了大家的注意。那个四五岁模样的男孩子不停拉着妈妈的衣服追问着："妈妈，你到底爱不爱我呀？"妈妈冷着脸回应说："你不乖，我不爱你！"看来是孩子刚才淘气了。

男孩子继续追问，妈妈继续回应，一个穷追猛打，一个不为所动。"你爱不爱我"和"不爱"的一问一答把车厢里的人都逗乐了。最后，男孩子蹭到妈妈怀里说："我乖呀，妈妈。我乖！你爱不爱我啊？"妈妈终于松口："好了好了，爱你。别闹了！"看得出，这是一个外向的孩子，所以能用这种"热闹"的方式来表达感情。但是，即使场景很欢乐，我也能从孩子故作轻松的语气和表情中感受到焦虑、不安和担忧。他掩饰着，用嬉皮笑脸的方式竭力讨好自己的母亲，期望重获妈妈的笑脸，以及母爱。

教育问题孩子的"必杀技"

做父母的不能对孩子生气吗？不是的。如果孩子真的犯了原则性错误，我们没必要掩饰自己的怒火，假装温柔地对孩子说："你是个好孩子。"但是我们为什么不能坦率地对孩子说"你这样子我很生气"，而是要用"你再这样我就不爱你了（不要你了）"作为威胁呢？就是因为这样对孩子的杀伤力比较大吗？所有孩子都不能接受"父母不再爱自己"这一可怕惩罚。所以，这一招真可谓教育"问题孩子"的必杀技。

“哭哭哭，就知道哭，你再哭我就不爱你了！”

“我都说了几遍了，你听见没有？你再不听话我就不爱你了！”

“你都有几个玩具了，还要买？再无理取闹我就不爱你了！”

……

这个“如果你……我就不再爱你”的句式，生活中随处可见吧！的确，这句话最能够一招制“敌”，收到良效，再顽劣的孩子也会瞬时蔫下来，没精打采地接受你的任何安排，只要——你还爱他。但是，我想说：不要拿你的爱作为条件威胁孩子，因为你的爱没有那么廉价。

我们爱孩子，可以为他付出一切，包括生命。但是这份如海般深沉伟大的爱，除非生活中遇到极端的考验，一般是不容易被孩子全部感知的。

孩子往往是通过海面上的浪花——也就是我们的日常情绪，来认识父母之爱的。换句话说，无论你多么含辛茹苦地付出、多么无私无畏地牺牲，都不如平时多给孩子一个好脸重要。

当你因为孩子淘气顽皮而动辄祭出“不爱”的大招，让孩子在战战兢兢中服从你的主宰的时候，你的心里有多爱他，你的出发点是为他好，孩子并不知道。他只看到了狂风恶浪，他的屈从，是建立在被深深伤害和恐惧焦虑的基础上的。

“一句话”的危害

有的家长可能会不在意地说：不就是一句话吗？孩子这么小，即使我说了什么他也记不住，危害能有多大？真是这样吗？其实不然，这种看似微不足道的行为同样有可能给孩子造成心理伤害。

一、严重破坏孩子的安全感和归属感

当你说“不爱”的时候明明是脱口而出的赌气，甚至威胁，你知道自己不会不爱孩子的。但是孩子真的相信了，他觉得自己一定是犯了很大的

错误，才导致自己最信任的父母准备抛弃自己。他会认为自己的价值卑微到比不过一句话、一件事、一个玩具……情绪过后你还会对孩子好，但是那句话的余威还在。孩子的内心会充斥着游移不定的怀疑：“我今天的表现如何？爸爸妈妈会不会因为这样而再次不爱我？”即使你对他好，他也会以为这只是对他的表现的认可，而非对他的价值的充分肯定。所以很多孩子都是长大后、为人父母后，才试着理解自己的父母并与之和解，而在漫长的童年和青春期，有多少人会认为：我的爸爸妈妈根本不爱我。

多可笑啊，明明最爱孩子的我们，却因为随意滥用杀伤力极大的话，让孩子误会着、逃避着、厌恶着我们，直至不快乐地长大成人。

二、容易让孩子形成讨好型人格

这种人的表现常常是：喜欢抬高别人贬低自己，害怕冲突因而宁可没有原则，过于在意别人的看法而不敢表达自己的真实想法，很难拒绝别人哪怕是无理的要求。这种表现是天生的吗？很少。我们应该可以想象得到：一个孩子，天性是最容易真情流露的，但是当他表现出真实的自己却不符合父母的喜好和期望时，就会有被否定、批判、威胁、打骂的危险，慢慢地，他就不敢再说出自己真实的想法，而是察言观色以获得父母的欢心。

他的人格没有被平等地对待过，他的内心没有自由地舒展过，即使他长大脱离父母独立生活了，这种根深蒂固的认知模式也会贯穿他的社交过程，他会去讨好自己的爱人、朋友甚至同事，小心翼翼地维护着各种人际关系，宁愿无底线地让步去满足别人，生怕被对方否定或抛弃。

这种人在社交交往中算是受欢迎的，但是因为他们的情绪是建立在别人的认可的基础上的，所以没有强大的内在能量，不容易获得快乐，一旦被否定、被背叛、被抛弃，就是天塌地陷般的灾难。

三、传递给孩子关于爱的错误认识

“如果你……我就不再爱你（要你）……”这句话向孩子传递的信息

是什么？我爱你，所以就能控制你。因为你需要我的爱，所以你就要听我的，否则我就收回我的爱作为对你的惩罚。在这种威胁论中，看不到平等和谐的关系、真挚坦诚的交流、包容接纳的心胸，好像只要有“爱”这把利刃，就可以为所欲为。这样的孩子长大后，也很容易会以爱之名，要求自己的配偶、孩子无条件服从自己，如果别人不照做就会恼羞成怒，由爱生恨。跟他相处的人也会过得很辛苦。我们不希望看到这样的“爱”一代代轮回下去吧。所以，不管你有多生气，请就事论事，力争以积极的方式沟通解决，最多跟孩子讲明你很生气，但千万不要再拿你的爱来威胁孩子了！

小绘本有大智慧

过去我们一直都在强调父母之爱的伟大本能。而近些年，我们开始反思和学习爱的技能，这是一个好现象。其实爱的技能并不高深，也不复杂。如果你不想看很多理论书，就是多读读经典绘本也能学到很多，小小绘本里往往有大智慧。比如绘本《我永远爱你》：

小熊阿力为了给妈妈准备早餐，不小心打碎了妈妈最心爱的碗。阿力吓坏了，他去找妈妈，小心翼翼地试探：

“妈妈，是不是只有我乖乖的，你才爱我呀？”

“我永远爱你呀。”

“要是我做坏事了呢？”

“我还是一样爱你。”

“那如果我把画画的颜料洒在妹妹身上，弄得她红一块、绿一块、蓝一块的，你还爱我吗？”

“我永远爱你。不过，你得负责给妹妹洗澡。”

“那如果我把姥姥做的麦片粥扣在头上，你还爱我吗？”

“我永远爱你。不过，那样你就得再吃一碗。”

阿力绕来绕去地确信了妈妈的爱，最后终于鼓起勇气说：

Cherry
CANDY

“如果我把你最喜欢的碗打碎了呢？你还爱我吗？”

“你知道我会永远爱你的。”

但是当看到地上的碎瓷片，妈妈还是惊呼起来：“阿力，那可是我最喜欢的碗呀！”

“妈妈，对不起！可是你说过会永远爱我的……”阿力哭了。

“我当然爱你呀。”妈妈抱着阿力说。这一次，阿力终于确信了：妈妈爱他，他对于妈妈来说比什么都珍贵。于是阿力用自己的方式回馈了妈妈的爱——送给她一个亲手做的碗！

这个故事虽然简单，但是如果放在现实中来看，简直很难实现如此美好的结局。最常见的情况是：“谁让你乱动我的碗的？现在打碎了你高兴了吧？”或者：“这孩子真会添乱，你乖乖的我才爱你！”是不是这样？阿力妈妈多有智慧啊，她向我们展示了什么是正确的爱——毫无保留、无附加条件，然而又有原则、不娇纵。这样培养出来的孩子，一定内心强大、自尊自爱，能勇于表达感情并善于解决问题。这不正是我们教育孩子的终极目标吗？

暖暖妈爱分享

当你因为孩子淘气顽皮而动辄祭出“不爱”的大招，让孩子在战战兢兢中服从你的主宰的时候，你的心里有多爱他，你的出发点是为他好，孩子并不知道。他只看到了狂风恶浪，他的屈从，是建立在被深深伤害和恐惧焦虑的基础上的。

他真的相信了，他觉得自己一定是犯了很大的错误，才导致自己最信任的父母准备抛弃自己。

情绪过后你还会对孩子好，但是那句话的余威还在。所以，请你好好爱孩子。

别让所谓的“富养”，把孩子带向贫穷

你是不是也在“富养”

不知道从什么时候开始，富养孩子成了当下教育中争先实行的方式。

“我要富养孩子，给孩子用最好的东西。这样今后面对物质诱惑时，他能够不为所动。”这句话几乎成了所有富养孩子的爸爸妈妈一致的观念。

要给孩子最好的物质生活，要带孩子见识更广阔的世界。总之一句话：“我们不能输在起跑线上。”

身边有不少执着于富养孩子的父母，对富养孩子的执着体现在各个方面，买最贵的玩具、报最贵的辅导班、托关系上贵族幼儿园和贵族小学……别人家孩子有的，我们家孩子不仅要有，而且得更好更多！就这样一路用真金白银砸出一条令人咋舌的“教育之路”！跟人聊天时，表面上还会为养育孩子的高额成本而抱怨，背后其实还有一层沾沾自喜的意味：看我多舍得为孩子付出。

小奇妈妈的育儿经几乎是用金钱明码标价的，最近她的富养观又延伸到了学校上，铆足了劲儿要把儿子送进全市最贵的私立幼儿园，还顺便报了几个费用高昂的入学培训班。没想到的是，儿子并没有通过幼儿园面试，小奇妈妈被私下告知是由于孩子在面试时“沟通能力欠缺，没有合作精神”，气得她连发了几条朋友圈来控诉幼儿园太过苛刻。

富养孩子却惨遭滑铁卢，孩子非但没能成为“奢侈品”，反而成了“残次品”。对小奇妈妈来说，为了孩子花费掉家庭收入的一大半，却没能换来想要的理想中的丰硕果实，实在是难以接受。其实，她的问题在于：过于在意物质层面的教养，却未能向孩子输出更加核心的智慧、爱心和品性。

孩子成为富养教育潮流的牺牲品，和银行卡上为孩子花费掉的高昂数额一样，让一心想要等额回报的父母难以接受。

好的养育≠花最多的钱

和朋友讨论孩子要“富养”还是“穷养”时，一点儿也不意外地发现：坚持富养孩子的父母中，大多数是普通的工薪族，每天挣扎在忙碌的工作和烦琐的家庭事务中，自己宁愿吃再多苦却仍要咬牙给孩子最好的物质支持。

朋友F自从当了全职妈妈以后，经常和老公发生争执。她坚持给女儿最好的，每个月花在孩子身上的钱超过5位数，老公一个人养家，经济压力实在有些吃不消，可每次试图劝说她不必一味追求富养，两人的经济能力有限……但总是被她“富养的孩子更有未来”弄得哑口无言。

给孩子提供尽可能好的条件当然没错，但如果富养在不知不觉中成为压迫父母的利器，让他们将“教育孩子”和“花最多的钱”画上等号，孩子也会在无形中承担巨大的压力。

在孩子身上花费太多的金钱，让孩子在任何地方都不输别人的观念，其实是一种畸形的教育期望。

就算超支也要富养孩子的父母，大多数是曾经的“负二代”，经过自我奋斗脱离了糟糕的原生家庭，改变了自己的人生轨迹，于是痛下决心要给孩子“最好的一切”。他们经历过“穷养”的心酸，借着“富养就是赢在起跑线上”的口号打开一扇虚假的教育天窗。

最后的结果往往是，不仅孩子没能达到自己的期待，自己也被巨大的经济压力折腾得够呛。

物质上量力而行，精神上无限丰富

富养，本应是一种对孩子的性格塑造、远见卓识、思维方式进行最大可能开发与拓展的方式，却被很多人畸形地理解成了“我要花最多的钱在孩子身上”。一开始就错了，所以即使耗尽心力富养，结果必将是把孩子教育成教养上最贫穷的人。

在育儿道路上，花费的金钱的多少和育儿成果没有必然的联系。富养并不等于“给孩子花钱就万事OK”，穷养也不是让孩子挨饿受冻、衣食不保。

大名鼎鼎的洛克菲勒家族在培养年轻一代时，完全没有土豪们挥金如土的生活方式，教会孩子的第一课都是“如何靠劳动挣取微薄的零花钱”，这种也许会被称为“穷酸小气”的教育却使这个家族成功富过了7代。跟有的父母拼命想靠物质财富的堆积让孩子拉近和上流社会的差距比起来，真正的富豪们却在努力将孩子和物质生活拉开距离，并让他们知道任何一种优秀的品质都比单纯的财富来得有用。

富养不该成为束缚父母和孩子的绳索，健康的家庭教育才是让孩子活得丰盛的精髓。

我们当然都有权利追求最好的物质生活，但教育却是一条相反的路，最有价值的不是为孩子花了多少钱，买了多么昂贵的玩具。为孩子付出更多更用心的爱，给孩子创造幸福温馨的家庭氛围，用智慧引导孩子的认知、能力和情商……这些馈赠跟豪奢的生活相比，价值难以估量。

别把孩子教育成精神上贫瘠的一代，因为短暂的富养给不了孩子一生的无忧无虑，也给不了孩子今后的富足美满，靠着金钱堆砌的育儿路，不一定是通向罗马的康庄大道。

在教育孩子这条道路上，我们应该做到的是：物质上量力而行，精神上无限丰盛。

暖暖妈爱分享

在育儿道路上，花费的金钱的多少和育儿成果没有必然的联系。富养并不等于“给孩子花钱就万事OK”，穷养也不是让孩子挨饿受冻、衣食不保。教育最有价值的不是为孩子花了多少钱，买了多么昂贵的玩具。为孩子付出更多更用心的爱，给孩子创造幸福温馨的家庭氛围，用智慧引导孩子的认知、能力和情商……这些馈赠跟豪奢的生活相比，价值难以估量。

都去快乐教育吧，我就是要孩子“上北大”

每当高考成绩出炉之时，关于教育的话题都会再一次成为舆论热点。

有一次，微信朋友圈里疯传一篇文章《你们去素质教育吧，我只想考上清华》，深深地震撼了我。我从来都不是个唯学历论的妈妈，也一向主张孩子除了学习以外，也要同时发展其他的能力和内在，例如独立而理性的思考、宽以待人的胸怀和悲天悯人的性格。但谁能说，这些内在的东西，一定跟考清华北大就是冲突的？

学习本就是一件“苦”差事

以我自己为例。我从小就是那种传说中的学霸，“别人家的孩子”，成绩从来不让父母操心，考上了我们那里最好的小学、最好的中学，以高考全省第三名的成绩考上北京师范大学，继而硕士又上了北京大学。

现在我回想起校园生活的十几年，大部分的记忆似乎都是跟学习相关的。下午放学，其他同学邀约去逛CD店，我还留在教室啃题目；周末，同学们开心地窝在沙发上看《快乐大本营》，我却在听马丁·路德·金的英文演讲，并试图模仿标准的美式口音；夜深人静的时候，别人可能早已经进入梦乡，我还在津津有味地读着一本本世界名著，再把其中妙语连珠的句子和段落背下来或者抄在一个硬皮本上；甚至跟最好的朋友闲扯的时候，也事先约好大家只能用英语对话。

我到现在都还记得我在高三那年的日记里曾写道："每一个不眠的夜晚和每一个挫折带来的挑战，都给了我们迎难而上的坚韧与和血吞牙的勇气，而我们就在这一次次的困难和征服面前，涅槃重生，百炼成钢。"

有人问我，那时候你不觉得苦吗？

当然苦！可这也很正常呀！没有哪一种成就的获得，不需要经历苦的淬炼；没有哪一种辉煌的背后，不需要付出长期而持久的努力。凭什么教育一定该是轻松愉快的？真正的成功之路，从来不会是别人早已准备好了鲜花、红毯和掌声，我们只是碰巧走上去就好。如果成就唾手可得，理想轻松成真，那最终赢的凭什么是我们？

是的，很苦。可是，我也很快乐呀！

有个词叫"苦中作乐"，我觉得说得不全对。因为有些苦，本身就是乐的一种。那些通过绞尽脑汁攻克一道又一道难题带来的成就感，通过一路"打怪升级"逐渐靠近自己目标的幸福感，难道不是快乐吗？

有付出才有真正的快乐

快乐的方式有很多种。对于快乐的定义从古至今就没有一个放之四海而皆准的标准。

在草地上跟朋友野餐是一种快乐，沉浸于自己热爱的事情，并长期地坚持下去也是一种快乐；看一部喜欢的电影是一种快乐，为了梦想熬夜奋斗最终实现也是一种快乐；参加一场喜爱的歌星的演唱会是一种快乐，看到自己拼尽全力做出的成就被世人认可，改变了更多人的生活和命运，也是一种快乐。快乐没有对错。前者的快乐，因为太容易得到，也很容易被遗忘。而后者的快乐，往往需要你全身心投入、克服困难和挑战去获取，但这样的快乐，要比纯感官刺激的愉悦感来得更持久、更深刻、更难忘，也更满足。

很多人提起考上北大清华的学生，头脑中都会浮现出一个画面：戴着厚厚的近视眼镜，抱着重重的书本，每天骑着自行车往返于教室和宿舍的两点一线，没有生活情趣，没有业余爱好，每天头脑里只有两个字——“做题”。甚至我曾经也有过这样的误解。可当我真正进入北大校园，每天跟他们朝夕相处以后才明白。这些认知，都是彻头彻尾的误解。

那些我们曾以为只会一心只读圣贤书的书呆子的北大学生，真实的样子是什么样呢？

他们也玩街舞，不同的是，北大的风雷街舞社社员们与专业团队PK Hip-pop和Breaking，取得了全国前8强的成绩。

他们也玩攀岩，不同的是，北大的山鹰社社员们先后登上了念青唐古拉等十几座高海拔山峰。

而这些，并不是他们从小就接受过的训练。他们能在短时间内就把这些都玩得有模有样、做得出众出彩的原因，我认为更多来自于他们从小到大所经历的教育和锤炼。

因为他们拥有在一个目标之下，对自己高度负责的积极态度；在曾经不断试错的过程中，总结出的良好的学习方法；在早起晚睡、苦苦坚持的过程中，磨炼出的坚强的意志……这些，并不会随着每一次考试的结束而结束，反而会成为让他们受益终身的本能。

而我也终于理解了为什么很多大公司倾向于招聘名校的毕业生。因为他们坚信，这些学生在面对学习的时候，能通过自己的努力奋斗攀登学术的高峰，所以也会用同样的坚毅、灵活、勇敢、不轻言放弃，去面对将来的工作和生活。

有一次，“澎湃新闻”采访2017年北京高考文科状元熊轩昂，关于自己成功的理由，熊轩昂说了很多：“在北京这种大城市，在教育资源上享受到这种得天独厚的条件，可能是外地孩子或农村孩子所完全享受不到的，这种东西让我在学习的时候可能相对来说能走一些捷径。近几年的高考状元，很难再看到农村里面供养出来的，很多都是家境又好，自己又厉害的人。”

这又让我想到了最近广为讨论的一个社会现状——“为什么寒门难再出贵子？”

熊轩昂提到的社会资源分配也许是一个很重要的原因。但更重要的是，家庭条件相对优越的孩子，他们的父母，大部分也经历了通过艰苦奋斗去获取成功的过程。所以他们从教育孩子的第一天开始，就会让孩子在潜移默化之中，更看重知识的力量，学习更加努力，能力更突出，竞争意识更强。相比那些以所谓的“快乐教育”作为散养孩子的借口，以“爱与自由”作为逃避教育责任的借口的家长来说，这样的父母培养出的孩子，当然更容易成功。

帮助孩子体味更高级别的快乐

美国社会学家马尔科姆·格拉德威尔曾经指出：在美国，大部分精英阶层的父母普遍干涉孩子的自由时间，让孩子参加各种各样的活动，而贫穷家庭则放任自己的孩子在外面玩耍，让孩子自由成长。精英阶层的父母会为孩子争取权利，他们希望孩子能够拿出自己的威信，能和别人谈判，还能质疑成年人。贫困家庭的父母则相反，他们常会向一些权威人士让步，他们总是显得服服帖帖，不能勇敢地站出来。所以，这才是阶层形成的真正的原因。

所以，无论你们怎么提倡快乐教育，怎么宣扬“学习无用论”，我仍然要尽自己最大的能力，引导暖暖热爱和享受学习，并引导她为自己的理想付出艰苦卓绝的努力。

这不是为了光耀门楣，也不是为了成为我的骄傲。我唯一希望的是：暖暖能在远大理想的激励下，在持之以恒的奋斗中，终生体味人生最高级别的快乐。

曾经有个妈妈跟我说：“暖妈，我不想让我的孩子一定要去追求成功，我宁可让她成为一个坐在路边为别人鼓掌的人。”诚然，每个人对人生都有不同的选择，常人所追求的成功并不一定是所有人的目标，也有很多人更愿意选择平淡安稳的生活，简单朴实的快乐，这没有错！

不过，在我们做出这种决定之前，我们需要想清楚的是：这个选择，到底是我们的选择，还是孩子的选择？还有，你可以选择平淡的幸福，这无可厚非，但如果你真以为那么多才华横溢的创新人才都是快乐教育和宽松教育的产物，就真的大错特错了。

毕竟成功，只垂青真正奋斗过的人。

暖暖妈爱分享

无论别人怎么提倡快乐教育、怎么宣扬“学习无用论”，我们仍然要尽自己最大的能力，引导孩子热爱和享受学习，并引导他们为自己的理想付出艰苦卓绝的努力。这样做唯一原因是：他们能在远大理想的激励下，在持之以恒的奋斗中，终生体味到人生最高级别的快乐。

第二章

2

育儿当如待客：
学会爱孩子，跟家庭的伤说再见

习惯性谦虚，可能正在毁掉你的孩子

▼

“你家孩子吃饭真不错。”

“哪里哪里，他也就是今天还行，平时可差了，左不吃右不吃。”

“她真可爱，乐感很好，跳舞很棒！”

“哎呀，可别那么夸她，这孩子，平时表现可差了。”

“哇！你家孩子车骑得真好啊！”

“哪里哪里，好多小朋友都比他骑得好呢。”

……

常常在很多孩子玩乐的场所，遇到家长们这样寒暄。这种在现实生活中处处可见的自谦，可以称得上中国特色的谦虚模式。“哪里哪里……”“一般一般……”甚至成为很多父母的口头禅，遇到别人夸奖自己的孩子，父母们常常这样习惯性地脱口而出。

是的，我们自小接受的教育就是“谦虚使人进步，骄傲使人落后”，自家的东西再好，也得谦虚“一般一般”；自家的孩子再棒，心里虽然骄傲，与有荣焉，嘴上也得谦虚地挖空心思找出一些缺点来宣之于口。于是，渐渐地中国式谦虚成为一种习惯，别人夸一夸孩子的闪光点，父母总是习惯性地去否认，去给孩子减分，而且这种“谦虚”的行为常常当着孩子的面上演。

孩子再小，也能听得懂你的否定

如今，接受并且习惯这种谦虚的我们大多已为人父母，也已经开始按照这种中国式谦虚照本宣科，甚至有的还表现在了行动上。然而，值得警醒的是，很多人并未意识到，这种不知不觉间的谦虚习惯，对孩子而言，很多时候却是一味毒药，严重影响着孩子身心的健康成长。总觉得自家孩子不够完美，在谦虚的同时实际上在传递负能量；当面否定对孩子的赞美，又故意去放大孩子所谓的缺点，常常在不经意间毁掉孩子的自信和刚刚建立的价值观。

“哎呀，孩子那么小，他自己还不会说话，肯定听不懂，所以不会有影响的。”肯定有不少人会有类似这样的第一反应和想法。

孩子真的听不懂吗？孩子是这个世界上最聪明的生物，在妈妈的子宫里时，便能感知妈妈的心情和喜好，倾听到爸爸的声音，出生后别看他只是个婴儿，但感知亲人情绪的变化，其实比谁都敏感。为什么婴儿喜欢笑着看逗他的人，却拒绝看向吵闹的人？为什么婴儿能通过大人的怀抱来选择他喜欢的人？为什么婴儿在父母吵架的时候情绪会非常不稳定？是的，从人类行为学上来看，婴儿虽然是脆弱的，但其判断和鉴别外界的能量，却在地球生物史上排名第一。人类，之所以能成为最高级的生物，正是因为从孕育的那一刻起，便拥有着天然的七情六欲的发育优势。

所以，不要以为孩子不懂，他可以从你闪烁的谦虚眼神中感受到你的否定，从你不知不觉间松开的怀抱感觉到父母的情绪。因此，这种习惯性的否定式谦虚，请尽早摒弃。

警惕不知不觉的语言暗示，拒绝负能量的传递

语言的暗示力量，其实是巨大的，尤其是出自孩子最爱的父母口中的语言，一句否定，在孩子幼小的心灵将播种下很难修正的后果。

心理学里常常谈到两个词，意识和潜意识。意识是我们可以感受到的

思想，潜意识却是我们无法触摸的。通常情况下，心理学认为潜意识才是控制长期行为的根本力量，这样来看，语言本身是意识的化身，而其背后的秘密却是我们的潜意识一直在解读的。

很多家长，不仅是中国式谦虚的忠实执行者，更是负面语言的狂热爱好者。“不好好吃饭”“表现太差”“不如别的孩子”……其实，这些话语是在暗示你的孩子：你期望他成为这样的人。他会朝着你期望的方向达成结果：他一定会越来越胆小，越来越不爱吃饭，越来越不自信……

所以，我们常常看到那些被别人夸奖却被自己父母否定的孩子总有一脸的挫败感、一脸的沮丧。事实上，孩子也和成人一样，不希望老是被否定、被指责。只是传统的教育思维习惯，让我们一不小心就容易说出自谦和负面的语言。

曾经有一个罪犯在死刑执行前，吐露心声：“别人夸我会打球，妈妈却一直说我没出息，后来我就索性真的没出息好了，反正妈妈也不希望我有出息。”这是一个真实的案例，小时候频繁被否定，被负面语言暗示牵引，慢慢地走偏了人生方向，可悲可叹。

孩子的黄金成长期，肯定比否定更有动力

俗话说：三岁看大，七岁看老。其实从一定程度上说明了孩子的黄金成长期恰恰是在7岁之前。这短短的几年，是孩子心理健康和价值观的积淀缔造期，多多灌输正能量，换个方式去应对别人的夸奖，换个方式去表达对孩子的鼓励，将为他营造积极正面的成长氛围和环境。

父母对于孩子的期待是孩子前进的动力。而这句话的著名实践者正是黄金法则的创始人卡耐基。这位美国现代教育之父小时候是一个公认的“坏男孩”，但他的改变恰恰来源于别人对他的肯定。

一种话可以有两种表达，正面的激励和肯定，将在孩子的心灵播撒下温暖的阳光和正向的能量。面对别人对孩子的夸奖，请慎用“哪里哪里”的谦辞，也许我们需要做的，只是笑纳别人的夸奖，同时鼓励孩子做得更

好："宝宝今天荡秋千表现特别勇敢！"这样会向孩子传递一个信息："啊？妈妈说我勇敢？是吗？嗯，我明天还会更勇敢的！"这就是积极的暗示，能直达孩子的潜意识，影响巨大。

每个孩子都希望能够获得身边人的肯定，当有进步的时候，父母的鼓励和肯定能够让孩子觉得自己所做的事情是有意义的，为了延续这份内心的满足，孩子会发自本能地更加努力，这就是良性循环的开始。

当然，有父母害怕孩子因得到夸奖而骄傲，大可不必。其实，只要能正确引导孩子，完全没有必要担心孩子会骄傲。比如，告诉他："你能够做得更好，爸爸妈妈希望看到你更好的表现，而不是仅仅执着于一次赞美。"正面语言的力量不容小觑，它能让孤苦的人感到温暖，能让陷入绝境的人再次获得希望。所以，面对别人的夸奖，请慎用中国式的谦虚语言模式，千万别让你的习惯性反应，毁掉孩子的黄金成长期。换个心态，换个方式，用正面的语言，会适度地把握，去培养孩子健康积极的心态，鼓励孩子勇于探索，积极向上，在赞美中进步，在赞美中怒放生命的光芒。

暖暖妈爱分享

父母对于孩子的期待将成为孩子前进的动力。一种话可以有两种表达，正面的激励和肯定，将在孩子的心灵播撒下温暖的阳光和正向的能量。我们需要做的，是笑纳别人的夸奖，同时鼓励孩子做得更好。

每个孩子都希望能够获得身边人的肯定，当有进步的时候，父母的鼓励和肯定能够让孩子觉得自己所做的事情是有意义的，为了延续这份内心的满足，孩子会发自本能地更加努力，这就是良性循环的开始。

为孩子好，却做了孩子一生的“差评师”

你的差评，是孩子放弃自我的推手

我的一位女友M，为人温婉、性格和善、相貌清秀，是一个典型的南方姑娘，如今也如我一样是一位妈妈。一次聊天，我们不知不觉中聊到了彼此的童年。

“我童年离家出走过不止一次。”她轻描淡写的一句话，却如同雷轰电掣一般触到了我，要知道在我们这些朋友的印象中，她是淑女，是气质如兰的女神，“离家出走”这种离经叛道的事，看上去跟她风马牛不相及。

听完她的故事，在唏嘘之余，我有了更多的思考。

女友M家姐兄妹三个，M是老大，老二是弟弟，老三是妹妹。M是姐姐，又性格内向，因此父母总是更加宠溺弟弟妹妹。又因为M和妹妹都是家里的女儿，她妈妈总是会有意无意地拿M和妹妹相比，妹妹活泼可爱，M性格木讷；妹妹会撒娇卖萌，M总是一言不发。

在M妈妈眼里，M一切都不如弟弟妹妹，“整天跟个哑巴一样”“跟你爸一样驼着个背”“每天丧着张脸给谁看”……这些日常话语，像暗箭一般经年累月地穿刺着M的心。

直到有一次，M无意间在门口听到她妈妈正在跟隔壁的阿姨说话：“我幸好又生了个小女儿，大女儿心太毒了，还是我小女儿乖……”那一刻，M眼泪吧嗒吧嗒地往下掉，心好像死了一般。

M说那种感觉是，你最信任、最依赖的人，对你却充满鄙夷和不屑，你仿佛被全世界抛弃一般。

其实想象一下，像这样爱做孩子“差评师”的父母，离我们一点儿也不遥远，每个家庭都可能存在。

“你怎么这么蠢！”“真够笨的！”“真没用！”“这点儿事都做不好。”“我就知道你不行。”“真给我丢脸。”……这些随口而出的话语，在无数个时刻重伤着孩子，但多少父母却不以为然。

相对于外界的恶意和中伤，父母的贬低和差评，更容易给孩子心灵造成伤害，甚至使孩子对生命失去信心。更触目惊心的还在后面。中国儿童自杀率，常年高居世界前列。例如：据上海市教委的一项调查显示，在被调查的2500名上海中小学生中，有5.85%的孩子曾有过自杀计划，有34.39%的孩子曾有一闪而过的“活着不如死了好”的想法，而绝大多数的父母却对此一无所知。孩子渴求独立、自我，却并不被外界所倾听、尊重。

2017年9月，开学仅仅一个月后，我们看到这样一串数字：

9月7日，南京一初三学生跳楼；

9月14日，汉中一高一男生坠楼；

9月16日，合肥一10岁男生坠楼；

9月17日，杭州一初三女生坠楼；

9月17日，杭州一名四年级小学生跳楼；

9月18日，无锡一初三女生坠楼；

9月18日，湛江一名高中生跳楼；

9月18日，盐城一14岁女生跳楼；

9月20日，南京一初中学生跳楼……

这些数字看得我心惊胆战，到底是什么原因让这些原本该朝气蓬勃的孩子，接二连三地选择跳楼？到底是什么让我们的孩子变得如此“脆弱”？一个孩子的生活到底得有多么绝望，才会对生活失去热情，才会如此决绝地告别人生。且不说其他的，作为父母绝对难辞其咎，他们虽没杀过人，但却：

当孩子表现出弱点时，他们对这个“弱者”持续否定，不断挫败孩子；

当孩子做错事时，他们一边孜孜不倦地埋怨，一边迫不及待地“代劳”；

当孩子伤心难过时，他们漠视孩子的情感，忽视孩子的成长需要，一味强调自己的要求……

孩子的内心是脆弱、敏感、微妙的，父母微小的嘲弄辱骂，都会在无形中形成一种负面的“心理场”，这种“心理场”的强大的辐射，很容易改变孩子对于这个世界的认知。

请给予孩子正面评价

我很喜欢一本名叫《爱德华——世界上最恐怖的男孩》的绘本。爱德华是个普通的男孩，他会调皮地紧追着动物跑，会制造噪声，他的房间乱得像狗窝，有些大人看不惯常说：爱德华是世界上最野蛮、最吵闹、最邋遢的男孩。渐渐地，爱德华就如大家所愿，变得越来越野蛮，越来越邋遢。直到有一天，这个被人们称为“世界上最恐怖的男孩”摇身一变，成了“世界上最可爱的男孩”。那他是怎么做到的呢？

其实这是一本适合我们父母学习和审视自我的好绘本，小男孩爱德华从“世界上最恐怖的男孩”，变成“世界上最可爱的男孩”，听起来有点儿“见证奇迹”的样子，其实真相非常简单——孩子还是原来那个孩子，变化的只是大人，是大人对待孩子的态度。

暖妈推荐书单

《爱德华——世界上最恐怖的男孩》，〔英〕约翰·伯宁罕著，余治莹译，北京联合出版公司，2011.12

心理研究发现，在儿童早期发展的过程中，孩子并不具备足够的经验和认知能力客观地认识和判断自己。因而，孩子自尊心的形成极大地依赖于父母对他们做出的评价。

父母是否尊重和欣赏孩子，是孩子对自我重要性感知的最重要的渠道。当来自父母的负面评价过多时，孩子会逐渐习得负面的甚至是扭曲的自我认知，这会严重影响孩子的积极自我认知模式和健康的自尊心的形成。

有多少孩子在父母的高压政策下变得异常叛逆，有多少孩子因为被父母操控而变得软弱异常，又有多少孩子因为父母终其一生的差评，而失去生命本该有的美丽色彩。

网球教练提摩西·加尔韦发现：如果你每次都用特定的方式挥动球拍，那再次这样挥拍的可能性就增大了。神经科学把这个现象叫作“印刻效应”，神经回路每按照同一种方式使用一次，刻痕就会变得更深。心理学家武志红说，这种强迫性重复的“印刻效应”，很容易展现在人的心理问题上。

如果你得到了痛苦，你就重复痛苦；如果你得到了悲伤，你就重复悲伤；如果你得到了绝望，你就重复绝望。因此，父母对孩子的差评，很容易“印刻”在孩子——生命不能承受之重的人生里。

亲子关系应当平等，没有高低之分。正如纪伯伦在《你的孩子不属于你》中说：“你可以给予他们的是你的爱，不是你的想法，因为他们有自己的思想。”我们，本没有资格做孩子的“差评师”。

你期待什么，孩子就会回馈什么

这篇文章，写得我很沉重。特别是看到那些触目惊心的自杀数据，让我心痛不已。每个孩子都是妈妈手心里的宝贝，经历了十月怀胎、亲身哺乳……相伴那么多个日日夜夜，才看着孩子从一个小婴儿，长成了风华少年。他们的人生，本来还很长，还有很多路要走，还有很多事要经历，还有很多人要遇见，可他们选择了终止自己的生命。

有一次外出很久回来，我明显感觉到，暖暖对我的依赖增加了。只不过刚离开我半个月，我一回来，她就仿佛生怕我会再次离开似的每天黏着我不放。此刻的我，正一边搂着床边已经睡着的她，一边敲下这段文字。我无法想象如果哪天我失去她，会是什么心情。

还在怀孕的时候，我曾经看了很多孩子自杀或者变坏的新闻，一度非常担心暖暖长大后也会这样。后来有一天，我终于想通了，也释然了。孩子的变坏，或者走了极端，不会是一天造就的。人性本善，他们能有任何结局，一定是因为在成长过程中，缺失了什么，或者经历了什么。只要我们能把控好每一个过程，给予孩子足够的爱，而不是禁锢和压抑，他们都会健康成长。

跟我在上面提到的“印刻效应”相对应的，还有一个“宇宙吸引力法则”，同频共振、同质相吸，简言之，就是你不断地重复和加深一件事情，这件事情也许最后就真的会发生。对于我们当父母的来讲，也许是时候该反思一下，我们到底有没有，终其一生，只在做我们孩子的“差评师”。

暖暖妈爱分享

心理研究发现，在儿童早期发展的过程中，孩子并不具备足够的经验和认知能力客观地认识和判断自己。因而，孩子自尊心的形成极大地依赖于父母对他们做出的评价。

父母是否尊重和欣赏孩子，是孩子对自我重要性感知的最重要的渠道。当来自父母的负面评价过多时，孩子会逐渐习得负面的甚至是扭曲的自我认知，这会严重影响孩子的积极自我认知模式和健康的自尊心的形成。

孩子很乖，父母就万事大吉了吗

由一部电影说开去……

有一次，作为一个本科影视传媒出身的同学，我受邀去看了动画电影《猫与桃花源》的媒体点映场。这是一部完全由国内制作团队操刀的电影，说实话，能有这样的效果，我深感欣慰。

这是一个有关“听话”和“梦想”的故事。故事发生在两只猫之间，“毯子”是爸爸，稳重老实，与世无争；“斗篷”是儿子，活泼可爱，充满冒险精神。与他们一起生活的，还有一只鹦鹉。

儿子的梦想，就是想去冒险。可毯子爸爸在这件事上，对儿子的忠告是：“猫不是鸟，不能飞！”

的确如此，作为一只猫，家里有吃的有喝的，又长得那么可爱，完全靠卖萌就可以过好舒适的一辈子，哪有必要心怀远方去自找苦吃？

更重要的是，毯子爸爸有过伤痛的经历，付出过惨重的代价，甚至因此失去了自己的妻子——也就是斗篷的妈妈，他不希望儿子重蹈覆辙。

但对儿子来说，支撑他一定要出去的信念却是：“爸爸说过，妈妈在遥远的桃花源——猫的桃花源。所以，我要去桃花源找妈妈。”

虽然爸爸百般阻挠，可是当儿子真的开始冒险后，作为老爸，唯一能做的，只能是在儿子遇到危险的时候，挺身而出，用自己全部的力量，来保护自己的孩子，给他最有力的支持。

影片让人感动的地方很多，有一幕，最令人动容。

“猫不是鸟，不能飞！”这是在影片开头爸爸一再强调的“经验之谈”。

可儿子斗篷说：“我要飞！”儿子斗篷真的太不“听话”了。它不听话的代价，是即将面临一场充满恐怖、惊险却又有惊喜收获的探险旅程。

原来，“不听话”的孩子，都可能有意外的惊喜在前面等着呢。

孩子“太听话”，不一定“好”

我小时候，是一个特别乖特别听话的孩子。乖到什么程度呢？天气热的时候，我明明想吃一根奶油雪糕，却不敢跟妈妈说。即使妈妈主动问我，我也不敢说我想要带巧克力脆皮的贵的那一种。但我内心真正的想法并不如此。我的眼神，早已经穿过被夏日晒得滚烫的柏油马路，热切地盯在对面小卖店门口的冰柜上了。

我得到的，是妈妈的一句：“真乖。”可是我并不开心。

后来我长大了。我也知道了，我曾经的那种渴望得到别人认可，不敢表达自己真实渴望的心态，不是真的乖，只不过是一种讨好型人格。

经历了青春叛逆期的我再也不是往日那个乖孩子了。高中分文理班的时候，全家人都希望我能学理科，因为他们一直期待我以后能成为一名医生。但我没有学，我选了我喜欢的文科，也坚持自己的想法学到了我喜欢的专业。

直到现在，暖姥姥偶尔提起我当年文理分科的时候，还因为她内心对我的期望和我当年的叛逆对她的冲击，对此始终有一点儿耿耿于怀。她说：“女孩子，当一个医生，是多稳定、多实用的职业啊，你非不听话。小时候你多乖啊，真的没想到长大后一点儿都不听我的。”

我跟暖姥姥说：“妈妈，可是我现在很快乐。我做的工作是我喜欢的。”暖姥姥没再说什么。然而她一直不知道，其实我内心深处很感激她对我当年“叛逆的坚持”所给予的最后的妥协和默许。

那种无奈却仍有力量的支持，只能来自身边最亲近的人。

这让我想起武志红在《奇葩大会》里的一段演讲。

他讲了这样一个故事。当年他还是《广州日报》的一名记者，一天收到一个女孩给他的邮件，称自己和男友恋爱三年，非常恩爱，但母亲特别反对，甚至以死相逼，她很痛苦，不知道该怎么办。

于是武志红约这个女孩一家见了一面。聊天过程中，他终于弄明白，为什么女孩妈妈死活不同意这段感情，只是因为女儿以前说过什么事情都会告诉妈妈，但还是偷偷恋爱了，半年后被发现，妈妈觉得女儿背叛了自己，骗了自己，觉得女儿不再听话，从而无法接受这段恋爱。后来这个女孩的选择是，跟她心爱的男朋友分手，然后离开了她的妈妈。

女孩最终以这种方式获得了独立，但这种独立很惨，两败俱伤。

绝大多数中国的父母，对自己的孩子最大的褒奖就是“真乖”“真听话”。而我们所处的社会，这种听话的逻辑就这么看似正确地一直存在着。

当父母认为，孩子听自己的话是天经地义的事，那么父母就容易对孩子做出很多残酷的事而不自知，甚至孩子也不知道。而当父母彻底相信“听话逻辑”之后，他们就会真的自我催眠以为自己是孩子的救世主，认为自己所给予孩子的都是对的，说过的话，都是真理。真的太可笑了。

我的一个好朋友，从小喜欢写作，想当一名编剧，可是她爸爸觉得这种职业不稳定，百般说服她考了三线城市的一名公务员，现在每天过着毫无变化的生活，每一天都是重复着前一天，预演着后一天。才刚刚30出头，她心都老了，即使自己提起笔，业余时间想写点儿什么的时候，来自家人的无视使得她自己也逐渐失去了兴趣。最终，她丢掉了自己曾经拥有的最宝贵的特质。

听话这件事，真不一定是件好事。我们习惯了听话，便也失去了活力。这不就是现代社会父辈与孩子之间的亘古不变的话题吗？而中国式父母一直标榜的“爱孩子”的这种方式，或许真的应该反思一下。

给孩子足够的鼓励与支持

在孩子的成长过程中，很多家长都想做一个指挥官或者意见领袖，一旦出现孩子不听话的情况，就会吹胡子瞪眼利用“舆论”迫使孩子低头。可是我们自认为对的路，就真的适合孩子去走吗？我们在呵斥孩子“不听话”的时候，到底想让孩子听什么？孩子作为一个独立的个体，为什么不能有自己的想法呢？就像《猫与桃花源》这部电影里，爸爸对儿子的爱，从一开始小心翼翼却强硬地打压，到后来逐渐唤醒内心深处的勇气认同儿子的追求，我看到了爸爸对儿子真正的尊重和关爱。

我一直希望自己的母爱能像一种容器，把暖暖成长路上的成败得失都包容进去，不管是事情做得好还是不好，我都会认可她，支持她，鼓励她。但保护一个孩子成长最好的方式，不是让他一直在你的翅膀下躲着，而是在成长的路上，那个不那么听话的孩子，他取得的成绩能够得到鼓励，他受到的挫折能够得到包容和安慰。

等孩子长大，我们在身后，目送他们日渐远离。我想，这才是我们跟孩子之间最健康、最有爱的相处方式。

暖暖妈爱分享

很多家长都想做一个指挥官或者意见领袖，一旦出现孩子不听话的情况，就会吹胡子瞪眼利用“舆论”迫使孩子低头。可是我们自认为对的路，就真的适合孩子去走吗？我们在呵斥孩子“不听话”的时候，到底想让孩子听什么？孩子作为一个独立的个体，为什么不能有自己的想法呢？保护一个孩子成长最好的方式，不是让他一直在你的翅膀下躲着，而是在成长的路上，那个不那么听话的孩子，他取得的成绩能够得到鼓励，他受到的挫折能够得到包容和安慰。

你是不是也习惯给孩子“贴标签”

你是不是也习惯给孩子“贴标签”

有一次，我们一家三口去一个朋友家做客。朋友有一个文静友善的4岁女儿叫豆豆，很乐意跟初次见面的暖暖分享玩具、零食，两个小孩很快就玩得不亦乐乎。

孩子们玩着，大人们就一边看着孩子一边聊天，自然免不了夸夸对方的孩子。朋友说：“你看你家暖暖多漂亮啊，又懂事又有礼貌，不像我家豆豆，长得那么黑，不好看，还整天脾气大，不听话！”

按说夸我的孩子，我应该很高兴，但我却下意识地看了看正在跟暖暖一起玩耍的豆豆，然后对豆豆妈妈说：“豆豆不黑呀，多漂亮的小麦色，而且也很懂事呢，还跟暖暖分享玩具呢！”

然后我搂着朋友的肩膀，小声对她说：“亲爱的，别再当着那么多人的面说女儿了，咱们大人是客套一下，但她听到会自卑的。”

为了避免对方觉得我是小题大做，我给朋友讲了另一个朋友的故事。

高中时代，我有一个好朋友，人长得白皙秀气，个子虽然不高但窈窕有致，在青春期里，本应该是神采飞扬、备受关注的那种女孩，但是她却特别文静内向，说话轻声细语，甚至整天缩着肩膀埋着头。

有一次我们聊天，我说她身材这么好，真应该去学跳舞，她羞涩地笑笑，说："我幼儿园的时候，就因为个子比别的小朋友矮，老师没有让我入选舞蹈队，从那以后我就不怎么愿意跳舞了。"

我哑然。

我能想象得到，那个幼儿园老师不过是为了营造整齐划一的舞蹈队效果，在匆忙的挑选过程中随意对其中一个小女孩说了一句："某某太矮了，不行。"老师没有意识到，就是这么简单的一句话，在一个女孩内心埋下了自卑的种子，让她对自己的身高耿耿于怀，始终无法成长得舒展挺拔。

豆豆妈妈听完我的话，对我的看法表示了认同："大人有时候是不太注意这一点，总觉得孩子还小呢，说几句也没事。以后是得多正面鼓励。"

我舒了一口气。还好现在的年轻家长大多思想开明，更加尊重孩子，也愿意为孩子不断改进爱的方式。

但即使这样，大人对孩子的随意性评论，几乎每时每刻都在发生。比如：我这孩子没有音乐细胞/有点儿胖/爱哭闹/不让人省心/学习跟不上……孩子会怎么想呢：我不可能学会小提琴/我不配穿裙子/我不乖/父母不喜欢我/我学习没指望了……

别急着给孩子贴标签，同样的事情换句话说，是不是效果会更好？比如："小提琴是不太好学，需要不同寻常的坚持。""我这孩子圆乎乎的特别可爱。""我孩子心情不好的时候会有点儿哭闹，心情好的时候很懂事。""我的孩子特别体谅父母的辛苦。""我的孩子学习很努力，经过一段时间已经进步不少了。"……

给孩子正向的评价

也许有家长会质疑："孩子太玻璃心了不好，一点儿负面评价都接受不了，怎么承受日后的挫折？"如果换位思考，你能否接受一个每天批评你又胖又懒又馋又笨的伴侣？愈挫愈勇这回事，必然是有深爱着你包容着你的人在背后支持鼓励着你，你才能勇往直前去面对人生的风雨，而非在最爱的人这里，被打击得一无是处，锐气全无。

有研究表明：受自身心理发展水平、认知发展水平的限制，幼儿自我意识发展的总体水平比较低，还不能对自己进行独立、客观的评价，往往会根据成人的评价来评价自己和他人。父母和教师作为幼儿接触最多的人，他们的评价对幼儿的自我意识尤其是自我评价有着直接的、十分重要的影响。

而自我意识决定着一个孩子是自尊自爱、自主自律、自强自信，还是自卑懦弱、自我否定、自我放任。

正如我们熟悉的这个故事：

小学校长皮尔·保罗为了引导顽劣的学生罗杰·罗尔斯走上正途，说了一句话："我一看你修长的小拇指就知道，将来你一定会成为纽约州的

州长。”

小罗尔斯大吃一惊，但他坚信尊敬的校长先生不会骗他，这是真实的、可以实现的目标。

从那天起，“纽约州州长”就像一面旗帜在小罗尔斯心里高高飘扬，他的衣服不再沾满泥土，他的语言不再肮脏难听，他的行动不再拖沓、漫无目的。

在此后的40多年间，他没有一天不按照州长的身份来要求自己。

51岁那年，他终于成了纽约州第53任州长，也是纽约州历史上的第一位黑人州长。

所以我们说，父母和教师的评价，真的会影响一个孩子的一生。当然，不是每个孩子都能成为世俗意义上的成功人士，但至少在孩子心里，他可以自我接纳、热爱自己、热爱生活，实现内心的平和与精神的富足。

这，已经足够好了。

暖暖妈爱分享

孩子自我意识发展的总体水平比较低，还不能对自己进行独立、客观的评价，往往会根据成人的评价来评价自己和他人。父母和教师作为幼儿接触最多的人，他们的评价对孩子的自我意识尤其是自我评价有着直接的影响。而自我意识决定着一个孩子是自尊自爱、自主自律、自强自信，还是自卑懦弱、自我否定、自我放任。

所以，父母和教师的评价，真的会影响一个孩子的一生。

孩子最怕的三个字——“为你好”

“都说是为我好，我真是觉得不好”

一次，有位妈妈甚是苦恼地描述了自己遇到的困境：“我的宝宝快11个月了，家里人都逼我去上班。一边是爸妈给我找好工作，并苦口婆心地劝说；一边是婆婆觉得自己能带好孩子，也同意我去上班。但是就我自己而言，我觉得现在到孩子上幼儿园这段时间，对孩子的习惯养成、性格塑造等都非常重要，父母对孩子的陪伴不能缺席太多。更何况，婆婆带孩子的很多方式我都看不惯，把孩子交给她特别不放心。”

我问她：“如果坚持你的想法，陪伴孩子到幼儿园，会有什么问题吗？是不是经济上不允许？”

这位妈妈说：“有经济原因，但还是能过得去的。我爸妈是不想我在婆家没有地位，从而产生矛盾。失去一份不错的工作固然可惜，但以后我会努力的。我最怕的是爸爸妈妈伤心，我这么大了还让他们操心，这是我最大的犹豫。但是我上班的第一天就后悔了，晚上回去看见孩子心里难受，真是纠结得要死，有时候就想带着孩子走，谁也别管我。都说是为我好、为我好，我真是觉得不好，这一句‘为我好’把我压得好像怎么反抗都是错！”

我也不由得跟着这位妈妈，发出了一声深深的叹息。

其实，无论是全职妈妈也好，还是职场妈妈也好，这个选择同人生的每一个选择一样，利弊参半，有得有失。

你选择做全职妈妈，享受了跟孩子一起相处的千金不换的时光，那你就要承受这种选择可能带来的经济上的窘迫、白天黑夜连轴转的疲惫、不被理解和尊重的苦闷等；

你选择做职场妈妈，得到了经济上的自由和事业上的成就，那你就要忍受这种选择可能带来的沉甸甸的愧疚、事业家庭两边难以平衡的负累、与代养育者的观念分歧等。

世上并不存在绝对完美、绝对正确的选择。唯一能促使你下决心做出决定并义无反顾坚持下去的，应该是你的心。

然而本来并不是很难解决的问题，一旦背负上父母的深情厚谊，掺杂了父母的好心劝导，就变得犹如一团乱麻，让这位妈妈陷入了濒临崩溃的境地。

很多孩子无论长到多大，哪怕自己都有了孩子，仍然逃不过父母的一句“我这是为你好”。而好多孩子最怕的，也应该就是这三个字——“为你好”。

错过的理想，永远的遗憾

我有个朋友，年轻的时候浅笑盈盈，性格极好，还没有结婚的时候就特别喜欢孩子，她的理想是当一个幼儿园老师，我也觉得她特别适合。

这个朋友的父亲是有些眼界的，不能容忍女儿这么幼稚、平庸的理想，从高一时就帮孩子确定了从医的人生道路，并动用关系把女儿转到了一所重点高中，据说是军事化管理，滴水成冰的冬天清晨，都必须起来跑步。

很难想象那么娇娇柔柔、从没吃过苦的城市姑娘，那两年是怎么过来的。结果还算理想，她考上了一所医学院，每天背诵各种中草药的功效，一路读研读博，直至顺利成为当地医院的一名医生。

打那以后，我就只能从朋友圈里偶尔看到她了。她发的朋友圈不是深夜值班时鼓励自己的自拍，就是晒各种枯燥的专业书籍。

有一次，我转了一篇介绍各类特色幼儿园的文章。她在下面留言：真想到这样的地方上班呀！

我调侃道：还记得当年的理想？

她回复：我已经老啦，物是人非事事休，欲语泪先流……

我不知道，如果她当年真的当了幼儿园老师，是不是也会有很多烦恼，比如工资不高、孩子多不好管理……但是至少，她不必强撑着在一条自己不是很喜欢的路上走得这么累，也不会有这么大的遗憾！

你确定是为他好吗

“为你好”出现的前提，通常是孩子生出独立意识，而父母偏偏和孩子意见相左的时候。

报考大学的时候，你喜欢文史类，父母却说：“考计算机吧，将来好就业，我们是为你好，别等到以后找不到工作回来求我们。”

择业的时候，你想去大城市闯荡，父母又说：“我们托了那么多关系，才给你找了个事业单位，我们是为你好，你放弃了可别后悔。”

年龄大了，本来不着急结婚，父母催促：“别那么挑，找个老实可靠的嫁了吧，我们是为你好，再老就没人要了。”

老公出轨，婚姻经营不下去了，父母反对：“你离婚了还能干什么？我们是为你好，睁一只眼闭一只眼凑合着过吧。”

……

“为你好”导致的结果，往往是：

特别老实听话的孩子，在父母的“为你好”的安排和指导下，一个愿意操心受累，一个乐得有人安排，就这样度过波澜不惊的一生，本来也算挺好的结局。

但是，如果孩子内心深处的那个自我，还有一丝不甘，还有一点儿挣扎，这种“为你好”就会变成一种压迫、一种扭曲，甚至，一场噩梦。

因为我们深爱着父母，也明知他们深爱我们。这些打着爱的名义的不由分说地“为你好”，比敌人的明枪暗箭更可怕，它让你的本能抵抗，伴随着巨大的愧疚；也让你的自主选择，背负不孝的罪名。

家庭本应是一个人最温暖的港湾，父母本应是一个人最坚实的依靠。然而有些孩子宁可背负叛逆和不孝的“罪名”，常年不肯回家，跟父母几无交流，抛去各家难念的经等复杂原因不谈，我想很可能是因为他们从小就缺少这种平等的、敞亮的、健康的、双向的交流。

当一个人的情感需求得不到尊重、正常的交流欲望被漠视，你就是爱他爱到愿意付出生命，他也感受不到幸福和快乐。

给孩子选择人生的权利

我能理解父母们那些苦口婆心背后的理由：“我活得久、见识广、懂得多，听我的肯定没错啊。”“我走过的弯路不能让孩子再浪费时间，我掉过的大坑不能让孩子再掉进去。”“我得为孩子的人生负责，如果我不管，他选择错了怎么办？”……

我能理解，是因为当4岁的暖暖在衣柜面前挑出自己当天穿的衣服的时候，我要很努力地克制自己，不让自己脱口而出“我觉得这件不好看，那件才好看”。

我知道随着这个小人儿的快速成长，我和她意见相左的时候会越来越多，升学、择业、交友、恋爱、结婚……难以想象，我该以多强的忍耐力，才能收起自己的控制欲，去倾听她的理由；而一旦我的女儿跟我争执和抗衡的时候，我这颗脆弱敏感的心脏会经受怎样的考验。

所以，对于父母来说这很不容易，我们都需要很大的耐力去不断修炼“克制”这门功夫，试着理解孩子的选择，允许他有试错的权利，只指导，不强制；只倾听，不评判；只陪伴，不替代。

至于人生是不是会因为一次选择错误就毁了？我觉得只要不是涉及原则和底线问题的就大可放手。只要孩子的基本品质没有什么缺陷，人生方向没有大的偏差，只要他一直积极地思考、乐观地奔跑，他的人生，必然不会山穷水尽。

有一部我看了4遍的电影《三傻大闹宝莱坞》，里面的三个主角之一法罕，出身富庶家庭，父母早已把儿子的人生之路设计得完美无缺。作为印度著名学府帝国工业大学的学生，天之骄子中的骄子，再加上踏实肯学，法罕注定是未来社会的精英阶层，前途一片光明。

这个设计唯一的遗憾是：法罕对工业设计毫无感情，在他内心深处，藏着成为一名野外摄影师的梦想。

在朋友兰彻的帮助下，法罕接到了自己仰慕的著名野外摄影师提供的助手一职，决定为自己的梦想孤注一掷，跟说一不二的权威父亲谈一谈。

不出所料，父亲勃然大怒。

法罕流着泪跪在父亲面前说："我为你所做的事都非虚情假意，我一向听你话，哪怕只有一次，让我聆听自己的声音。求你了……爸……我想说服你，爸，但我不会以死相胁！爸，我做一名摄影家又会怎样呢？挣得少一点儿，房子小一点儿，车子小一点儿，但我会很快乐，会真正幸福。"

这段肺腑之言，值得天下父母一读再读。

所幸，法罕的父亲被儿子打动了："去活出你自己，我的儿子。"

于是，世上少了一个和机械同床异梦的平庸设计师，多了一个作品惊艳世界的著名野外摄影师。

真正的成功人生，就是能按照自己的意愿，活出自己的精彩和独特。

人生的路那么长，那么艰难，能让一个人坚持走到最后的，无非是"情愿"二字。

所以，我希望我的孩子，凡事自有主张，未来自有方向，苦中也有乐趣，眼泪不因后悔。

我们能给予孩子的最好的爱，不是“为你好”，而是“祝福你”！

暖暖妈爱分享

很多孩子无论长到多大，哪怕自己都有了孩子，仍然逃不过父母的一句〝我这是为你好〞。而好多孩子最怕的，也应该就是这三个字——〝为你好〞。

而真正的成功人生，是能按照自己的意愿，活出自己的精彩和独特。

人生的路那么长，那么艰难，能让一个人坚持走到最后的，无非是〝情愿〞二字。

所以，希望我们的孩子，凡事自有主张，未来自有方向，苦中也有乐趣，眼泪不因后悔。

作为父母，我们能给予孩子的最好的爱，最好不是〝为你好〞，而是〝祝福你〞！

世界上最恐怖的“别人家的孩子”

我常带着暖暖在小区里骑自行车。好些老人和妈妈，也常带着孩子在楼下小广场晒太阳。

一次，一岁半的茜茜，刚学会走路，放开姥姥的手，在广场上晃晃悠悠地刚走了几步，就不小心摔了跤。茜茜姥姥赶紧跑上去，一边扶起孩子，一边嘴里念叨着：“别人家孩子1岁都能跑了，你怎么回事啊，刚走几步就摔倒！”

另一个孩子的妈妈听了这话，也凑了上来：“你这还好！我们家娃2岁了还不会说话呢，别人家孩子都会数数了，年纪就差2个月，差距怎么就这么大！真愁人！”

又是“别人家的孩子”！又是这种令人抓狂的“比较”！

多么似曾相识的一幕，我想起了我童年那些让人抓狂的记忆。

其实，我小时候成绩一直不错，已经算是很不让人操心的好孩子了。可不管我怎么努力，在大人嘴里，我好像还是永远都笼罩在“别人家孩子”的阴影之下，比如：

“你看看人家小育，成熟稳重，又守纪律，谁像你这样，话那么多，上课也不老实！”

“你看看人家晓晓，字写得那么好，学习从来不让妈妈操心！”

“你看看人家小杰，7岁就能自己做饭洗碗了，你怎么比人家差那么多！”

……

“别人家孩子”，就像世界上最恐怖的生物，是我童年生活中一个永远摆脱不了的魔咒。不管再怎么努力，不管在某些方面做得多好，在我妈的眼里，我似乎永远有很多地方总比不上“别人家的谁谁谁”。

相信这样的记忆，在绝大部分人的记忆中都不陌生。

别人家的孩子有多恐怖

“从小我就有个宿敌叫‘别人家的孩子’。这个孩子从来不玩游戏，不聊QQ，不喜欢逛街，天天就知道学习；长得好看，又听话又温顺，回回考试年级第一，还有个有钱又正儿八经的男（女）友；研究生和公务员都考上了，会做饭，会家务，会8门外语……”

这个热传的网络段子，在让人开怀一笑的同时，却满满皆是苦涩的记忆。可这些曾经让我们苦恼而抓狂的刺激，却一直在一代代地往下传承。为什么我们已经经历过的这些烦恼和痛苦，如今还要在自己的孩子身上再来一遍？

我们当中的很多人，都是在父母的“比较”中长大的。上学时，比的是成绩；毕业时，比的是证书；而毕业后，比的则是职业、收入。大人们总拿别人家的孩子与自己家的孩子做比较，可曾想过孩子听了心里是什么滋味吗？

很多父母会说，我肯定是爱自己的孩子的啊，我拿“别人家的孩子”来比较，也是为了给自家孩子一个奋斗和努力的目标啊！可是，你有没有想过，这样做不仅难以起到一种激励的作用，反而可能起到反作用，损伤孩子的自尊心、上进心，甚至影响孩子对父母的信任度，导致孩子对父母的冷漠。而且研究调查表明，这些烦恼至极的“比较”和言语刺激，其实很容易在孩子的潜意识里和心底留下阴影。

在这种刺激下长大的孩子，很容易不够自信；面对需要决断的事情时，往往心理不够强大，甚至没有面对困难或挑战的勇气；还有人表现在踏入社会之后，因为小时候从没获得过肯定或很少获得鼓励，导致自尊心连连受挫，自卑伴随一生，更严重的是伴随一生的心理障碍。

不比较，就真的这么难吗？

我本科时期有一位女同学，能考上全国最好的大学之一，已经算是非常优秀了，可面对爸妈频繁的否定，不断地被灌输别人家孩子如何优秀，她曾经一度产生抑郁自杀的倾向，好在后来经过心理医生的干预才成功脱离危险的深渊。然而她在日后的婚姻事业上仍然接连受挫，她坦言：每当想鼓起勇气面对的时候，自卑心往往就会跳出来作怪，甚至小时候爸妈说过的那些我无能的话又会回响在耳边，让我瞬间觉得自己一无是处，别人都是太阳，而我只是一颗暗淡无光的星星。

每一个孩子都是独特的“自己”

德国哲学家莱布尼茨说过：世界上没有完全相同的两片树叶。每一个独一无二的孩子都拥有独一无二的精彩。世界上每片树叶都有自己的脉络、自己的纹理、自己的阳光、自己的土壤。同样，世上也没有两个完全相同的人。

不同的孩子，由于家庭背景、成长经历等众多原因，都有着各自的特点，各自的个性，各自的天赋，各自的发展速度和路径。对于每一个孩子而言，并没有优劣之分。譬如在婴幼儿时，人们总习惯去赞叹和羡慕走路早、说话早的孩子，但说话晚、走路晚的孩子，未必就差。人到中年，尚有大器晚成的说法，当孩子成家立业后，谁还记得他是几岁学会走路，几岁学会说话的？

苏霍姆林斯基说：“每个孩子都是一个完全特殊的、独一无二的世界。”就像世界上飞翔着无数的蝴蝶，没有一对蝴蝶的翅膀有着绝对一样的图案和颜色；天上飘浮的无数云朵，也没有形状完全一致的。

每个孩子都有自己与众不同的天赋，别人的缺点，也许恰恰是他的优点，就像有的孩子想象力丰富，擅长讲故事；有的孩子却具有运动天赋。我们不应该被别人的好蒙住眼睛，而忽略了自己孩子的感受；我们应该懂得自己孩子独一无二的精彩，并帮助他们做最好的自己。

无论怎样，作为孩子至亲至爱的人，给孩子一个安全而又自信的成长空间，不以一技论长短，让孩子获得幸福感才是最重要的。英国《儿童十大宣言》中有一条："平安成长比成功更重要。"这是对生命的全面尊重，是对儿童的真正热爱和最好的人性教育。

对于孩子来说，他获得了幸福感、成就感，终身受益的和谐的亲子关系，至关重要。亲子以诚相待，经常和孩子进行感情交流，这会让孩子感受到：爸爸妈妈是值得信赖的；爸爸妈妈体谅我；爸爸妈妈明白我的难为情；爸爸妈妈发现了我的进步；爸爸妈妈是如此爱我……

真希望有一天，那个完美的"别人家的孩子"，能从我们的口头禅里消失，每一个家庭，都能用心去发现自家孩子的独特精彩。一个心理阳光、健康快乐的孩子，自然而然会在这个世界上释放出自身独一无二的夺目光彩。

暖暖妈爱分享

德国哲学家莱布尼茨说过：世界上没有完全相同的两片树叶。我们不应该被别人的好蒙住眼睛，而忽略了自己孩子的感受；我们应该懂得自己孩子独一无二的精彩，并帮助他们做最好的自己。

真希望有一天，那个完美的"别人家的孩子"，能从我们的口头禅里消失，每一个家庭，都能用心去发现自家孩子的独特精彩。

有一种伤害，叫“你妈妈不要你了”

一句玩笑话也有十级的伤害力

有一天早上，送暖暖去幼儿园，看到一个奶奶带着1岁多的小孙子在外面晒太阳。孩子妈妈背着包要上班，匆匆跟宝宝告别后，只能面带难色地快步离开。孩子在奶奶怀里挣扎哭闹着不要妈妈走。奶奶哄了几句见没什么用，便把孩子往地上一放，也开始发起脾气来：“妈妈，妈妈，整天就知道要你妈！去吧！去找她吧！你看你妈都走了，不要你了！你还在这里非要找她！”孩子听完，哭声更大了……

听着小男孩撕心裂肺的哭声，我只能拉紧暖暖的手快步离开。

细细回想起来，“你妈妈不要你了”这种话，我好像听到过无数次。不管是因为妈妈因有事要出门，还是妈妈怀了二胎，抑或是因为妈妈跟宝宝藏猫猫暂时离开了宝宝的视线，总会有些人或半开玩笑，或半赌气地扔下这样一句话。

每次看到那些本来就因为看不到妈妈而伤心痛哭的宝宝，因为这句“你妈妈不要你了”而更加难过绝望，我总有点儿难以控制的冲动，想冲上去扇说这种话的人一巴掌！

也许只是一句无心的玩笑，或者只是一句随意的调侃，但这句话对孩子的伤害力简直是十级！在成年人看来，当妈妈的永远不可能不要宝宝，但孩子的世界比大人单纯得多，他们并不能区分什么是玩笑什么是事实。一颗稚嫩的心，听到妈妈不再要自己的话，是一种多么无情的伤害！

小孩就不是人？就没有自己的思想和情感吗？这样跟孩子说话的家长或者亲朋，你到底跟这个孩子有什么深仇大恨？

给孩子绝对的信任和安全感

孩子的成长，就像一场渐行渐远的分离，因为生命本身就是自由而独立的。照顾和分离，都是母爱在孩子身上必须完成的任务，孩子每一次跟我们的分离，都伴随着他们的成长和成熟。

但在这些成长和分离并存的美妙经历中，真正重要的基石却应该是绝对的信任和无尽的安全感。孩子的成长，需要妈妈的逐步放手，但更需要妈妈的用心呵护与培养。

有一句很老的歌词，但我一直记忆犹新："当你觉得外面的世界很精彩，我会在这里衷心地祝福你。当你觉得外面的世界很无奈，我会在这里耐心地等着你。"

对妈妈来说，不管孩子走得多远，家的大门，也永远都向他敞开。

对一个年纪尚幼的孩子来说，真正的安全感，一定是妈妈就在那里，不离不弃。

科学研究表明，3周岁以下的孩子，往往只能通过别人的面部表情、外部行为去认知别人的情绪，而对成人一些复杂的内心体验难以理解，他们会把爸爸妈妈的离开，当成是真的离开。

曾经见过很多人，都习惯用"你妈妈不要你了"来逗孩子，然后看着在惊恐中哭泣的孩子哈哈大笑。他们并不知道，这句话对孩子的心理发展到底有多大的伤害！如果妈妈或者家里的亲人跟孩子说这样的话，会让孩子的心理产生极度的不安全感，恐惧、害怕、难过等各种负面情绪会迅速占领孩子的内心，甚至会对妈妈产生愤怒的抵触情绪。如果在幼年，孩子的安全感有缺失，他的性格中会产生不安、焦虑、怀疑的情愫，也会影响他未来在智商和情商方面的发展。

所以，作为亲友，如果你爱孩子，请千万不要对孩子说出“你妈妈不要你了”这句话。

作为妈妈，如果有人对孩子这么说，即使说者无心，也请礼貌而坚决地立即予以否定。

只有每个人都能意识到这种语言冷暴力会对孩子产生无形的伤害，才能捍卫孩子的安全感，才能保证未来的某一天，你家的孩子，你亲戚家的孩子，你朋友家的孩子，都真正能被所有人尊重和平等地对待，从而在充满爱和温暖的安全感中慢慢长大。

暖暖妈爱分享

3周岁以下的孩子，往往只能通过他人的面部表情、外部行为去认知他人的情绪，而对成人一些复杂的内心体验难以理解，他们会把爸爸妈妈的离开，当成是真的离开。所以，作为亲友，如果你爱孩子，请千万不要对孩子说出“你妈妈不要你了”这句话。

只有每个人都能意识到这种语言冷暴力会对孩子产生无形的伤害，才能捍卫孩子的安全感，才能保证未来的某一天，你家的孩子，你亲戚家的孩子，你朋友家的孩子，都真正能被所有人尊重和平等地对待，从而在充满爱和温暖的安全感中慢慢长大。

接纳孩子的内向性格

▼

我们家楼上，有好几个跟暖暖差不多大的孩子。因为孩子的缘故，家长们挺熟悉的，见了面会拉着孩子一起热络地互相打招呼。

这几个年龄相仿的孩子中，有个很内向的男孩子宏宏，几乎从来不跟我们打招呼，从小见了邻居们就会躲在父母身后，问什么都不说话。我们习以为常，也只是微笑着跟他说几句话，从未要求他积极回答。

宏宏的妈妈却一直为此事发愁。宏宏小的时候，她总是要求孩子："宏宏，快叫叔叔阿姨好！""怎么不跟小朋友打招呼呢，这样没有礼貌哦！"……可惜宏宏始终不为所动。宏宏妈只好每次都替孩子解释说："不好意思啊，我这孩子太害羞啦，大了就好了。"

等上了幼儿园，宏宏确实有了一些变化，见了我们会笑了，也会说上几句话。然而宏宏妈仍然很发愁，因为宏宏的改变对她来说实在太微不足道了："幼儿园的集体活动从来不参加，也很少主动跟别的小朋友一起玩儿，这可怎么办？起跑线都输了别人一大截，长大了还不被社会淘汰掉？"

我问宏宏妈："宏宏在家和熟悉的环境里，是不是比较自如？"

宏宏妈点点头："在家挺好的，在我们和熟悉的人面前能放得开，但是一到陌生环境就变得畏畏缩缩，显得很孤僻。为了能让宏宏变得外向一点儿，我们上了最好的早教班，还每年带他旅游两次，有意识地鼓励他跟不同的人接触，甚至还制订了参加集体活动奖励玩具的措施，怎么努力了这么久还是没效果？可真是愁死我了。”

宏宏妈的烦恼其实也是很多拥有内向孩子的家长的烦恼，在我的公号后台和朋友圈中，一直不乏这样的咨询：“孩子太内向该怎么办？”从他们的描述和着急的语气可以看出来，内向被认为是不好的性格，会给孩子带来负面的影响。

内向≠性格缺陷

我能理解父母们的心情，毕竟从直观上来看，一个外向活泼、擅长交际、口才出众、彬彬有礼的孩子，更容易被别人接受，能得到更多机会，日后也能更好地融入集体，适应社会，人生过得更顺利、更幸福。

然而，如果我们因此把内向误读为一种性格缺陷、心理障碍，带着焦虑去横加指责，强迫改造，对孩子来说不啻于一场灾难。

内向和怕生不同，几乎每个孩子，包括那些外向活泼、擅长交际、口才出众、彬彬有礼的孩子，小的时候都一样会怕生。孩子怕生不仅不是毛病，还是孩子情感发展的第一个重要里程碑。在怕生期，只要家长处理得好，孩子就能安然顺利度过。而内向呢，基本是一个人伴随终生的性格特征和精神气质，是生理原因造成的。哈佛大学神经科教授卡尔·施瓦兹教授认为，那些在2岁时表现出腼腆内向的孩子，即使在他们长大到18岁，他们的性格还是内向的。

也就是说：内向的性格不会随着外界的努力、年龄的增长而改变。

著名心理专家武志红在《内向的损耗感与外向的表演感》一文中讲道，他在大学时决定改变自己的内向性格，花了5年时间，还真的变成了非常外向又极其幽默的人，朋友因此多了起来，异性缘也一下子变得非常强。然后，武志红说：“外向而幽默的‘我’只存在了四五个月时间，后来我觉得好累，也觉得那不像我自己，于是又变了回来。”

一个成年人，自觉主动努力了5年才成为一个外向的人，却只维持了5个月时间就变了回来。可以想象，如果一个孩子在父母充满焦虑的耳提面命中，被动地与自己的天性做十几年的搏斗却仍然收效甚微，这是何等艰辛和痛苦的过程，而他对自己会产生多大的质疑、不满和厌倦？

“我怎么是这样的人，为什么不如别人？”

“我为什么不能外向起来，让父母开心点儿呢？”

“我这样的性格，注定一事无成了吧？”

……

事实上，谁说内向的人不容易成功呢？

内向的性格不影响武志红成为著名的心理咨询师，或许正是这种性格，才赋予了他职业必需的敏感细腻。

同样地，内向的性格不影响奥黛丽·赫本、周星驰、梁朝伟成为演艺巨星，或许正是这种性格，让他们有了自己独特的魅力，打磨出了有深度的作品。

内向的性格也不影响比尔·盖茨和沃伦·巴菲特成为富可敌国的企业家，或许正是这种性格，让他们始终保持冷静、清醒、睿智的头脑，在商界浮沉中站稳了脚跟。

内向的性格更没有影响林肯和甘地成为闻名世界的政治家，或许正是这种性格，让他们拥有温和、稳重、正直的力量，赢得了人们的喜爱和信赖。

……

难以想象，如果地球上没有了这些内向性格的人，世界会失去多少色彩。这对于世界而言，也不啻于一场灾难吧。

既然内向的性格无法通过外力彻底改变，也无须去强行改变，那么家有内向宝宝的焦虑的家长们，该如何做呢？

接纳孩子的性格

首先是认识和接受孩子的性格，并换一种坦然的心态来看待，这至关重要。当孩子还没有做好跟陌生人打招呼、迅速融入新环境、跟新朋友打成一片等准备的时候，别出于面子说“我这孩子太害羞了”“不打招呼不礼貌”之类的话，可以试着说：“我的孩子需要一点儿时间来适应。”“孩子，根据你的节奏慢慢来。”……有了这样的心态，我们才能放下无谓的焦虑，放下改造的执念，看到孩子本真的可贵，欣赏到孩子的独特之处。

当孩子一个人搭积木、玩拼图、读书、画画的时候，你知道这不是孤僻，就可以给他充分的自由在思想的世界里自得其乐；

当孩子远远看着嬉戏的小朋友却迟迟不肯上前的时候，你知道孩子需要一个过程，你可以陪他一起观察、适应，直到他放松、安心，再鼓励他加入游戏的队伍；

当孩子不愿意参加集体演出，宁愿在一旁当观众的时候，你知道这样更符合孩子的天性，可以尊重孩子的选择，不再强迫他去强颜欢笑地表演。

在我们培养孩子的社交能力的过程中，如果孩子有了一点儿社交能力上的进步，我们要给予中肯的赞扬：“我知道这对你来说不容易，很高兴你做到了。”如果孩子在社交过程中出现退缩、疲倦、逃避，我们也要允许孩子退回到自己的空间进行能量修复，并告诉他：“没关系，这需要时间，我们可以等以后再试。”

暖妈推荐书单

《安静：内向性格的竞争力》，〔美〕苏珊·凯恩著，高洁译，中信出版社，2012.9

《安静：内向性格的竞争力》的作者苏珊·凯恩也是一位典型的内向者，她曾恐惧公开演讲到这种地步：驾车去某个研讨会发表讲话的途中，她发现自己“一直在祈祷一场灾难来临——洪水、小规模地震什么的都可以，那样我就不用去做这件事了”。然而她的书和激情澎湃的TED演讲，成功地唤起了这个社交和外向性格备受推崇的社会对内向者的关注。

她说：“没有谁会说社交技能不重要，也不意味着我们都应该停止合作，内向安静的史蒂夫·沃兹尼亚克和激情四射的史蒂夫·乔布斯联手创建的苹果公司就是最好的例子。我只是希望大家知道，给内向者自由，让他们做自己，他们会做得很好！

“停止对于经常需要团队协作的执迷与疯狂。思维碰撞、交换意见很棒，但是我们需要更多的隐私和更多的自主权。学校也一样，教会孩子怎样独立完成任务，这对于外向的孩子来说同样重要，从某种程度上讲，这是深刻思考能力的练习过程。”

没错，允许内向和外向两种性格相依相存，互相促进，才有社会历史和文化的丰富多彩；给予内向的孩子自由的权利，让他们做更好的自己，才能避免把许多杰出的天才扼杀在修正自己性格的悲剧中。

我们最大的成功，不是把孩子培养成我们理想中的样子，而是陪着他、支持他，去成为他自己理想中的样子。

生命如鱼，爱如水，孩子在如鱼得水的自由和快乐中，才能挖掘出性格的潜在优势，才能释放出最强大的生命能量。

或许内向的孩子长大后不一定都能成为世俗意义上的成功人士，但他们的踏实稳重、感情细腻、办事稳妥，足以成为值得托付重任的同事、值得交付感情的朋友、值得一生陪伴的爱人。这也足够好了，不是吗？

暖暖妈爱分享

在我们培养孩子的社交能力的过程中，如果孩子有了一点儿社交能力上的进步，我们要给予中肯的赞扬："我知道这对你来说不容易，很高兴你做到了。"如果孩子在社交过程中出现退缩、疲倦、逃避，我们也要允许孩子退回到自己的空间进行能量修复，并告诉他："没关系，这需要时间，我们可以等以后再试。"

我们最大的成功，不是把孩子培养成我们理想中的样子，而是陪着他、支持他，去成为他自己理想中的样子。

请不要再伤害我们的男孩子了

▼

“养个男孩，真的好累……”

几乎每个家有男孩的好友都对我说过同样的话：“唉，真羡慕你家是个甜心小公主，你不知道带男孩有多累！简直分分钟要人命！”好友聚会的典型场景是：暖暖安静地看绘本，玩黏土，我优哉游哉地喝着下午茶聊八卦；而带了同龄小男孩的好友呢，像是装了弹簧，一会儿蹦起来一次，冲过去看自己家的“小祖宗”又整出了什么幺蛾子。

如果用一个词语形容养育孩子的感受，我会说“心满意足”，而带着小男孩的闺密则是摇摇头表示“心力交瘁”。比起安静省心的女孩子，男孩子真是一种神奇的生物，每天早上6点多睁开眼就能开启“全天待机模式”，疯跑一上午以后，你以为他该午睡了，结果人家还能擦擦汗兴奋地拉着你去看邻居家新养的小狗；就算午睡了，不过就是打个盹儿的工夫，转眼又生龙活虎起来；他会让你举高高然后踩着你的身体攀爬去摸吊灯，也会要求你俯首跪地当他的战马；他会毫无顾忌地冲进草丛里滚一身泥，也会踩水坑踩到浑身湿透；他会要求你扮演小偷，陪着他这个警察玩几百遍抓捕游戏，也会让你成为被奥特曼打败的怪兽，倒地装死无数次……

如果说女儿是贴心小棉袄，那儿子就是天生的钢铁侠和美国队长，自带盔甲和盾牌，身体里装着永动机，实在是让很多爸爸妈妈有些吃不消。

有个妈妈就说：“每天晚上陪‘小祖宗’玩到十一二点，最后只剩下坐着看他表演的力气了。每每这时，我就特想有一种专治熊孩子的麻醉针，一针打下去，世界安静了……天啊，我是不是个坏妈妈，怎么会有这种可怕的想法呢？”

“养个男孩，真的好累……”这几乎是每个男孩家长的共同心声。

可是亲爱的，别忘了，男孩之所以是男孩，总有造物主特别考虑之处。如果爸爸妈妈们只看到了他们的顽劣费心，“选择性遗忘”他们的特别和优势，会让男孩子在成长中无意间受到伤害。

也许，你真的不懂男孩

闺密糖糖一直对暖暖的贴心与乖巧艳羡不已，每次聚会她总会长吁短叹地感叹自己儿子小冬瓜让她伤透了脑筋。有一天，冬瓜小朋友又成功地让糖糖暴怒了一回，她向我吐槽道：“这个月他已经弄坏了三个美国队长的玩具了。每弄坏一个，他都会委屈地说：妈妈，我太喜欢美国队长了，能给我买一个新的吗？我保证下一次一定好好玩儿。可我看着美国队长那裂开的盾牌和破碎的躯体，每次都想把他狂揍一顿。

“那天他又故态复萌的时候，我简直要被这个外表像天使、内心住着一个狂野魔兽的儿子搞崩溃了。就不能让一个玩具好好地‘活’过一个礼拜吗？你是猴子派来的捣蛋鬼吗？为什么让男孩乖乖背两首诗这么困难，让他们使出洪荒之力搞破坏却如此简单……

“我决定罚儿子面壁思过半个小时，并且不给他创造弄坏第四个美国队长的机会——是的，不买了！祈祷让儿子那‘多动症’和过剩的精力都使在其他地方吧，千万不要纵容他对某件事物的莫名的热情，他为什么就不能——哪怕有一小段时间也好——像个女孩一样文文静静的呢?”

听完糖糖对“破坏王”冬瓜的吐槽，我问她：“你希望冬瓜以后能够成为什么样的人？”

“我当然希望他能成为一个顶天立地的男子汉啊！勇敢、热情、善良、聪慧、坚毅……”

说完她也笑了。是啊，既然如此，为什么还要希望冬瓜像个女孩子一样文静呢？小男孩喜欢代表正义的美国队长、超人等英雄，对玩具充满热情，虽然有些破坏力，却实实在在是在向我们展示一个男孩子的天性啊！

爸爸妈妈们，面对着难以招架的小男孩，你们是否想过：他们本来就和女孩不一样？

据性别科学研究结果显示：男孩与女孩的大脑之间差别至少有100多处。比如，男孩血液中的多巴胺含量较多，流经小脑的血量更多一些，而小脑是控制行为和身体行动的。流经小脑的血流量越多，小脑就越活跃，因此男孩相对更爱动。所以如果男孩被批评“跟猴子似的坐不住”“得了多动症”“怎么就不能安静会儿”，实在是太委屈孩子了，这根本是控制不住的天性好吗！

再比如，男孩大脑中的胼胝体（即连接两个脑半球的纤维素束）与女孩的体积不同，颞叶中的神经连接也不如女孩强大，大部分时候只能集中精力做一件事情，而且对语言的感知力较低。所以如果你因为孩子专注于玩不理会你而指责他“耳朵聋了吗”“妈妈叫你要回答懂吗”“别人跟你说话不回答太没礼貌了”……不仅是冤枉了孩子，更会破坏孩子可贵的专注力。

别让误解变成伤害

要论调皮和难搞，应该很少有男孩比得上蜡笔小新了。一个5岁的比较早熟的小男孩，经常把妈妈美伢搞到崩溃。小新身上有着很多小男孩性格的缩影，调皮、好动、好奇、爱破坏、无法集中精力、不听话，却依然深受观众喜爱，也许这是因为在大家的心目中，男孩子本来就应该是这样的啊。

对于父母而言，家有男孩确实会累一点儿，但你要知道这不是孩子有意让你累、让你生气，而是他们天性如此。所以，不妨收回想要训斥，责骂的念头，真正站在他们的角度，学会理解他们，尊重他们。

当男孩在幼儿园里追逐打闹滚了一身泥的时候，在下雨天坚持要出门玩滑梯的时候，三番五次弄坏玩具的时候……如果我们理解了，尊重了孩子，就不会不假思索地横加指责，黑着脸批评他，就不会在不经意间磨灭男孩对新鲜事物的热情和创新的勇气。

另外，爸爸在男孩教育中的作用尤为重要。一方面，妈妈有限的精力和体力无法长时间配合儿子，而爸爸却往往能跟儿子一拍即合、配合默契。无论是举高高、吊手臂还是骑大马，爸爸坚实的臂膀统统可以胜任；什么森林大冒险这种体力游戏也是“男人们的专属”。另一方面，他们之间还能轻易地建立一种“男人之间的信任感”，拥有“男子汉的秘密”。最重要的是，爸爸的高大、强壮和男子气概，也会给男孩更多的安全感和榜样力量。而亲爱的妈妈们呢，在不违背原则的基础上，别把男孩看管得太严，也别让紧张兮兮、声色俱厉的碎碎念成为约束孩子的“紧箍咒”。

教育不应该在严肃的氛围和绝对正确的理念下进行。我们需要换一种眼光，多一分耐心，多给孩子一点儿自由的空间、一点儿适当的鼓励，让这个小小的人儿去积极探索和经历属于他的人生冒险。

别着急，终有一天，他们一定会长成理想的模样！

暖暖妈爱分享

爸爸在男孩教育中的作用尤为重要。爸爸能跟儿子一拍即合、配合默契。他们之间还能轻易地建立一种“男人之间的信任感”，拥有“男子汉的秘密”。爸爸的高大、强壮和男子气概，也会给男孩更多的安全感和榜样力量。妈妈们呢，在不违背原则的基础上，别把男孩看管得太严，也别让紧张兮兮、声色俱厉的碎碎念成为约束孩子的“紧箍咒”。

第三章

3

情绪管理：始于妈妈的坚持，终于孩子的平和

你的每一句话，对孩子都是一种暗示

“我女儿又生病了”

一天，我的一位学妹微信我：“我女儿又生病了。”

这是近段时间来，第三次听到学妹这么说了。

隔着手机屏幕都能感受到她临近崩溃的情绪。同为妈妈我太了解，孩子生病，当妈的哪个不是在经历抽筋剥骨般的煎熬。

紧张、担心、难过，这些都是妈妈本能的情绪反应，但却又在不知不觉中，忽视了这些情绪对孩子的负面影响。

我安慰学妹：“我的亲身经历告诉我，孩子生病时妈妈千万不要太过紧张。把自身的紧张情绪传递给孩子，很容易让孩子更消极。这个时候，在孩子面前要尽可能放轻松，用言行告诉孩子，他是可以战胜疾病的。”

是的，这是我当妈后切身的体验，积极的心理暗示会让孩子相信他是可以战胜疾病的；相反，如果妈妈表现得很紧张、很难过，就会让孩子感觉自己病得很严重，自己被病魔套住了，自己很虚弱。

我的一个心理医生朋友，曾经给我讲过一个真实的案例。

一位妈妈一见到这位心理医生就说：“我当时生儿子时不太顺利，医生不仅给他吸了氧，还说孩子以后可能会出现智力问题。”

“他今年7岁了，和一般的孩子不太一样，先天不足，脑子不正常，学习上有困难，成绩位于班里的后10名，我真担心他会有智力低下的问题，”这个妈妈越说越激动，“我已经带他看了七八家医院，也做了很多检查，没查出什么毛病。”

然后当心理医生将目光转向那个孩子时，孩子不假思索地说：“我脑子有问题，所以学习不好，我也挺着急的，不知怎么办好。”

很显然，那个7岁的孩子，也深信自己脑子有问题。但事实上，经过测定，那个孩子智力水平非常正常，根本不存在智力低下的问题。

可见，孩子之所以学习成绩不好，完全是由于妈妈不良心理暗示的结果。而那位妈妈，显然又是接受了医生的“这孩子可能会出现智力问题”的不良心理暗示。

这个真实的案例，很典型地呈现了一个问题，那就是不良的心理暗示，会像魔咒一般影响孩子的身心健康。

“他一……就……”

我又想起了我认识的一位邻居家的奶奶，这位奶奶很爱她的孙子，孙子从出生到3岁多，几乎都是她一手在照料。她看孙子特别尽心尽力，有时候细心到我都惊叹，比如：

她从不给孙子喝凉水，必须喝热水。——因为“他一喝凉水就咳嗽”。

天冷时遇到刮风，出门时一定要让孙子戴帽子和口罩。——因为“他一吹冷风就流鼻涕”。

天热时吃水果，一定不让孙子吃冷藏过的水果。——因为“他一吃冷的就感冒”。

但很奇怪的是，无论这位奶奶多么细致入微地照料，我每次见到她的孙子，总是能听到孩子咳嗽的声音，也总是能看到孩子在流鼻涕。

然后，总能听到奶奶不失时宜地说一句：“我就说，不能吃冷的，不能吹凉风，不听话，本来就体质弱爱生病。”

到现在，孩子已经3岁多了，本该是正常上幼儿园的年龄，却常常是上半天，就被奶奶接回家，奶奶说：“幼儿园的空调温度调得太低了，特别冷，难怪孩子一去幼儿园就感冒。”

就这样三天打鱼两天晒网，孩子也变得习以为常，对幼儿园也渐渐失去了热情，据说孩子现在干脆不去幼儿园了。

这位奶奶无疑是爱孙子的，但是她不知道，孩子是很敏感的，他们最善于捕捉家长话语里暗示的内容，尤其是消极的心理暗示，很容易对孩子产生影响。

多给孩子正向的反馈

给孩子贴标签，特别是给3岁以内的小宝宝贴标签，是最明显的心理暗示。

“你真小气！”

“怎么这么没礼貌？”

“我家孩子胆小，不爱说话。”

“一进幼儿园就生病，一出门旅行就生病。”

“就爱哭，上哪儿都哭。”

……

这些话语在日常生活中，我们几乎天天能听到，甚至我们天天都在不经意间说出口。殊不知，长时间给孩子贴这些消极的标签，他们可能真的就会变成我们所说的这个样子。

心理学家苏珊·福沃德博士在《中毒的父母》中说：小孩是不会区分事实和笑话的。他们会相信父母说的有关自己的话，并将其变为自己的观念。

暖妈推荐书单

《中毒的父母》，〔美〕福沃德，〔美〕巴克著，许效礼译，辽宁教育出版社，2011.8

也就是说：

你说孩子身体弱，他会真的以为自己身体弱；

你说孩子窝囊废，他会真的以为自己很差劲；

你说孩子爱哭，他就会真的爱哭。

如果我们希望孩子成为一个积极向上、活泼可爱的孩子，正确的方法应该是，当孩子表现好的时候，我们要及时表扬和鼓励。

在必要的时候，我们甚至要刻意制造一个环境，给孩子一些积极的暗示。比如，我常常在和其他妈妈聊天的时候，如果暖暖也在场，就算她好像没有在听我们讲话，我也会讲一些关于她的“好话”，比如“暖暖学习很努力，每天都坚持练琴，还很乐于助人”，等等，事实也确实如此，暖暖越来越积极向上。

你发现没？日常生活中常常是我们怕什么来什么，养育孩子这件事也是如此。比如我们担心宝宝跑快了会摔跤，出门就生病，那宝宝很可能真的会这样。

其实真相是，妈妈的焦虑情绪，很容易给宝宝一种暗示——我就是跑不稳，我就是爱生病。

所以，在孩子面前，我们一定要表现得积极一点儿。当孩子跑得很快的时候，我们要跟在后面喊：“宝贝跑得真快！简直是又快又稳。”而不是担心地喊：“宝宝别跑那么快，别摔跤了。”

在100多年前的华沙，一群儿童在嬉戏。一个吉卜赛女巫托起一位小姑娘的手，仔细看了看说：“你将会闻名世界！”后来，“预言”应验了，这小姑娘就是后来的居里夫人。

其实，这世上没有什么准确的预言，只是女巫给了居里夫人一种“成功”的信念。

对于孩子来说，我们只能输入积极的语言，比如“我们家宝宝真棒，每一天都有进步”“你一定能行，妈妈相信你”等，语句简洁有力，不含糊，不脱离实际，真诚而肯定。你相信吗？这会像一阵润物无声的细雨一般，悄悄滋润孩子稚嫩的心灵。

亲爱的爸爸妈妈，让我们以温柔、深情、相信的态度去爱孩子吧，你要相信孩子远比我们想象得更坚强、更有生命力。

暖暖妈爱分享

不良的心理暗示，会像魔咒一般影响孩子。心理学家苏珊·福沃德博士在《中毒的父母》中说：小孩是不会区分事实和笑话的。他们会相信父母说的有关自己的话，并将其变为自己的观念。

如果我们希望孩子成为一个积极向上、活泼可爱的孩子，正确的方法应该是，当孩子表现好的时候，我们要及时表扬和鼓励。在必要的时候，我们甚至要刻意制造一个环境，给孩子一些积极的暗示。也就是说，在孩子面前，我们一定要表现得积极一点儿。当孩子跑得很快的时候，我们要跟在后面喊："宝贝跑得真快！简直是又快又稳。"而不是担心地喊："宝宝别跑那么快，别摔跤了。"

你相信吗？这会像一阵润物无声的细雨一般，悄悄滋润孩子稚嫩的心灵。

控制情绪，而不是被情绪控制

▼

孩子的“问题”其实都不是问题

开公号以来，我收到过无数苦恼家长的留言和来信，常常是先提出孩子有什么样的问题，然后说：“我打也打了，骂也骂了，可还是没有效果，请问我该怎么办？”

而孩子的这些问题往往是：频繁吃手、经常尿裤子、爱拿其他小朋友的玩具、爱打人、不肯吃蔬菜、不想上幼儿园……

不知道是我心大还是怎么，我觉得这些都不过是孩子成长过程中再正常不过的事情啊：

孩子吃手吃脚是处于口腔敏感期，是探索身体并获得口腔满足感的自然现象，训斥打骂会破坏孩子自然体验的过程。

孩子偶尔尿裤子可能是玩得太过投入而忘记了告诉大人，打骂只会让孩子感觉更紧张，更不能从容地面对大小便这件事。

孩子拿其他小朋友的玩具，可能是物权意识还不明晰，分不清楚你的我的，打骂只会让孩子产生羞辱感，并不会让他明白为什么不能拿别人的东西。

孩子打小伙伴可能是搞不清与他人接触的分寸，或没掌握情绪表达的方式，或家长平时打孩子造成了不良示范。这时要多向孩子演示如何正确与人交往，以及发泄不良情绪的方法。打骂只会起到更加负面的示范作用。

孩子不肯吃蔬菜，可能是不喜欢吃炒青菜，但是包成包子和饺子可能就很喜欢了啊。就算他真的无论如何也不吃，没有哪种食物的营养素是其他食物代替不了的。而且，就算是大人，也会有挑食的时候，如果你的配偶挑食，你会采取打骂的形式吗？

孩子不想上幼儿园，可能是因为很难一下子接受跟家长分开时间太久，家长在孩子上幼儿园之前，陪着孩子做好准备和铺垫工作能大大缓解孩子上幼儿园的哭闹问题。如果你错过了铺垫期，那就多跟孩子交流，问问孩子为什么不想去上学，再跟老师沟通，为孩子喜欢上幼儿园的生活做一些努力。

怎么能不做努力，只知打骂，把所有的压力都推给孩子？

但每当我这样跟家长们讲，请他们多一些耐心，多学习一些育儿知识，帮助孩子顺利渡过每一个人生“难关”的时候，总有家长会说：这样会不会把孩子惯坏了？

我无语。

你所谓的不惯孩子，不过是懒于教育的托词罢了。如果打骂、羞辱、发脾气能教育好一个人，那古代监狱里的狱警应该算伟大的教育家了！

也许是你不懂孩子

我有一个年龄稍长的朋友Z，孩子一出生就辞了职，一是因为没人帮忙带孩子，二是也想全心全意地陪伴孩子。家庭主妇的生活一做就是十年，Z不仅付出了事业，也付出了全部的心血，想方设法地买各种进口食材给孩子补充营养，孩子生病了彻夜不眠不休地照顾，孩子对音乐有兴趣就砸锅卖铁地买了一架高档钢琴……

此外，Z的家务做得也很棒，每次去她家里，都是窗明几净、温馨舒适。她说地板要跪在地上用抹布一点点擦才能擦干净，还跟我说这些年累得落下了腰椎间盘突出的毛病。

按说这样的妈妈，为孩子、为家庭付出了一切，理应得到最好的回报。但是Z却常常跟我抱怨，说自己越来越搞不懂孩子了，跟他说什么，要么气冲冲地顶嘴，要么闷着头不吭声。

其实我明白问题的症结所在。

有一次，我和Z逛完街后顺便到她家里做客。我们一进门，Z的儿子就扑进妈妈怀里，蹦蹦跳跳地撒着娇："妈妈，你答应给我的礼物有没有买啊？"

Z却突然咆哮起来："我都快累死了！你能不能去一边让我歇会儿？整天就知道要东西，就不能体谅一下妈妈吗？"

我眼看着在这声色俱厉的批判下，Z的儿子一秒钟内就从兴高采烈变成了面色土灰，犹如一盏活力四射的灯，"啪"的一下熄灭了。

那天逛街确实是挺累的，但是这跟孩子有什么关系呢？

孩子想要的，也许是你承诺过的那个礼物，或者根本与礼物无关，他只是想要妈妈充满爱意的拥抱、关心而已啊！

为什么不能抱抱孩子，并坦率地告诉他："今天没能找到那个礼物，妈妈会再找一找然后给你买。现在妈妈太累了，想休息一下，等会儿过来陪你好吗？"

请不要对孩子滥用情绪

打、骂、发脾气，有些时候确实能起到立竿见影的效果，毕竟一个小孩子，无论是体能还是气势，都无法与大人抗衡，更何况，他还那么爱着你，依赖着你，你突然之间宛若变了一个人似的，对他进行狂风暴雨般的攻击，真的会吓到他的——那应该是一种类似于看到天使变成了恶魔后的感受吧。

也许，孩子蔫了，妥协了，屈从了，家长获得了短暂的胜利。但是这也只是“短暂的”和“表面上的”胜利而已。

经常发脾气的你，可能会收获一个很乖的孩子，开始你可能还会沾沾自喜：“谁说孩子不能打不能骂了？我天天训斥孩子，看他多听话！”但是慢慢地你会发现：怎么这孩子这么没主见、胆小、孤僻、软弱、爱哭、容易被人欺负？

当然，你还可能会收获一个和你一样脾气暴躁的孩子，他继承了你的随性、易怒、冲动、爱打人和撒泼，你们针尖对麦芒，一言不合就互相伤害——不用问我该怎么办，如果你没有意识到问题的根源所在，或者就是意识到了也不以为然，那么你去咨询比我再高明的专家，也得不到治本的解决方案。

很多父母都以为，发过脾气后，孩子仍然会像以前那样爱自己啊，他不会记仇的。但你知道孩子的内心都经历了什么吗？

Jutta Bauer的绘本《发脾气大叫的妈妈》，就以夸张的方法描述了被妈妈的脾气伤害了的孩子吓得身体各部分四散奔逃的故事。其实，那些奔逃的身体，就代表着孩子被吓得魂飞魄散的内心啊！

一个不懂什么大道理的朴实农民，都懂得种庄稼要依照农作物的特色，顺应四时播种、除草、施肥；细心呵护之外，还得祈祷风调雨顺，才可以获得丰收。

我们面对自己最爱的孩子，怎么可以滥用情绪、肢体和语言暴力，用比自然界的风雨雷电更可怕的力量来伤害、摧毁孩子！

控制脾气，而不是被它控制

我知道，在这个时代，每个人都生活很忙、工作很累、压力很大，尤其是做父母的，为孩子可以说是操碎了心、费尽了精力。但是，这不是把负面情绪转嫁到孩子身上的理由。

如果你真的爱孩子，并有心改变自己乱发脾气的毛病，就先从“半分钟”开始练习吧!

当你火气上涌、脾气一触即发的时候，先深呼吸，暂停半分钟，想一想：

是孩子真的做错了，还是仅仅因为没有达到你的主观要求?

是孩子确实“胡作非为”，还是爱玩爱闹的天性使然?

是必须发脾气才能震慑孩子的“恶行”，还是有更好的沟通办法?

是孩子真的逼得你要发脾气，还是你把孩子当成了生活压力的出气筒?

如果真的是孩子做错了，可以严肃地告诉他："你这样做不对，我很生气。"并进一步表达你生气的原因："我生气是因为我们已经说好了，不再用打人的方式来发泄情绪了，下次能不能记得我们的约定？"

如果你不小心让孩子当了你情绪的垃圾桶，记得及时向孩子道歉。这不丢人。

控制脾气，而不是让脾气控制你。

不要让你可以为孩子付出生命的爱，毁在了脾气上面。

暖暖妈爱分享

如果你真的爱孩子，并有心改变自己乱发脾气的毛病，就先从"半分钟"开始练习吧！当你火气上涌、脾气一触即发的时候，先深呼吸，暂停半分钟，想一想：

是孩子真的做错了，还是仅仅因为没有达到你的主观要求？

是孩子确实"胡作非为"，还是爱玩爱闹的天性使然？

是必须发脾气才能震慑孩子的"恶行"，还是有更好的沟通办法？

是孩子真的逼得你要发脾气，还是你把孩子当成了生活压力的出气筒？

如果真的是孩子做错了，可以严肃地告诉他，并进一步表达你生气的原因。

如果你不小心让孩子当了你情绪的垃圾桶，记得及时向孩子道歉。这不丢人。

控制脾气，而不是让脾气控制你。

脾气这把利刃，也可以成为教育的手段

▼

好多妈妈在我的公众号留言表示，其实也知道发脾气不好，甚至每次发完脾气都会后悔不已，觉得自己不是个好妈妈，怎么忍心伤害自己最爱的孩子。但是下一次，当孩子淘气、吵闹、倔强、叛逆、难管教等“育儿困难模式”再次启动的时候，内心那股无名之火还是控制不住地噌噌往上冒，从而理智全无，魔鬼附体。

所以，这些陷入“发脾气——后悔内疚——发脾气”无限循环的妈妈们，纷纷在后台呼吁暖妈讲讲到底该如何解决这个让自己和孩子都痛苦的问题。

如何打败“脾气”这个小魔鬼，不让它控制我们，害孩子害自己，甚至是驯化它，让它为我们所用，帮我们实现教育孩子的目的。

先掌握科学正确的育儿知识

想一想，大多数情况下，你发火的原因是不是孩子频繁吃手、经常尿裤子、爱拿其他小朋友的玩具、爱打人、爱哭、磨蹭、不收拾玩具、不肯吃蔬菜、不跟人打招呼、不想上幼儿园……这样的事？

女儿两岁半了，经常尿了裤子才喊要尿尿，有时候一天要给她洗三四条小内内，内裤都买了好多条以备不时之需，明明天天都在教，前一分钟还问要不要尿尿？回答“不”，后一分钟立马给你尿裤子里。冬天和下雨天又干不了那么快，想不发脾气都难！

——馒头妈妈

你觉得孩子不乖、不听话、在跟你作对，其实这些不过是孩子成长过程中再正常不过的事情啊。比如吃手吃脚是口腔敏感期的孩子在探索身体以此获得口腔的满足感；比如尿裤子可能是之前家长把屎把尿导致孩子无法自主排便，也可能是孩子玩得太过投入而忘记了告诉大人；比如爱拿其他小朋友的玩具，不过是物权意识还不明晰的孩子，分不清楚你的我的……

每一个不合我们要求的行为背后，都有道理可循。你看不惯孩子的行为，是因为你不懂他。

别忘了，他只是个小孩子。他遵循着生命的内在驱动力，会慢慢地适应你的要求，适应这个世界。在这个过程中，他可能会做错，会犹豫，会害怕，会逃避。这时候你发脾气，不仅于事无补，反而对孩子是一种打击和伤害，这就是很多父母越吵越打却发现孩子越不符合自己要求的原因。

父母这个职业，没有强制的岗前培训，但是要想当好父母，咱们可不能停止自学成才的脚步啊。了解一些孩子的身心发展规律、敏感期知识、儿童心理学常识等，修炼好内功，就可以让亲子关系更加融洽、轻松。

发火前先问自己几个问题

很多妈妈说：道理都懂，也知道不应该发火，但就是控制不住自己怎么办？

前晚，我让孩子把乱堆在一起的玩具收一下，他正在看电视，总说等一会儿就收。我已经怒火攻心了，就给了他一个时间，让他在规定时间必须收，到点不收我会把玩具扔了。这时他爸爸发火了，把玩具从床上全扔下来，有些玩具都扔散架了。孩子没见过这种场面，吓得又哭又闹。我只好先安抚孩子，又单独跟他爸爸讨论了发脾气的事。然后，爸爸也诚恳地跟孩子道歉了。有的时候该不该发脾气确实让人头疼，不知道这个度在哪？

——YUN妈妈

这个案例里妈妈的做法，有一部分是对的，就是给孩子规定了一个时间，但“到点不收就把玩具扔了”这个规定有点儿问题。如果时间到了，孩子还是不收，妈妈到底是扔还是不扔？而爸爸呢，就是典型的发火过头了。玩具损坏，吓哭孩子，问题不仅没有解决，还对孩子造成了伤害，爸爸肯定也十分后悔。

我们不敢对老板发脾气，不敢对同事发脾气，不敢对朋友发脾气，在外人面前我们把脾气控制得那么好，为什么唯独到了孩子面前，我们的脾气就一发不可收拾？

对于这一点，我公号上一个叫“阑珊的妈妈”的留言说得很有道理：

其实就是柿子挑软的捏，潜意识里觉得孩子好欺负，不记仇，或者觉得孩子是自己的附属物，他就该按自己的想法来，当然通常会美其名曰“为娃好”。有些家庭丧偶式育儿或者婆媳关系剑拔弩张，孩子自然就成了出气筒啊。

这个真相是不是挺让一些人惭愧？还是之前提到的那个办法，当你火气上涌、脾气一触即发的时候，先深呼吸，暂停半分钟，想一想：

是孩子真的做错了，还是仅仅因为没有达到你的主观要求？

是孩子确实“胡作非为”，还是只是爱玩爱闹的天性使然？

是必须发脾气才能震慑孩子的“恶行”，还是有更好的沟通办法？

是孩子真的逼得你发脾气，还是你把孩子当成了生活压力的出气筒？

一般想完这几个问题，体内乱窜的脾气就能逐渐平息，理智也就渐渐回归了。

不过，案例中爸爸最后诚恳道歉这一点做得很对：如果不道歉，孩子只学会了暴力；道了歉，孩子至少学会了如何面对错误，化解冲突。

怎么才算正确地发脾气

当然，孩子该教育还是要教育的，只是不能靠简单的声音高、嗓门大，而是要多想办法，讲究策略。

还拿孩子收纳玩具这个问题来举例，其实针对不同年龄段的孩子，我们可以采取不同的处理办法。

1～2岁：“宝宝，玩具陪你玩了一天好累啊，我们让它们回家休息吧……哦，这就是小青蛙的家，小青蛙回家了，它说‘谢谢你小主人’！我们再找找洋娃娃的家在哪里吧？”

3～4岁：“孩子，这是专属于你的玩具箱，以后，这些玩具就要委托你照顾了。你一定是个很棒的收纳专家……今天回来看到你把玩具收拾得这么干净，真的让人感觉很舒服、很开心。”

肯定有家长说：“如果不管你怎么耐心说，孩子还是不听怎么办？”具体问题具体分析：如果家长没有引导孩子从小养成收纳的习惯，等他大了突然要求他开始这样做，这不现实，需要想办法慢慢开始培养。如果像案例中那样，孩子知道应该收拾，但总是不当回事，拖着不去做，那我们可以给他规定一个时间，到时间不收拾，我们就把玩具收起来，以后一次只给他一个玩儿，等他保证有能力照顾好玩具们的时候再把管理权还给他。如果孩子一直都愿意收纳玩具，只是某一次不想做，可能是他累了，也可能是他心情不好，那你就帮他一起收拾，偶尔的退让不是纵容，而是体谅和爱。

最后，如果涉及一些原则性问题，孩子仍无理取闹、无法沟通，家长可不可以有情绪、发脾气？可以！正确地发脾气能提醒孩子注意自己的行为，其实也是一种教育手段。

很多妈妈问：“怎么才叫正确地发脾气？”做到以下两点：

1.不要做这三点：攻击孩子的人格，用羞辱性语言评价孩子，单纯地指责而忘记了发脾气的目的。

2.应该做到这三点：表达情绪、说明原因、提出要求。比如："我真的很生气，我给你买了你喜欢的玩具，但你一点儿也不爱惜，不好好照顾它们，我看到家里弄得这么乱，真是气坏了。我会把它们收走，等你愿意照顾它们的时候再来找我。"

这样发脾气，相信孩子会感受到问题的严重性，知道父母也有情绪和不可触碰的底线。同时，他知道父母生气是因为他的行为，而不是因为他本人。这样他才能把注意力放在解决问题本身，而不是担惊受怕，脑补各种你不爱他的想法。

所以啊，爸爸妈妈们，"脾气"这个小魔鬼虽然可怕，但其实并不难驯服，只要我们愿意，我们一定可以游刃有余地控制它，让它成为我们教育孩子的法宝，而不是伤害孩子和自己的利刃。

暖暖妈爱分享

如何正确地发脾气？

1.不要做这三点：攻击孩子的人格，用羞辱性语言评价孩子，单纯地指责而忘记了发脾气的目的。

2.应该做到这三点：表达情绪、说明原因、提出要求。

这样发脾气，相信孩子会感受到问题的严重性，知道父母也有情绪和不可触碰的底线。同时，他知道父母生气是因为他的行为，而不是因为他本人。这样他才能把注意力放在解决问题本身，而不是担惊受怕，脑补各种你不爱他的想法。

学会正确地发脾气

一位家有熊孩子的妈妈说，她简直对“发脾气”三个字避之不及。前不久，孩子因为过度沉迷某部国产动画片，总是趁妈妈不注意拿着iPad偷偷看。抓住好几次以后，她彻底怒了！不仅大发脾气，还顺手摔坏了孩子最爱的托马斯小火车。

接下来的一周，孩子都表现出“我不要和妈妈说话”的样子，而她心里也不是滋味，被摔坏的托马斯是孩子最崇拜的哥哥送的，孩子一直都视若珍宝。

“儿子很伤心，我也很难过，以后再也不敢随便发脾气了。但是下次我又怕忍不住。”

对孩子发脾气其实是件很有意思的事儿，因为一不小心，犯错的人可能就从孩子变成家长了。对家长来说，发脾气是一瞬间的事，但是在“我已经忍你这个熊孩子很久了”的怒火攻心之下，家长容易做出一些伤害了孩子、自己也后悔的事。

可以对孩子发脾气

面对是“冲孩子发脾气”还是“忍一时海阔天空”的选择题时，妈妈们心里总是有苦难言，酸涩难当，比如：

有的妈妈说：“孩子挑食不好好吃饭，一怒之下拿走孩子的饭碗，并斥责孩子‘你干脆不要吃饭了’。看着孩子冒着泪花的可怜小眼神，又默默地把碗递回去，顺便哄哄被吓坏的孩子。”

对于这样的妈妈来讲，再生气也抵不过孩子可怜兮兮的表情，分分钟妥协，所以只能做一个有脾气发不出，背着孩子长吁短叹的“弱势妈妈”。

有的妈妈说：“儿子写作业写得一塌糊涂，一点儿没把心思放到学习上，就知道玩游戏。我情急之下用书砸到了孩子的额头，看着孩子脑门上的血印子，一晚上心疼得睡不着觉。第二天，我只得给孩子进行大大的补偿。”

对于这样的妈妈来讲，乱发一通脾气，到最后心疼难过的还是自己。舍不得孩子受委屈，但是孩子不听话，自己也委屈，这是左右为难的“纠结妈妈”。

还有的妈妈说：“孩子不听话，自己发脾气总是不含糊，该打该骂一点儿也不手软，连老公都觉得我太强势了。但是为了孩子的未来，我绝对不能妥协，宁肯发完脾气以后，再对孩子好一点儿，也要坚持自己的原则。”

对于这样的妈妈来讲，总觉得自己的强势可以改变孩子，认为自己所做的一切都是为了孩子好，坚决要做一个手段强硬的“铁血妈妈”。

不管是发完脾气以后后悔内疚的妈妈，还是将发脾气贯彻到底的妈妈，都是在“为了孩子变得更好”的路上努力着。那么，到底该不该对孩子发脾气？

暖妈觉得，“发脾气”其实也是一件挺正常的事。虽然我坚持认为“爱的教育”是孩子最好的营养剂，但面对孩子的无理取闹和无法沟通，偶尔“唱白脸”能让孩子有所警惕。适当地发脾气，是给孩子的一个“危险警示”：我很爱你，可以容忍你，但是你触犯底线的错误行为真的惹我生气了。

对孩子发脾气，一方面会让孩子内心有所顾忌，就像风吹雨淋能让小树苗更顽强地成长；另一方面，它是家长情绪的一种出口，能让家长在孩子面前展现更真实的自己。

所以，这与其说是“发脾气”，不如说是和孩子的另一种沟通。

请学会正确地发脾气

但问题的关键是你会不会“正确地发脾气”。

有一次，我带着暖暖和她的同学小璐一起去游乐园玩儿。小璐妈性格直爽，虽然对女儿宠爱有加，但发起脾气来也是气势汹汹。游玩的时候，感冒还没好的小璐吵着要吃冰淇淋，小璐妈几番劝说无效，小璐于是大哭起来。

无奈之下，小璐妈冲着女儿大发雷霆，甚至还说出“马上带你回家关小黑屋”之类的话。

小璐立马闭了嘴，止住了哭声，但是在接下来的游玩项目里明显表现得情绪不佳。晚饭时，小璐妈特地点了女儿喜欢吃的甜品，小璐这才高兴起来。

小璐妈是典型的“态度强硬派”，发脾气时不仅直奔主题，还会说出一些威胁性极强的话语。对犯错的、不讲道理的孩子来说，这招往往很有效果。但这也会带来很大的麻烦——孩子虽然暂时听话了，但会产生负面的情绪。

这并不是真正的教育孩子，而是在用父母的威权压迫孩子，让孩子形成心理恐慌。而妈妈在不讲道理地强硬地制止孩子以后，往往还需要采取额外的方式对孩子进行弥补。

在发脾气的时候，我们一定要意识到，我们的情绪只是教育孩子的一个手段，因此一定不要让情绪失控。

综艺节目《闪亮的爸爸》里，面对调皮的孩子，嘉宾吴镇宇扮演了一个“严肃”的教练形象，而年轻的张皓宸则十分温和。在吴镇宇的高压教学下，孩子们面露胆怯之色；面对温柔的调解员张皓宸，气氛立即缓和很多。

在对孩子的“知错教育”里，同样是发脾气，严肃的、不苟言笑的“吴爸爸”和温和的、态度坚决的“张爸爸”相比，后者更能调动孩子的情绪和积极性。

单纯的批评和指责会让孩子把注意力高度集中在你的态度上，从而忽略了自己的错误本身。

只有温和而坚决地“发脾气”，才是真正的“教育”。

爸爸妈妈们，发脾气人人都会，但我们需要学习的——是如何“正确地发脾气”，以达到教育的目的。

强硬只能刺穿孩子坚固的外壳，只有温和的坚决才能触及他们敏感而柔软的内心。

暖暖妈爱分享

“发脾气”其实也是一件挺正常的事。虽然“爱的教育”是孩子最好的营养剂，但面对孩子的无理取闹和无法沟通，偶尔“唱白脸”能让孩子有所警惕。

问题的关键是你会不会“正确地发脾气”。在发脾气的时候，我们一定要意识到，我们的情绪只是教育孩子的一个手段，因此一定不要让情绪失控。单纯的批评和指责会让孩子把注意力高度集中在你的态度上，从而忽略了自己的错误本身。

只有温和而坚决地“发脾气”，才是真正的“教育”。所以，我们需要学习的，是如何“正确地发脾气”，以致达到教育的目的。

失手打了孩子，接下来怎么办

▼

“妈妈为什么打你？”

有一次，我揍了暖暖。具体原因是这样的：

那晚7点多，我从办公室回到家的时候，暖暖正窝在沙发上拿着手机看动画片。见我回家，姥姥立即告状：“看好长时间了，还要看，不让看了就在家里大哭大闹，真是一点儿办法都没有。”

我走过去坐在沙发上说：“暖暖，你已经看了很久了，看完这一集咱们就不看了好吗？”暖暖不高兴地说：“不要！我要看好多集。”

我又说：“一直盯着这么小的屏幕看对眼睛不好，你不是最喜欢玩拼图吗，妈妈陪你玩拼图吧！”

暖暖头也不抬地回答我：“不要，我就要看动画片！”

正在这时，动画片结束了。我动手拿走了她的手机：“你已经看了40多分钟了，正好这一集也结束了，不能再看了。”

见手机被抢走了，暖暖彻底不干了，一边哭闹，一边扑过来想要抢手机。我说：“No，已经过了咱们约定的半小时很久了，今天真的不能再看了，妈妈说到做到。”

暖暖见抢手机彻底无望了，生气地冲上来用力地打了我几拳。

我也生气了，摁住她正在打我的手，并揍了她屁股两下。

暖暖先是愣了两秒钟，估计没想到妈妈居然会揍她，然后“哇”的一声，大哭起来。

姥姥看着我们母女俩气呼呼地对峙着，过来帮了两句腔：“打得好，就是应该被揍了，太不像话了。”暖暖听完，哭得更厉害了。

看着暖暖哭得可怜巴巴的样子，我忽然觉得没那么生气了。

我看着暖暖，问她：“你觉得妈妈打不打得过你？”她一边哭，一边认真地想了想，然后抽泣地回答道：“打……打得过。”

我又问：“那平时妈妈打过你没有？”她又哭着说：“没……没有。”

我说：“那妈妈既然打得过你，那为什么平时不打你？”这回她不说话了，估计这个问题她的确想不明白。

我接着问：“刚才妈妈打了你，你疼吗？”她哭着说：“疼。”

我又问：“那你打了妈妈，你觉得妈妈疼不疼？”她低着头，小声地嘟囔了一句：“疼……”

我说：“妈妈平时基本不打你，是因为妈妈舍不得打你。妈妈心疼你，不想让你疼。可你怎么就舍得打妈妈呢？妈妈也很疼呀！”

暖暖突然又大哭起来，一边哭一边说：“对不起妈妈，我再也不打你了。我也不要你疼。”

看着她哭成个小泪人的样子，我张开双臂：“好了不哭了，过来妈妈抱抱吧。屁股还疼不疼？”暖暖跑过来一头扑进我怀里，一边把一张湿乎乎的小脸贴在我脸上亲来亲去，一边说：“妈妈，我现在不疼了。”

抹完泪的暖暖开心地拉着我读绘本，玩拼图。

晚上临睡觉的时候，我抱着暖暖问：“知道今天妈妈为什么打你吗？”暖暖小声说：“因为我先动手打了妈妈。”我在她的小脸上亲了一下，说：“这只是一个原因。还有一个更重要的是，咱们约好了周末晚上可以看半个小时动画片，就得遵守约定。耍赖的行为特别不像个真正的公主。还有，长时间地盯着手机屏幕看也对眼睛不好。妈妈也是心疼你呢。”

既然情绪平静下来了，这些道理她也听得进去了。她认真地说："我知道了，妈妈。"

暖暖挨揍事件，这就算过去了。

做个好妈妈，就不能打孩子了吗

回想起来，我们小时候好像没有谁家孩子不挨揍。那时我家住的是单位的家属院，不管谁家孩子被揍，整个院子里的人都听得清清楚楚。有一年暑假，一群小伙伴到隔壁院拿鞭炮崩了人家的自行车库，那天晚上，整个院子里的挨打声和哭声此起彼伏。

从小暖姥姥对我都很严格，所以我挨的揍也不少。放学去同学家玩忘了回家，被揍；发脾气跟长辈顶嘴了，被揍；因为上课聊天被老师请家长，又被揍……暖姥姥常说："黄金棍里出好人。要是当时对你不那么严格，你现在还不知道在干啥呢。"

我倒不怪暖姥姥，毕竟那些年的教育理念就是这样，也没觉得给我带来了多少心理伤害。但是暖姥姥的"不听话就该揍"我不赞同。我始终觉得，我身上的那些良好习惯，并不是当年挨过的那些揍起了作用，而是从暖姥姥身上那些自律努力的品质耳濡目染来的。

在养育暖暖的路上，我更多地是以鼓励和讲道理为主。即使暖暖不那么乖的时候，我也更倾向于用"先同情，再达理"的方式来解决问题。所以，总的来说，我觉得自己也还算得上是个合格的好妈妈。

可是，做个好妈妈，就不能打孩子了吗？

其实，这不是我第一次揍暖暖了。

上一次挨揍，是暖暖两岁左右的时候，正处于探索的阶段，对什么都好奇。有一次去朋友家，她不顾我们的一再阻止，执意要把手指往电源插座里捅。于是我趁她试图把小手伸过去的时候，抓起她的小胖手，啪啪啪打了好几下。暖暖"哇"的就大哭起来了，一是可能被吓到了，二是我打

她的力度并不算轻，被打疼了。

我抱起她说："妈妈打疼了，对吗？但是你如果去摸电门被电到，会比这疼得多，还有可能会被电死。

"知道死是什么感觉吗？就是特别疼，然后还要一个人去一个黑黑的地方，妈妈也不在。你使劲儿叫妈妈，妈妈也听不到，也没人回应你。"

暖暖挂着两行小眼泪，直把小手递给我让我吹吹。说不心疼怎么可能，但我也并不后悔揍了她。至少从那次开始，暖暖再也没有去摸过插座。

归根到底，要用"爱"指导孩子

孩子到底能不能打？其实比起这个问题，我觉得更重要的是"我们为什么打孩子"。

曾有个读者妈妈给我留言，说孩子不听话的时候，她经常控制不住自己心中的怒火，就会把儿子胖揍一顿，但揍完又觉得后悔，觉得自己不是个好妈妈。

我告诉她，妈妈也是人，面对孩子的各种调皮失控，也有情绪崩盘的时候，这可以理解。孩子不是不能打，但成年人依仗自己更强大的体力优势，把打比自己弱小的孩子作为宣泄气愤和情绪的工具，这才是不对的。

打不是目的，而是一种方法。就像一把锋利的剑，本身并没有好坏，用来保护自己还是用来刺伤别人，全看使用者的意愿。

有些人打孩子，只是因为怒不可遏时一个下意识的举动。打完了孩子，宣泄完怒火，孩子受到了惊吓，心中从此留下爸爸/妈妈好凶的印象，但并没有真正领悟到父母的用心。这样的打，除了发泄，什么也不是。

比起打带来的惩罚，后面的沟通过程往往更加重要，要让孩子明白，为什么会被打，爸爸妈妈的用心是什么，以及爸爸妈妈有多爱他，希望他以后永远不会再挨打。

在与孩子相处的真实日常里，并不是只有岁月静好的温馨场面，鸡飞狗跳的日子有可能才是大多数。也许很多时候，只靠鼓励赞美，无法让孩子认识到当下的问题有多紧急、危险、严重，只有我们拍在孩子屁股上的这一巴掌，才能让孩子迅速意识到“原来这件事对我对妈妈都很重要”。

我不推崇惩罚孩子，但是“这个世界上没有天生的好孩子。每个好孩子都是来自七分赞美，三分惩戒，十分的爱”。

打孩子就像是育儿路上父母与孩子之间的一堵墙，孩子失控后，狠狠地撞到了墙上，可能会疼，会埋怨。但是别担心，每个聪明的孩子都会在下次撞到墙之前，优雅拐弯，找到墙后面父母的怀抱。不过千万别忘记，爱才是孩子寻路的指引。

暖暖妈爱分享

在与孩子相处的真实日常里，并不是只有岁月静好的温馨场面，鸡飞狗跳的日子有可能才是大多数。也许很多时候，只靠鼓励赞美，无法让孩子认识到当下的问题有多紧急、危险、严重，只有我们拍在孩子屁股上的这一巴掌，才能让孩子迅速意识到“原来这件事对我对妈妈都很重要”。

我不推崇惩罚孩子，但是“这个世界上没有天生的好孩子。每个好孩子都是来自七分赞美，三分惩戒，十分的爱”。

黄金棍下，真能出“好人”吗

让人心痛的留言

一次，一位读者在我公众号上发了很长的几段留言给我，大意如下：

我有两个宝宝，大宝是哥哥，马上就3岁了；小宝是妹妹，刚9个月。大宝晚上都是跟我和老公睡，一直到我生小宝的当天晚上。

小宝出来后，因为大宝太调皮了，怕打扰小宝睡觉，也怕小宝打扰大宝睡觉，再加上我身体不好，精力有限，就让大宝单独跟爸爸睡了，我只带小宝睡。

大宝一开始常哭闹，要跟我睡，但我由于情绪不好，态度很恶劣。大宝调皮时，不是摔这个就是摔那个，我就会凶他，甚至打他几下。渐渐地他不要和我睡了，也不黏我了，甚至排斥我。

现在，大宝很叛逆，跟他说话，他跟听不进去一样；安全感也不好，走哪都要抱，只要爸爸；我有时一人带他玩儿，他玩得也高兴，但到最后还是找爸爸。都说宝宝和妈妈亲，我想知道，我现在怎么让大宝和我再亲近点儿，能再接纳我？还有大宝的脾气，经常大吼大叫，怎么办？

上周我带大宝上音乐早教课，孩子一直表现得还不错，到最后老师放了一段舒缓一点儿的类似催眠曲的音乐，并让家长和宝宝都躺在垫子上。可是我的大宝突然撇撇嘴，流下了眼泪。我的心都碎了，感觉对大宝有满满的内疚，好难过，好苦恼。

看到最后大宝流泪的那段，我的鼻子也酸酸的。

这个幼小的孩子一定还没有搞清楚：

为什么家里多了一个不知道从哪里来的小宝宝，而自己的生活一夜之间就被颠覆了？

为什么无论自己如何哭闹、调皮、拼命争取，也不能换回妈妈的爱和关注？

为什么那个温暖了自己无数夜晚的怀抱，从此被另一个宝宝霸占，而自己再也无法亲近？

为什么曾经最爱自己的妈妈，突然就变成了面目狰狞、对自己又凶又打的陌生人？

而这位妈妈，可能也没有搞清楚因果顺序：

孩子叛逆不听话，不是因为他不乖，而是因为没有人肯认真听他说；

孩子没有安全感，不是因为他天生胆小，而是因为他内心塞满了恐惧；

孩子跟爸爸亲近，不是因为他不爱妈妈，而是因为他被简单粗暴地剥夺了爱的资格；

孩子大吼大叫，不是因为他脾气臭，而是因为他有那么多委屈和不满，却不知道如何释放。

当孩子因为早教课的契机，终于有机会躺在妈妈怀里的时候，他才收起了满身的刺，流露出脆弱的一面。眼泪因音乐而起，却是由内心而发——这个3岁孩子的内心，该有多么痛苦和压抑啊。

随着二胎政策的开放，这样的案例越来越多，大宝变得顽劣、爱哭、急躁、孤僻、乖张，或一反常态地黏人，其实是在寻求关注：“妈妈你不爱我了吗？你看看我啊！”所幸很多妈妈及时停止了对大宝的冷落和伤害，用爱和理解消除了大宝的叛逆情绪。

而这位妈妈，却很遗憾地未能早早读懂孩子的心声，直到孩子出现了一系列问题，还不明白孩子到底怎么了，不知道怎样才能让孩子听话、不叛逆、有安全感、重新接纳妈妈。

孩子怎么了？孩子缺爱啊

哪个妈妈不爱孩子？这位妈妈能抽出时间陪大宝上早教课，能对孩子的眼泪表现出心碎和内疚，说明她内心是很爱孩子的。

只是可惜，再深沉的爱，用错了方式，都会变成伤害，不仅不会被体谅、被接受，反而会被怨怼、被对抗。

你对孩子冷若冰霜，却要求孩子顺从听话；

你对孩子大吼大叫，却要求孩子彬彬有礼；

你对孩子面目狰狞，却要求孩子以爱回赠……

请问，可能吗？如果这位妈妈从一开始就跟大宝做好沟通工作，告诉他有了二宝后，父母对他的爱不会变，而他也会多一个陪他玩的手足，那么大宝是不是能更顺利地接受二宝的到来？

如果这位妈妈能坦诚地告诉大宝，因为二宝太小，需要妈妈更多的照顾，也需要大宝的支持和帮助，那么大宝是不是自豪感爆棚，自觉成为妈妈的好帮手，一起呵护照顾妹妹？

如果这位妈妈能在刚开始大宝哭闹着跑回来要一起睡的时候，给予他亲吻和拥抱，告诉他害怕了随时可以来找妈妈，那么大宝是不是更容易建立安全感，从而快乐地独立和勇敢起来？

而现在，这位妈妈所能做的，只能是以加倍的关爱，弥补大宝的内心缺失。虽然为时稍晚，总好过任由伤痕溃烂。

我能体谅这位妈妈的辛劳，因为兼顾两个孩子殊非易事，何况她身体不好，确实力不从心；我也不是苛求父母必须把全部身心都放在孩子身上，不能有丝毫懈怠，才算真的爱孩子。事实上，我们也不可能跟孩子时时密不可分，事事包办代劳，孩子人生中的很多考验，必须他们自己去经历，去体会。

但是至少，你应该给孩子了解你真实想法的机会，给孩子适应和成长的时间，应该站在孩子身边，做坚定的支持者，陪他一起直面困难、解决问题，而不是不由分说把孩子粗暴地推开，任由孩子自我消解掉那些惶恐、孤独、害怕和委屈。

暖暖4岁多的时候，面临人生第一次大的考验：做腺样体切除手术。手术比较顺利，除了术后两天因为伤口疼痛哭过外，基本没有太大的情绪波动。

有位读者妈妈留言说："暖暖真勇敢啊！我姑娘29个月，也刚做完耳前瘘管切除手术，进手术室这一段即没全麻之前，完全把宝宝吓到了，手术室出来不下床，在怀里抱着长达10个小时之多，出院半个多月了，更怕陌生人了，更加依赖我，怎么办啊？得多久能缓和啊！我需要做什么才能帮助她呢？"

说实在的，我倒不认为暖暖有多勇敢。即使一个大人躺在手术室的床上，看着那些冰冷的器械和惨白的灯光都难免害怕和恐惧，更不要提连打针都会害怕的孩子了，在没有父母陪伴的情况下独自进入手术室，面对一群陌生的人，这该是多么恐怖的事情！

我不能替孩子去手术，但我仍然可以用我的方式跟她一起面对。那段时间，我把抓狂、焦虑和担忧埋在心里，表面上若无其事地跟她一起阅读绘本《汤姆住院》，并有意识地进行了一段时间的心理准备工作。

事实证明，这样做是有效的。如果没有这些手术前的积极陪伴，我不敢想象这个小小的孩子，会在手术室里经历怎样的恐惧和无助。

用充沛的爱哺育孩子

对于孩子来说，无论是学走路、断奶、分房睡、上幼儿园，还是吃药、打针、住院手术……都是他们那个年龄段所面临的艰巨挑战。

孩子会懦弱、退缩、挣扎、哭闹、反抗，真的太正常不过了。

所以，我真的不能接受父母们摆出一副“这点儿小事就哭，真没出息”“再不听话，我就不要你了”等居高临下的姿态，来否定孩子的负面情绪；也不赞同通过恶劣的态度、打骂的手段，来强制孩子听从自己的安排。

霸权方式短期内见效会比较快，比如把孩子狠揍一顿，可能他立马会老实下来，所以很多家长对爱和自由的教育嗤之以鼻，把耐心和尊重看成是“矫情”或“多此一举”，还认为“孩子不打不成器”或“打是亲骂是爱”。

如果你非认为这样合理，那我只能说：当日后孩子对着你面目狰狞、恶语相向的时候；当孩子跟你不亲近，不愿意回家来看你的时候，你最好也不要骂他不孝。

用狠的手段，想培养出充满爱的孩子，就好像播下一个罂粟花的种子，想让它长成向日葵，这不是违背自然规律吗？

这个小小的人像一面镜子，映照着我们最真实的模样。或许我们的耐心备受考验，或许我们时常感到筋疲力尽，但我们仍然要努力，在这个镜子面前展露出我们最好的一面。

当然，这不是要求粉饰和表演，而是倡导修行和提升。如果真的控制不住发了火，在孩子面前失了态，请及时跟孩子坦诚地沟通，是自己的错就道歉，让他看到一个成人处理负面情绪的过程，也是一种教育。

只有被当成一个有人格的个体并得到尊重的孩子，才有可能尊重父母和他人；

只有被深刻理解过内心世界的孩子，才有可能正确理解父母的复杂感情；

只有被包容过负面情绪的孩子，才有可能推己及人地体谅父母偶尔的失控；

只有被充沛的爱哺育长大的孩子，才有可能充满爱的能量，并有朝一日回赠予你，让你觉得：所有付出，都是值得。

暖暖妈爱分享

对于孩子来说，无论是学走路、断奶、分房睡、上幼儿园，还是吃药、打针、住院手术……都是他们那个年龄段所面临的艰巨挑战。他们会懦弱、退缩、挣扎、哭闹、反抗，真的太正常不过了。

所以，父母们不能摆出一副"这点小事就哭，真没出息""再不听话，我就不要你了"的居高临下的姿态，来否定孩子的负面情绪；也不能通过恶劣的态度、打骂的手段，来强制孩子听从自己的安排。

霸权方式短期内见效会比较快，比如把孩子狠揍一顿，可能他立马会老实下来，所以很多家长对爱和自由的教育嗤之以鼻，把耐心和尊重看成是"矫情""多此一举"，还认为"孩子不打不成器"或"打是亲骂是爱"。但后果严重！用狠的手段，想培养出充满爱的孩子，就好像播下一个罂粟花的种子，想让它长成向日葵，这不是违背自然规律吗？请接纳孩子的所有。

允许孩子哭，比哄孩子笑更重要

为什么我们不喜欢孩子哭

一天，约了朋友一起吃下午茶。朋友带来了5岁的女儿朵朵。大家在咖啡馆坐下后，朋友给朵朵点了一份冰激凌。冰激凌之于小孩子，也许比一大笔年终奖给我们带来的欣喜还要多吧。朵朵一边吃一边幸福地手舞足蹈，突然不知怎么回事，冰激凌"啪嗒"一下掉地上了，朵朵裙子上也蹭到一大块。朵朵愣了愣，然后转过头来看着她妈妈，小嘴瘪着，感觉快要哭了。

想来也是，糊里糊涂冰激凌掉了，裙子也脏了，心情一下子跌入谷底，多委屈啊。可是，朋友并没有在意，轻描淡写地说："不就一个冰激凌吗？算了，掉了就不吃了呗。"朵朵一听，不仅没有"算了"的意思，还立马哭起来。朋友觉得有点儿尴尬，连忙说："谁让你刚刚吃东西手舞足蹈来着？你看你衣服都蹭脏了，我还没批评你呢，你倒哭起来了，快别哭了啊！"可是朵朵却越哭越大声，朋友有点儿不耐烦了，大声说："明明你自己搞掉的啊！有什么好哭的？！真是不讲理！不准哭啦！"可惜，朋友的话完全没有管用，刚刚还十分乖巧的朵朵，这会儿变得不依不饶，哭得完全停不下来，本来下午茶后一起吃晚饭的计划，也就这样取消了。

为什么我们不喜欢爱"哭"的孩子？生活中，我们常常会看到，一旦孩子开始哭，很多家长便会想尽一切办法进行制止。温柔一些的会哄孩子说："乖，别哭了！"鼓励型的会说："宝宝不能哭，宝宝要勇敢！"耐心差一些的可能会呵斥"有什么好哭的"或"不准哭"！还有想孩子快点儿安静下来的便会吓唬说"再哭妈妈就不喜欢你了"或"再哭警察叔叔来抓你哦"。总之"哭"，是被禁止的。

很多人说，我们希望孩子每天都开心，当然不想他哭啦。但事实上，哭是人本能的一种情感表达方式，是疏导坏情绪的一种武器，只有适时将坏情绪疏导出去才能更好地感知"快乐"。所以，"哭"并不是一件坏事。

但是"哭"为什么却被冠以"不勇敢""不听话""不讲理"等各种标签而被阻止呢？因为孩子负面情绪的爆发，会触及父母内心的同类情绪，引起家长的焦虑，让负能量飙升，最后失控甚至崩溃。当孩子"哭"了，家长会怀疑自己是否是合格的父母，否则孩子为什么哭得那么伤心？另一方面，家长也会担心，哭泣会不会让孩子变得懦弱，难以面对以后生活中的困难？

同时，孩子大哭，家长还会担心，如果安抚他、顺从他，是不是会养出一个"熊孩子"——习惯用哭闹来达到自己的目的。所以，我们不喜欢爱"哭"的孩子，因为我们不愿意面对自己的焦虑。而阻止孩子哭，其实是缓解家长自己的焦虑，通过控制孩子的表现和感受，让自己获得"我是好妈妈""我是好爸爸"的满足感。

每次哭泣都是孩子的成长

哭与笑一样，也是一种情绪的表现，这是一种"原生"的能力。严格来说，"哭"其实比"笑"发育得更早。初生婴儿在饥饿、疼痛、尿布潮湿或有其他不适时，都会张嘴啼哭。这是婴儿特有的语言，通过"哭"来表达自己的需求，寻求帮助。这个时候孩子是处于全能感时期，他会认为自己是"全能的"，哭能控制一切。

随着年龄的增长，孩子的"哭"往往掺杂了更为复杂的因素，他会发现世界好像不是他想象中的在围绕他转动，有很多原则不能打破，有很多

规则不能逾越。当他的要求不能得到满足时，或遇到不高兴、不舒服的事情时，他就会用哭来表达自己的不满。哭是情绪的一种，而情绪本身并没有好坏之分。孩子对自己情绪的认识和掌控是一个漫长的过程，每一次的情绪体验都是一次成长的机会。

悲伤哭泣也许是面对挫折的开始，也是接受“自己是有限的”的过程，当孩子遭遇不如意，这是他学习体验挫折的机会。在这个过程中，哭对他来说是一种释放，让孩子能够面对自己的弱小，进而逐渐接受现实，他的内心会得到锻炼，逐渐变得真正强大。

爱孩子就要允许孩子哭泣。一再压抑孩子的情绪，不让他哭，会给他带来很多危害：

1.内心恐慌，失去安全感，从而变得退缩、封闭。

2.情绪越积越多，到了控制不住的那一刻，可能会以父母不可预知的更具破坏力的方式爆发。

3.从父母身上学到同样粗暴的处理情绪的办法，对他人及自身情绪缺乏了解，无法敏锐地察觉他人感受，或漠视他人的感受。

4.迫于压力，在父母面前表现得很隐忍，试图以此博得父母欢心。一旦脱离父母，遇到合适的机会，则将负面情绪发泄到比自己弱小的对象身上，如攻击小伙伴，在爷爷奶奶（外公外婆）面前表现得蛮横不讲理等。

5.压抑自己的情绪，习惯以“刚强”的假面具示人，当遭遇无法承受的挫折时，反而更缺乏韧性，所以要接纳孩子的情绪，给孩子释放坏情绪的机会。接纳而后释放通常比维持表面上的欢笑更能给人实在的力量感和安全感。比起只想看孩子笑脸而一再制止孩子哭泣，允许孩子哭泣才是爱孩子更正确的打开方式。

孩子哭时该怎么做

当然，允许孩子哭绝不是对孩子不理不睬或者被孩子的哭声所控制。

孩子号啕大哭，该怎么办呢？用大大的拥抱安慰他吧。拥抱代表的是“我懂”。很多家长发现，孩子哭闹的时候，越是制止，孩子哭得越厉害，这是孩子不被理解的一种宣泄。但当孩子被拥抱，他的不开心被理解，他的不满得到安慰，自然慢慢就能平静下来。

就像本文开头案例中的朵朵，如果一开始家长能给她一个大大的拥抱，并安慰她“妈妈明白，冰激凌掉了不能吃了，你一定很不开心”。我想大概后面的场面会温和很多，我们的晚餐也可以如约进行。

除了拥抱之外，给孩子建立一个发泄墙或情绪角；让孩子胡乱涂鸦；跟孩子一起把不开心画在纸上，做成飞机飞出去……都是可行的办法，唯独别跟孩子说“别哭”。父母总是希望每天都见到孩子灿烂的笑脸，然而，人生不总是只有笑脸，幸福也不意味着拒绝哭泣。

接纳孩子的情绪，允许孩子哭出来，是孩子情绪发展的重要部分，也是孩子成长的重要一课。因为哭出来，情绪才得以发泄，内心才更有力量。所以，当孩子哭的时候，我们可以尝试温柔地说一句：孩子，我懂，想哭就哭吧！其实，即使对于我们成人来说，这不也是漫长人生里最动人的一句话吗？

暖暖妈爱分享

很多家长发现，孩子哭闹的时候，越是制止，孩子哭得越厉害，这是孩子不被理解的一种宣泄。但当孩子被拥抱，他的不开心被理解，他的不满得到安慰，自然慢慢就能平静下来。

除了拥抱之外，给孩子建立一个发泄墙或情绪角；让孩子胡乱涂鸦；跟孩子一起把不开心画在纸上，做成飞机飞出去……都是可行的办法，唯独别跟孩子说“别哭”。父母总是希望每天都见到孩子灿烂的笑脸，然而，人生不总是只有笑脸，幸福也不意味着拒绝哭泣。

第四章

4

亲子关系：过度关注即干扰，学会得体退出

尊重孩子是家庭教育的第一要务

什么是真正平等的尊重

先讲两个我身边的例子。

多年前，我大学毕业刚开始上班的时候，我的老板是个来自美国的中年女人，每天都穿着整齐的套裙来上班。有一次周末加班，我发现她竟然戴了一条带有一个用餐巾纸折成的吊坠的项链来上班。

中午吃饭的时候，我实在忍不住问起餐巾纸吊坠的事。她说，这是她刚上幼儿园的小儿子送给她的周末礼物，因为她周末加班不能陪儿子，儿子就说要送这个礼物给妈妈，如果妈妈能一整天都戴着，那宝宝也能保证一整天不哭。

我问她："可是现在你儿子也看不见啊，你也不摘吗？"

她很诧异地看着我，说："当然不能摘了！我答应了儿子的事，不能骗他啊！而且只是周末也没关系的。"

到现在这么多年过去，我始终还记得她说那句话时那种认真的眼神，仿佛她的儿子并不是一个刚刚3岁的孩童，而是一个跟她达成了正式协议、双方都不能反悔的合作伙伴。而那个餐巾纸折成的吊坠，也一直挂在她的那条Tiffany的项链上。后来，我也当妈了，才终于明白，那个餐巾纸吊坠，意味着她对儿子的承诺的尊重，而不仅仅是半哄半骗的敷衍。

另一件事是，有一天，我带暖暖去大学闺密家做客。因为是很多人的聚会，一路上有说有笑的暖暖，进了门竟然有些拘谨，不管叔叔阿姨们问什么，她都不肯吭声。我只能尴尬地对同学们笑笑，说："她可能有点儿不适应这种场合。"

这时候，我的闺密走过来，蹲在暖暖的面前，伸出右手，对她说："你好，我是罗静阿姨，你叫什么名字？能跟我握握手吗？"

暖暖盯住那只伸过来的手足足半分钟，才怯生生地伸出小手摸了摸阿姨的手，说："我叫暖暖。"

然后罗静又说："我今年30岁了，你呢？"

这次暖暖没有迟疑，说："我3岁。"

罗静站起来，再次伸出手，说："阿姨家里很漂亮哦！你要不要跟我一起参观一下？"

暖暖抬头看了看我，我点点头，然后她就高高兴兴地被闺密领着去参观屋子了。

看着她们俩一大一小的两个背影，我竟然有点儿小感动。我只知道孩子有自己的想法和主意，所以逼着孩子打招呼是不对的。但罗静却用她自己的办法向我解释了，什么才是真正平等的尊重，而不是大人对孩子的逗乐。

给孩子大人般的尊重

大人般的尊重，看上去是一个多么简单的词，好像拿出来谈谈，是谁都能明白的道理，可是，在真实的生活中，要实现却那样的难。

我们经常看到的状况是：一堆人围着一个孩子，这个搓搓他的头，那个捏捏他的脸，然后叔叔阿姨大妈大婶们传来传去地抱抱亲亲。孩子哭着要找妈妈，某个阿姨严肃地说："你妈妈走了，不要你了，你跟阿姨回家好不好？”孩子哭得更大声了，又有人说：“阿姨骗你的！看你哭的，真不经逗！哈哈哈哈，好玩儿！”

又或者是：一个孩子正在玩玩具，突然走过来一个叔叔，一把抢走孩子的玩具藏在身后逗孩子。孩子哭闹着要玩具，叔叔说：“你叫我一声爸爸，我就还给你！”或是：“不叫爸爸也行，那叫一声叔叔吧！”或是：“不就是一个玩具吗？真小气！还你吧！”或是：“连叔叔也不会叫啊？这孩子会说话吗？”

每次看到这样的情景，我都特别无语。

之前在公号上发表过一篇文章《春节回家，请不要这样逗我的孩子》，引起了很多妈妈的共鸣。但也有些人质问我，这也不行，那也不让，那你说到底该怎样？其实很简单，就是一句话：孩子再小，也别当成逗乐的对象，把他们当成大人一样平等地尊重就好了。

也许有人会说，孩子就是孩子，跟大人哪能一样！别那么矫情，逗两下怎么了，打两下怎么了，哭几声又怎么了！反正他们长大了也记不住，也就是开开玩笑而已，何必大惊小怪，喜欢你家孩子才逗他嘛！

对此，我只想说一句，如果是这种像对待宠物一样的逗乐、把他逗哭你就高兴了就是你喜欢我孩子的方式，那最好还是别喜欢了。

孩子再小，也是一个独立的个体，也许他们还不会表达，可是他们也有自己的思想，有自己的好恶。出生后到学龄前的几年，是他们的价值观、安全感以及性格塑造的黄金阶段，他们现在受到什么样的对待，未来就会成长为什么样的人。

孩子从小受到尊重，以后也会以同样的方式尊重别人。他们得到了安全感，以后也会变得更加温和而平静。他们得到了鼓励，以后才会一步步地建立自信，去争取更大的进步。

而那些以逗孩子为趣的大人，他们多半从小也受到了来自我们祖辈的这种逗乐。他们小时候也许憎恶过，但长大之后，却早已忘了童年的感受，又把这种取乐强加于比他们更弱小的人。

孩子再小，也有尊严，他们值得像个成年人一样被尊重。以友善的感受和平等的交流为基础的认知，自然会教会孩子学会尊重他人。

所以，最正确的办法，是平等；最重要的养育，是尊重。

暖暖妈爱分享

孩子再小，也是一个独立的个体，也许他们还不会表达，可是他们也有自己的思想，有自己的好恶。出生后到学龄前的几年，是他们的价值观、安全感以及性格塑造的黄金阶段，他们现在受到什么样的对待，未来就会成长为什么样的人。他们得到了尊重，以后也会以同样的方式尊重别人。他们得到了安全感，以后也会变得更加温和而平静。他们得到了鼓励，以后才会一步步地建立自信，去争取更大的进步。

最正确的办法，是平等。最重要的养育，是尊重。

亲子关系：平等比爱更重要

情景一：儿童乐园里，小朋友们正高高兴兴地玩着沙子，一个妈妈急匆匆地跑过来："哎呀，玩什么沙子，又弄脏了衣服！赶紧走。"正在兴头上的孩子哪里肯走，于是一番哭闹。随之而来的是爸爸的大声训斥："抱他走！这孩子，真不听话，做错了事情，就知道哭！"

情景二：孩子拿着妈妈的口红画画，换来的是妈妈大惊小怪地夺过去，甚至大声呵斥："这可不是小孩子用的东西，你这孩子，怎么乱拿妈妈的东西？"

情景三：孩子想去摸一摸关在栅栏里的小羊，却被一把拉走："听话，乖！小羊身上太脏了，万一生病了，怎么办？"

情景四：孩子非要粉裙子配蓝色的鞋子，却被强行换掉："太难看了，粉裙子配白色公主鞋多漂亮！"

……

现实生活中，这些类似的画面每天都在上演，中国的爸爸妈妈，称得上世界上管得最宽、操心最细的家长，最著名的神逻辑之一就是：你都是我生的，自然都要听我的；爸爸妈妈不论做什么，都是为了你好。

那么，让孩子压抑玩乐的天性，只为不弄脏衣服；让孩子控制自己的情绪，一味地顺从；让孩子放弃自己的主观意识，一切听从爸爸妈妈所谓的正确的安排……真的好吗？

看到这里，估计会有不少爸爸妈妈提出抗议：哎呀，我们可没有这样做啊，只是一些小事情，做家长的，当然要替孩子多想想了。事实上，正是这些似乎已被很多人默认的“小事情”和“小管教”，早已在潜意识中深深地影响了孩子情绪的健康发育。换而言之，这种管得太宽、权威式的爱，有害无益，并不能引导孩子健康成长。

美国家庭治疗大师维吉尼亚·萨提亚曾说：教育事实上是要平等地陪伴，陪伴一个生命成长，和孩子平等地沟通、交流、玩耍，最重要的是，让孩子和大人一样平等地释放自己的喜怒哀乐。

大人可以高兴的时候唱歌，愤怒的时候大声发泄，为什么孩子就得按照爸妈的要求压抑自己的情绪？每个来到这个星球上的生命，无关个体大小，无关年龄几何，无关国籍肤色，大家都拥有平等的权利。正如，儿童心理学家经研究发现：孩子不会觉得有些事情只有大人可以做，所以有小女生偷用妈妈的化妆品，有小男孩喜欢学爸爸抽烟，他们小而纯净的心灵里，对于平等的渴求与对爱的渴求同样强烈。

不要进入语言暴力的误区

我们这一代很多人在父母的棍棒教育下长大，在为人父母之后，尽管大家都抛弃了从小就厌恶的棍棒教育，但不少人却在无意识中犯下了“语言暴力”的错误。

很多时候，我们要求孩子做到的，我们自己其实都没有做到。比如有时候，对于无关大局的小事，我们干涉得太多，总希望以自己的喜恶去影响他们。如果孩子做不到，特别是在公共场合，有时候孩子一哭闹，很多家长觉得丢了面子，就很容易压制不住自己的脾气，这个时候，很容易口不择言，什么“熊孩子”“再不听话就不要你了”“不喜欢你了”等绝对会伤害到孩子幼小的心灵。

事实上，正因为我们是血脉相通的亲人，共处的时间太多，才没有办法避开彼此的情绪低潮期。父母心情不好的时候，会压抑不住借机冲孩子发火，那不谙世事的孩子呢？他们在成长中所面临的情绪挑战，比身为成人的我们要大得多、多得多。语言不是用来伤人的，随着孩子渐渐长大，如果发现自己的父母在频繁使用语言伤害他，他过去所建立的规则意识就会坍塌，甚至会模仿家长的所作所为。

请允许孩子自由表达自己的情绪

高兴的时候，和孩子一起分享喜悦。孩子成功地搭起了一座积木城堡，画出了一幅狗狗的画……得意地跑到父母面前来炫耀，这个时候，请给他一个爱的抱抱，巧妙地赞美和鼓励他："这座城堡搭得真好，还有小滑梯呢，是要和小朋友一起玩的吗？""哇，宝宝画的这只狗狗叫什么名字？它正在绿色的草地上睡觉吗？"孩子欢笑的时候，请和他一起欢笑，在笑声中传递满满的爱，帮助孩子建立起成长过程中不可或缺的自信与勇气。

孩子愤怒的时候，认同和引导孩子释放愤怒。其实"愤怒"本身无所谓好坏，只是一种正常的情绪，如果能合理地表达和释放，一切就可以重归平静。但如果"愤怒"的情绪长久被压抑，就会在心中种下不良宣泄的种子。

请停止以往那些"别哭了""这有什么好生气的"之类的压制吧，虽然撒泼打滚不是那么好看，甚至在公众场合会让大人丢面子，但还是平等地走进孩子的苦恼里，试着用"我知道你想要……"或者"我理解你现在很不高兴"这样的语句先来安抚孩子，和孩子产生共鸣，帮助他说出他自己表达不出的想法和情绪，等孩子"一吐为快"后，他的情绪自然可以慢慢得到平复，这个时候，再来分析事情的对与错，会事半功倍。

做孩子情绪的陪伴者，让他知道不管什么时候我们都和他在一起，我们只要理解并爱着他，负面情绪就不会滞留在孩子体内。如果说笑是感情的舒展，那么泪则是感情的净化。喜怒哀乐，原本就是人类表达感情的正常形式。教育的最大魅力，在于面对孩子的成长时，如何做到平等地沟通、平等地交流。

身为父母，无论在物质上能给予孩子多少，但在情感的沟通上，相信每个父母都可以做得到，放下端得“高高在上”的父母的架子，无论有多忙都能抽出一点儿时间来，听孩子诉说，倾听来自孩子内心的声音，让孩子把所有的感情，无论是积极的还是消极的，都表达出来，这才是送给孩子身心成长最好的礼物。

缔造最理想的亲子关系，平等比爱更重要，满足孩子对平等的渴求，不仅要俯下身，更要俯下心，尽最大可能给孩子以平等，甚至比尽最大可能给孩子爱更重要。

暖暖妈爱分享

美国家庭治疗大师维吉尼亚·萨提亚曾说：教育事实上是要平等地陪伴，陪伴一个生命成长，和孩子平等地沟通、交流、玩耍，最重要的是，让孩子和大人一样平等地释放自己的喜怒哀乐。

身为父母，无论在物质上能给予孩子多少，但在情感的沟通上，相信每个父母都可以做得到，放下端得“高高在上”的父母的架子，无论有多忙都能抽出一点儿时间来，听孩子诉说，倾听来自孩子内心的声音，让孩子把所有的感情，无论是积极的还是消极的，都表达出来，这才是送给孩子身心成长最好的礼物。

要赢得孩子而不是赢了孩子

你是“控制型家长”吗

“14岁男孩睡懒觉被母亲掀被子，一气跳下12楼”——看到这条热门新闻的推送时，我刚好在和一位妈妈交流怎么哄孩子睡觉、催孩子起床的问题。14岁的重庆男孩小勇，因为妈妈早上掀开他的被子不准他睡懒觉，起床后顺势从12楼跳了下去……好在11楼的防盗钢丝网将他拦住。

因为起床气而哭闹、发脾气的孩子很常见，失去理智进行“自杀式”的自我伤害却很少见。孩子在此刻突然爆发的冲动往往是常年累积的不满和怒火，在一瞬间被点燃所致。孩子跳楼的背后，妈妈的唠叨和掀被子看似是平常动作，却成为将孩子推向极端的“罪魁祸首”。

突然想起以前一位女同事的经历：婚后和公公婆婆同住，婆婆是个极为霸道的人，家中大小事务一定要按照她的想法安排。大到婚礼的举办、婚房的购买和布置，小到孩子的饮食和衣物的选择，甚至连家里买了新的盆景都要指点一番位置的摆放。

性格温柔的同事虽然对婆婆心有不满，却一直压抑着自己的想法。直到有一天，婆婆随手扔掉了同事新购入的儿童益智玩具，让人大跌眼镜的是，同事和婆婆大吵了一架，还生气地砸坏了家里的摆设。

突然的爆发源自长期的压抑，女同事在婆婆的“强硬控制”下得不到正常的情绪纾解，心理上受到挤压而做出惊人的行为。当一种关系变成“控制与被控制”的模式时，危机的到来是迟早的事。

心理学上有“控制型人格”的说法，这种人格特质投射到家庭关系中就出现了“控制型家长”的家长类型。出于对孩子的关爱，这些家长想掌握孩子的生活，希望孩子的成长按照自己设定的路线进行。当“控制过度”时，孩子不再是独立的个体，而变成被塑造出来的附庸。

又想起好友玲的妈妈就是典型的“控制型妈妈”。从小到大，玲每一天都在妈妈的计划中度过，作业在规定时间内完成，每天练习几个小时的钢琴，衣服鞋子要如何搭配，甚至连玲的交友她妈妈都要了解得一清二楚。

成年以后的玲致力于“远离家长”，甚至非常抗拒每一次回家团聚。对她而说，常年被妈妈管教和安排让她产生了一种恐惧——“生活并不属于我自己，而属于我的妈妈”，母女关系陷入了一种疏离状态。同时，玲的性格中逐渐展露出自己“强硬”的一面，这是妈妈对她潜移默化的施压带来的后果。

武志红谈到父母强势入侵孩子学业时，写道：“（孩子）会通过无论如何努力都不能学好的潜意识自伤方式，表达对抗。”

控制型家长很难让孩子产生亲近感和信任感，就像好友玲——作为一个“被控制的对象”，对妈妈始终抱有难以释怀的叛逆和反抗，成长期没有能力反抗妈妈的强势，成年后就在工作、婚姻上努力与妈妈的期望背道而驰。

家长越控制，孩子越软弱

讨论“控制型家长”时，不可避免地要谈到另外一类孩子。比起试图对抗妈妈的玲，这类孩子更具有普遍性，他们成长的最终方向是——软弱、失去自我。

首都
Capital

在婚姻中，许多女性对“妈宝男”非常厌恶，婆婆会强行插入婚姻关系，而老公只负责“听妈妈的话”。“妈宝男”是典型的“受控型孩子”，在漫长的成长过程中，被妈妈控制了人生观和世界观，潜意识里屈服于妈妈的指令，并且在母子关系中表现出自己的软弱和无能。

无尽的“控制”不仅让孩子变得弱小，也让家长自己变得庞大。自以为掌握了孩子人生方向的爸爸妈妈难以容忍孩子的叛逆和改变。一个朋友谈到自己的恋情时，说本来应该步入婚姻殿堂的恋情却因为妈妈的干涉而分手，她至今为此感到惋惜但是无能为力。问起她为何不敢争取，她的回答是“妈妈的歇斯底里”。

在这种极度不对等的亲子关系里，受伤者不仅仅是被掌控了的孩子，还有试图掌控的家长。一旦独占的强势局面被打破，无法忍受“秩序失调”的家长同样会产生崩溃的情绪。

爸爸妈妈在试图控制孩子的人生时，也是在毁灭孩子的人生。

很多妈妈喜欢对孩子“品头论足”，穿的衣服颜色不对、写的作业不够工整、每顿饭都必须吃到一粒米都不剩、睡觉姿势影响发育……在碎碎念里当然是道不尽的母爱，但这种唠叨过多，会让孩子产生反感的情绪——“难道我做什么都是错的吗？”这会让孩子陷入焦虑之中。最后，亲情变成负担，母爱变成束缚。

良性的亲子关系应该是有弹性的、平等的。爸爸妈妈不会一味要求干预孩子的每一个选择，也不会将父母权威凌驾于孩子的自我意识之上。每个孩子都是独立而自由的个体，他们有权利选择自己的人生道路，也有资格享受人生的起起落落。

放下警惕和不安吧，孩子不应该被掌控，而应该被尊重。一次次的跌倒和受伤才会让他们飞得更高，走得更远。别让孩子在父母的手中成为“牵线风筝”，他们本该拥有一对羽翼丰满的翅膀。

暖暖妈爱分享

无尽的“控制”不仅让孩子变得弱小，也让家长自己变得庞大。自以为掌握着孩子人生方向的爸爸妈妈难以容忍孩子的叛逆和改变。

在这种极度不对等的亲子关系里，受伤者不仅仅是被掌控了的孩子，还有试图掌控的家长。一旦独占的强势局面被打破，无法忍受“秩序失调”的家长同样会产生崩溃的情绪。

良性的亲子关系应该是有弹性的、平等的。爸爸妈妈不会一味要求干预孩子的每一个选择，也不会将父母权威凌驾于孩子的自我意识之上。每个孩子都是独立而自由的个体，他们有权利选择自己的人生道路，也有资格享受人生的起起落落。

越无能的父母，越喜欢“乖孩子”

▼

孩子不乖怎么办

暖妈曾在公号后台和微信上接到过无数关于“孩子不乖怎么办”的咨询。

有睡觉场景：

场景一：“1岁了还要吃着奶睡，半夜醒好几次要吃奶，为什么我没有个一觉睡到天亮的天使宝宝呢？”

场景二：“孩子特别皮，晚上总是闹到很晚也不睡，非得发脾气骂他一顿，才能带着泪安静下来。我也不想把他骂哭，但不骂他我该哭了，怎么办?”

……

有吃饭场景：

场景一：“女儿太挑食了，就爱吃那几样她爱吃的，其他看也不看，我太羡慕那些不挑食的乖孩子了。”

场景二：“总是玩得忘了吃饭，得喊好几遍或者追着喂才吃，我也不是次次都有耐心，经常忍不住就冲他嚷嚷了。”

……

有玩耍场景：

场景一：“儿子爱抢小朋友的玩具，还喜欢动手打人，我都批评教育好多次了，急了也会动手打他，可没什么效果。”

场景二：“带女儿出去，总是不听我们的安排，在游乐场一玩就是半天，怎么说都不走，最后只得把她强行抱走，怎么这么不让人省心呢。”

……

有购物场景：

场景一：“看见想要的玩具，一说不买就立马满地打滚儿，好几次气得我控制不住当场就打他了。”

场景二：“去超市，总是喊着要买薯片、辣条等垃圾食品，跟他讲多少遍垃圾食品对身体不好也没用，弄得我一点儿脾气也没有。”

……

看家长朋友们的描述，谁看谁头大。

是的，纵然你天赋异禀、从小就是学霸、门门都考100分、一路保送读到哈佛博士，纵然你提前研读过“美国儿科学会”“西尔斯”“崔玉涛”，堪称“行走的育儿百科全书”，在孩子这个完全不按章法出牌、随时随地带给你全新考验的对手面前，我相信你还是会经常手足无措（别问我是怎么知道的）。但是，话说回来，即使孩子给我们制造出状况百出的狗血生活剧，让我们体内的忍耐力和爆发力整天处于PK状态，我们还是应该庆幸：我们有个“不乖”的孩子，这是一种幸运——是孩子的，也是我们的幸运。

所谓的“乖孩子”什么样

如果真的完全按大家的想法，塑造出一个十全十美的乖孩子，应该是什么样？

生下来不哭不闹；让吃奶就吃奶；让睡觉就睡觉，每天都能一口气睡到天亮；早睡早起，每天自己都能穿好衣服，准备好书包，准点出门去上学……

给什么玩什么，从来不向父母提要求买东西，玩的时候特别稳重有条理，能爱护玩具，轻拿轻放……

给什么吃什么，酸甜苦辣只管往嘴里塞，没有任何偏好，每天吃完父母按照营养标准准备的所有蔬果肉蛋，还会帮父母收拾饭桌……

让干什么就干什么，令行禁止，严格执行父母每一个说出口的要求，细心体谅父母每一个没说出口的想法，从不反抗和违逆……

从来不哭不闹，笑脸迎人，待人接物彬彬有礼，举止得当，爱学习爱劳动，守纪律，品德高……

天哪，我写不下去了，这还是一个活生生的孩子吗？我感觉自己在写惊悚片——片中有一个无知无觉、无痛无爱、无泪无笑的人偶。谁会真的想要这样一个孩子？

这样的“乖孩子”，不是太可怜，就是太可怕。

“乖孩子”是怎么炼成的

当然是被家长炼成的。越是无能的家长，越喜欢乖孩子。这个无能并不是指经济收入少，而是指眼界狭隘闭塞、情商智商双低、教育手段匮乏。越是眼界狭隘闭塞的家长，自我感觉越是良好。他们认为自己是孩子的天，是孩子的造物主，也是孩子应该完全服从的上帝。他们没有共情的能力，也没有学习的意识，一直停留在唯我独尊的幻想世界里，对孩子的喜怒哀乐，视而不见，充耳不闻。

所以他们的教育手段也只能是简单粗暴的打骂，常用句式有：

“谁让你这么做的？别废话，必须听我的！”

“老子还管不了你了，看我不打死你！”

“你听不听话？再不听话我就不要你了！”

……

还有一种堪称软刀子或万金油式的苦情教育：“我都是为了你好啊，我为你付出了那么多，你不听我的对得起我吗？”

如此双管齐下，年幼的孩子很少有不屈服的。

有人说，学校环境和社会环境也逼得孩子不得不听话顺从啊。大环境，看似范围广影响大，但对孩子的影响远没有父母这种朝夕相伴、贴身入心的力量深刻深远。也有人说，我们也没有办法啊，生活那么累，哪有时间好好跟孩子说话讲道理，他乖一点儿我能省事省心啊。真的省心吗？从眼下看是的，从长远看却未必。等那些“乖孩子”长大以后，不是成为毫无特色的路人甲、被遗忘在办公室角落的职员乙、任人欺负的弱者丙，就是成为一个思想和性格都十分别扭拧巴的“为了叛逆也要叛逆”的“假个性解放者”，哪一种都不是我们想要的“省心”。

怎样避免孩子成为“乖”孩子

一、承认孩子是一个独立的个体

孩子是由你而来到这个世界没错，但并不隶属于你，不是你的私有财产，你对他有抚养和管教义务，但你要时刻意识到并准备接受这一点：孩子永远不可能完全成为我们希望的那个样子。意识到这一点，你对孩子的很多行为就能理解和尊重了，就没那么生气和难以接受了。

二、尊重孩子的个性和节奏

孩子的个性千差万别，而且他们对这个世界的认知程度跟我们是不一样的。我们司空见惯的任何事物，对孩子来说都是新奇无比。考虑到这一点，你就会有意早出门10分钟好让孩子有时间看看路边的树叶、野花和蚂蚁，你就会容忍孩子花20分钟穿好一件衣服，你就会把牵着蜗牛散步当成一种享受而非苦役。

三、多用正向管教的方式

孩子晚上不好好睡觉——可以跟孩子约定并共同形成一个固定的睡前仪式，比如洗完澡后跟镜子里的自己说晚安，讲睡前故事，或者一起唱一首孩子最爱的摇篮曲。

孩子不好好吃饭——可以多在食物种类和口味上花心思，也可以编跟《大力水手》差不多形式的故事，吸引孩子把吃饭当成补充能量变超人的重要环节。

孩子喜欢打人——不妨用《小手不是用来打人的》《牙齿不是用来咬人的》《小一步，对不起》等绘本故事来潜移默化地帮助孩子学习使用恰当的方法化解情绪。

孩子见什么要什么，不买就哭闹——可以通过给孩子零花钱的方式，让他自己攒钱来买真正喜欢的玩具。

总之，不是遇到什么问题就要拿出恐吓和暴力的手段来让孩子屈服，那些一蹴而就立竿见影的方法往往显示出的是父母的无能。

在孩子的问题上，最体现父母教育能力的方法反而都是见效最慢、最费心思的。

但请相信，当你最终收获一个身心健康、快乐开朗、独立有主见、勇敢有智慧的孩子，你会发现花费的这些时间、精力和心血，都是值得的。

暖暖妈爱分享

怎样避免孩子成为“乖”孩子？

第一，孩子并不隶属于你，不是你的私有财产，你对他有抚养和管教义务，但孩子永远不可能完全成为我们希望的那个样子。

第二，孩子的个性千差万别，而且他们对这个世界的认知程度跟我们是不一样的。考虑到这一点，你就会对孩子有足够的耐心。

第三，多用正向管教的方式。不是遇到什么问题就要拿出恐吓和暴力的手段来让孩子屈服，那些一蹴而就立竿见影的方法往往显示出的是父母的无能。

为什么你付出那么多，孩子却跟你不亲

▼

朋友叶子跟我聊天时说起她在8岁女儿的作文里看到的一句话："我的妈妈虽然表面上看起来并不爱我，但我知道她心里是很爱我的。"

叶子当时很是震惊，问女儿："我怎么'表面上看起来'不爱你了，我多爱你啊，你要什么我给你买什么，每天陪你写作业做手工，放假还带你出去玩儿，怎么叫看起来不爱你呢？！"

女儿赶紧解释："妈妈，不是这个意思啦，我也不知道怎么表达，其实我是想重点表达我知道您心里很爱我的意思呢！"

叶子当然知道女儿的侧重点在后半句，但还是对前半句耿耿于怀，于是继续问："你觉得表面上应该怎么爱你才对呢？"

女儿想了一下，有点儿不好意思地笑了："就像小时候你总是抱着我，亲我，还有，经常说爱我……"

叶子说到这里，眼眶微微红了，她反思自己："女儿3岁以前，我几乎每天都抱她、亲她，表达爱意。现在孩子大了，抱不动了不说，也不太好意思去抱抱亲亲，把爱挂在嘴边了；有时候出去散步，她要牵着我的手，我还嫌她手出汗不愿意牵；她作业做得不认真，我还总是一气之下说出'你怎么这么笨'之类的话。结果……没想到在孩子眼里，就变成了'表面上看起来'不爱了。如果不是这篇作文提醒，我差点儿就失去了弥补的机会。"

听完叶子的话我也感慨不已。是啊，父母为孩子付出了全部心血，倾尽了囊中钱财，甚至如果有必要，也愿意为孩子牺牲自己的生命——这是多么深厚伟大的爱。然而，为什么很多孩子却跟父母不亲，甚至冷漠、仇恨？！是孩子迟钝吗？还是他们冷血，不懂得感恩？

其实是因为父母们往往把爱藏得太深，掩饰得太好，所以至真至纯的孩子被搞得迷糊了、怀疑了、不安了。

把对孩子的爱大声表达出来

很多父母会说："天下父母都爱孩子，这谁不知道，还用得着说出来？""天天说'我爱你'太肉麻了，说不出口。""我辛辛苦苦工作，送孩子去最好的学校，给他买最贵的玩具，就是为了看到他开心，这不就是在表达爱吗？"……

但是，最爱孩子的你，可能上一秒还在嘘寒问暖地关心孩子在学校的学习和生活，下一秒就声色俱厉地说要把淘气的他丢出去不要了；

你一掷千金给孩子买他最喜欢的礼物毫不心疼，却会因为孩子不小心丢了十块钱而讽刺挖苦他"怎么不把自己丢了"；

你可以在孩子生病时彻夜不眠地精心照顾，却会在孩子凑过来想跟你一起玩的时候甩出一句"去去去，我正忙着呢，别烦我……"

你用尽全部精力和心血来当孩子的保姆、教练、陪读，却把最好的爱藏在冷漠的背影、严厉的表情、苛刻的话语后面，让孩子怎么看得明白猜得透？

给孩子真诚的微笑、用力的抱抱、亲昵的吻，认真地对孩子说"我爱你""你是我的骄傲"……这样看似虚头巴脑的形式，对孩子来说就那么重要吗？很重要！就像我们需要爱人的牵手、拥抱、抚摸、亲吻、摸头杀、深情凝视一样，这些形式就是我们被爱的证明。孩子也是一样。

所以那些口口声声说着"我为孩子付出这么多，没想到孩子却这么对我”的委屈万分的父母，他们一定不知道，孩子从他们这里并没有感受到多少爱，自然也不懂得如何去回报爱。

父母和孩子之间的爱，同夫妻之间的爱一样，需要积极健康的互动、平等通畅的交流、坦诚亲密的表达。

不同的是，夫妻之间两个成年人的关系是对等的，只要三观基本一致、文化素养相当，要形成这种比较理想的状态相对容易一些。而父母和孩子之间呢，刚开始是一种不对等的关系，孩子弱小，父母强大；孩子被动，父母主动；孩子接受，父母施与。

如果父母无知无觉地利用这种不对等关系去“作恶”，从语言和行动上漠视孩子，羞辱孩子，打压孩子，想想看会发生什么？

别让原生家庭的伤成为亲子关系的羁绊

曾有一个读者给我留言说：“从小时候起，我的妈妈和我在一起时，只有严厉的一面，连对外人那种客套的笑容和虚假的热情都没有，说话总是讥讽、挖苦的语气，从来不表扬我、夸奖我，好像稍微表扬一下我就会变坏一样。

“其实我知道妈妈爱我，不然也不会为了我甘愿放弃事业上的升迁机会，不会在高考前每天想着办法给我做好吃的为我补充营养，不会省吃俭用给我交大学学费。但是，虽然理性上我告诉自己应该理解她、尊敬她，感情上却始终接受不了。

“从小到大，我跟妈妈一直不亲，我也不会撒娇，老公还说我没有什么女人味儿。现在自己当妈了，我也很难像别的家庭那样跟孩子亲密无间。到现在，我心底那个结还是解不开，我明白妈妈为我付出了太多太多，但怎么爱也爱不起来，我还一直很自卑，说不明白的感觉，心塞……”

这段让人看得心疼的话，很有代表性。

有多少父母，明明爱孩子爱到付出了所有，却因为吝啬一张温暖的笑脸、一句赞扬的话、一个紧紧的拥抱，跟孩子渐行渐远，永无心灵交集。

有多少孩子，明明知道父母是世界上最爱自己的人，却因为那些从小渴望而求之不得的爱的表达，终生带着一颗残缺的心灵，对父母心生隔阂、冷漠，甚至怨恨。

我经常在思考：为什么很多父母羞于说出那些表达爱的话，讽刺、挖苦、指责、批评等伤害孩子的话却说得那么自然顺畅？为什么要把爱藏得那么深、那么隐蔽，让孩子终生猜不透摸不着并为之痛苦终生？

你说是因为中华传统文化导致了人们含蓄的表达习惯？然而毕竟也有很多名人会亲笔为孩子写下一封封情真意切、充满爱意的家书，甚至成为千古流传的教育名作。

你说是因为你经受过苦难因而造成了情感的扭曲？然而无论身处哪个时代，谁的人生没有经历过坎坷和苦难？

你说是因为生活不易压力太大？然而这不是孩子的错啊。

解脱“爱的匮乏”的魔咒

爱自己的孩子，不应受其他外界因素的制约。真正的原因，我想应该在于父母自身，在于为人父母者有没有从上一代人那里得到爱的传承。

像上面那位读者那样，在原生家庭里被深深地伤害过，她做了妈妈以后，也不懂得如何去爱自己的孩子。这种爱的匮乏，比财富的匮乏还要可怕。

但，是不是原生家庭的伤害一定会代代相传下去，成为无法解脱的魔咒呢？不是的。

这个问题的关键还是在于父母，在于我们有没有内省和反思的精神、有没有学习和提升的能力。如果没有，我们就会控制不住自己对最爱的孩子“作恶”，把好端端的一场亲情缘分，演变成“仇人结父子”的悲剧。如果有，我们就可以让伤害从我们这一代逐渐消弭、终止，无论任何时候，无论任何环境下，我们都有能力向孩子表达健康的、良性的父母之爱。

我对上面那位读者的回复中有这么一段话，与各位共勉：

原生家庭带给我们的伤害，可能很深、很痛，但不要一味地沉溺在痛苦的回忆中并滥用这种痛苦伤害自己的爱人和孩子。爱的匮乏必须用加倍的爱来弥补。试着打通你跟孩子之间爱的渠道，让爱的能量流动起来，相信孩子的笑脸、拥抱和全身心的爱是帮助你治愈内心的良药。

暖暖妈爱分享

父母和孩子之间，刚开始是一种不对等的关系，孩子弱小，父母强大；孩子被动，父母主动；孩子接受，父母施与。

如果父母无知无觉地利用这种不对等关系去"作恶"，从语言和行动上漠视孩子，羞辱孩子，打压孩子，结果可想而知。

有多少父母，明明爱孩子爱到付出了所有，却因为吝啬一张温暖的笑脸、一句赞扬的话、一个紧紧的拥抱，跟孩子渐行渐远，永无心灵交集。

有多少孩子，明明知道父母是世界上最爱自己的人，却因为那些从小渴望而求之不得的爱的表达，终生带着一颗残缺的心灵，对父母心生隔阂、冷漠，甚至怨恨。

请我们远离这种悲剧。

优秀孩子的背后，总有个会示弱的妈妈

超人妈妈，真的完美吗？

一天，我的好朋友花花，一脸认真地跟我说很羡慕我，有一个懂事贴心的女儿。说罢，她叹了口气，说自己就没那么好命，生了一个调皮捣蛋，从不懂得心疼人的儿子，心累。

花花是我朋友圈远近闻名的“超人妈妈”，“下得了菜场，上得了课堂，做得了蛋糕，讲得了故事，懂得了琴棋，想得出创意，搞得了活动”，只要是儿子的事，她都能做得面面俱到。

看着花花一脸娇嗔的埋怨，我打趣她：“你那么强，活该你累！”

这句话有几分玩笑，却也是大实话。花花对儿子的一应需求拼尽全力，超人一般的存在，从不向孩子示弱，久而久之自己累，孩子也习以为常，当然不知道如何心疼妈妈了。

日常生活中，像花花一样的“超人妈妈”有很多，觉得自己多干点儿活，就是给孩子做好的榜样，就是对孩子的爱。但事实是，有时候在孩子面前示个弱，求个助，不仅能让孩子学会更多的劳动技能，还能促进亲子感情，培养孩子的责任心。

妈妈示弱，是亲子关系的秘密武器

前不久有两位朋友来我家玩儿，见暖暖礼貌而暖心，不住地帮我端茶递水，啧啧称赞，一脸羡慕又气急地说：“都是一样大的孩子，怎么我家的孩子就又懒又不听话，每次都能气得原地爆炸。”能看出来，她们急切想要从我这儿得到一个“不一样”的答案。但事实是，我心里最真切的想法是，哪有那么多高深莫测的道理啊，只不过是我会“撒娇”、会“示弱”罢了。

日常生活中，我常常会向暖暖撒娇示弱，并且这招屡试不爽。暖暖有个坏习惯，不到万不得已憋到不行的时候不愿意去厕所，所以有时候去看电影时，或是长途出行时，就很难搞，那种火急火燎地中途去找厕所的经历，真的很要命。

后来，我想了一个办法，常会撒娇和示弱说：“暖暖，妈妈想去趟厕所，你陪妈妈一起去好吗？妈妈不想一个人去。”一般这个时候，暖暖都会屁颠屁颠地陪我去，没有一点儿抗拒心理地把厕所上了。

其实，我这种“撒娇”和“示弱”也会发挥到生活的方方面面，比如：

“妈妈拎不动这么多东西，你帮我拎一些好不好？”

“妈妈今天忙了一天好累，帮妈妈拿双拖鞋好不好？”

“妈妈生病了不舒服，帮妈妈倒杯水喝好不好？谢谢宝贝了。”

……

几乎每次暖暖都会积极回应我，有时候还会心疼地说“妈妈辛苦了”，甚至主动来照顾我。

其实，孩子和我们成人一样，心里很希望能被需要，这是他们内心成长的欲望。当我们懂得适时地示弱，有求于他们的时候，他们就会很乐于来帮助我们。

适时地向孩子“示弱”，不仅能借此激发孩子内心的积极力量，还能拉进亲子间的亲密关系。相反，如果我们处处表现得无所不能，孩子成长的动力就会被压抑和弱化。

越会示弱的妈妈，活得越轻松

在这个超人妈妈、女强人盛行的年代，面对孩子，我们总是有意无意地佯装成坚强的妈妈，但其实又有多少时候，面对孩子的调皮捣蛋不听话，我们又不知不觉中沦落为情绪的奴隶，声嘶力竭地指责着孩子。

然而，这种方式，只会让我们的内心越来越虚弱、绷紧、无助。并且，当孩子被妈妈吓坏的时候，又怎么会有很多能量来爱妈妈呢？相反，孩子只会因为恐惧、压力而向我们妥协，抑或是离开我们，甚至还会积压对我们的恨。

正如我曾看过的一篇文章中所说：

“用愤怒、指责、抱怨的方式来获得爱，成功率低之又低。即使是对方满足了我们的需求，也常常只是妥协的一种结果，并非发自内心的爱。但用脆弱、赞扬、撒娇、示弱的方式，却会得到一些爱，并且给的人还会很满足。在一段关系中，如果想得到对方的爱，示弱是个很好的办法。示弱不一定得到，但是逞强是一定得不到的。”

这段话同样适用于亲子关系，很多时候我们与其对孩子逞强、指责、声嘶力竭，不妨撒撒娇、示示弱，既放松了自己，也拉近了亲子关系。越会示弱的妈妈，反而越活得轻松。

适当示弱，是妈妈的必修课

其实，很多时候妈妈太无所不能，反而会让孩子畏首畏尾，缺少勇气和担当，甚至限制孩子的成长，令孩子产生弱小感，削弱孩子独立面对外界的能力。因此，适当的示弱，甚至可以说是每位妈妈的必修课。

当妈妈懂得示弱，向孩子展现软弱屈服的一面时，孩子内心里也有恐惧、有怯懦，这对他们的心理冲击力比“示威”大得多，但这更容易激起孩子的内动力，带动孩子的积极主动性。

向孩子示弱，能够树立孩子的自信，逐步培植孩子强大的内心。

向孩子示弱，能增强孩子的责任感，带动孩子的积极主动性。

向孩子示弱，能增强孩子的成就感，激起孩子的内驱力从而更加出色。

更为重要的是，向孩子示弱，能焕发孩子内心那份最纯朴的感情——爱与感恩。

所谓育儿，哪有那么多高深莫测的大道理，其实每个出色孩子的背后，都有个会示弱的妈妈，因为，最柔软的最坚强。

暖暖妈爱分享

孩子和我们成人一样，心里很希望能被需要，这是他们内心成长的欲望。当妈妈懂得示弱，向孩子展现软弱屈服的一面时，孩子内心里也有恐惧、有怯懦，这对他们的心理冲击力比〝示威〞大得多，但这更容易激起孩子的内动力，带动孩子的积极主动性。

向孩子示弱，能够树立孩子的自信，逐步培植孩子强大的内心。

向孩子示弱，能增强孩子的责任感，带动孩子的积极主动性。

向孩子示弱，能增强孩子的成就感，激起孩子的内驱力从而更加出色。

更为重要的是，向孩子示弱，能焕发孩子内心那份最纯朴的感情——爱与感恩。

高质量陪伴的六项标准

“再不陪我玩儿，我就长大了”

陪伴对孩子的意义毋庸置疑，如何给孩子高质量的陪伴是永远都值得探讨的话题。

曾经看过一部国外的MV，中文译名叫《忧郁小男孩的爸爸似乎在月球上》，里面以一个父亲后悔的口吻讲述了儿子从出生到长大成人，因为工作的忙碌缺位了孩子的成长，最后儿子长大了，也成为跟他一样的人。

我也在微信朋友圈里无数次看过那个让无数人动容的故事：一个孩子为完成老师布置的作文《我和爸爸的双休日》，央求爸爸陪他一天。爸爸以上班挣钱为理由回绝了他。孩子问爸爸一天可以赚多少钱，然后每天跟爸爸要零用钱。几个星期之后，爸爸很晚才回家，看到孩子在家等他，手里捧着积攒的零花钱说：“爸爸，我想请你明天陪我去动物园，我给你钱。”

孩子就是这样渴盼与父母相处的时光，这时光在孩子成长的历程中的意义，是远胜过金钱的黄金时间！

父母的缺席和失陪的后果，最初最明显地表现在“留守儿童”群体中，孩子无奈无力，成为父母心中的痛；然后集中表现在“富起来”的群体中，父母为了赚钱远离孩子，孩子成长最重要的阶段正是父母创业最忙的阶段，当父母赚到钱时，能给孩子的补偿唯有金钱了，于是就有了中国独有的“富二代”现象，是多少家庭持续不断的痛？

而更隐秘的“失陪”，是人在心不在，是用电子产品取代亲情，是让老人代替父母。孩子在“失陪”的环境下，对生活失去兴趣，对亲情漠然无视，对规则与法律淡漠，不会与人和世界相处，才有了各种悲剧的发生。

天天陪着孩子就是陪伴吗

所有的父母都爱孩子，都渴望尽自己所能给孩子更多的爱与支持。有些父母选择了与“失陪”和“缺席”的父母完全不同的做法：爸爸妈妈对孩子的到来诚惶诚恐，小心翼翼，妈妈甚至做出辞职的决定，给孩子完全的照顾，但这真的就一定代表着高质量的陪伴吗？

下面这几个误区，也许正在你的家里上演：

误区一：陪同=陪伴。常看到父母亦步亦趋地跟在孩子左右，散步、逛商场、写作业……但孩子仍然是一个人自言自语或者自己玩儿，父母好像没听到孩子在说话，在想自己的心事，人在心不在，更没心情体验陪伴孩子的快乐，这样的陪同不算陪伴。

误区二：看管=陪伴。父母紧紧跟在旁边不断地提醒孩子这个不可以，那个不行，替孩子做这做那，害怕孩子摔着，怕孩子受委屈，怕孩子走弯路……没有看到孩子的需要，更没随着孩子长大，不断扩展他独立成长的空间，一天下来，父母疲惫，孩子辛苦，这样的陪伴，充其量是保姆式的照顾，不是陪伴。

误区三：物质满足=陪伴。很多父母为弥补忽略孩子的内疚，偶尔有时间陪孩子，就用豪爽地花钱代替陪伴，不管孩子要的、不要的，都买给他，最流行的品牌、最贵的学校、最贵的老师，可让父母自己内心平衡，却无法填补孩子内心缺少爱的虚空。

误区四：说教=陪伴。很多父母难得与孩子在一起，借机不停地讲各种道理，讲很多自己的辛苦，说这一切都是为孩子，说自己都是对的。用最有伤害力的话语，以为能激发孩子的积极生活状态，却不知被“内疚和负罪”培养大的孩子最无力。他们只有自我否定，只有自我纠结和挣扎，没力气改变，孩子害怕这样的“陪伴”。

误区五：妈妈的守护=陪伴。很多家庭认为守护孩子是母亲的天职，爸爸负责主外——养家赚钱，爸爸成了“不回家的人”。妈妈只能给予孩子母性的爱，而自信、力量、与世界的关系和联结，这些是需要爸爸的引导和示范的，妈妈的守护怎么可以代替呢？在中国，父亲尤其是沉默、不善表达爱的，如果再加上日常生活中的边缘化，多少孩子是在渴望父爱的痛中长大？

什么才是高质量的陪伴

什么是父母对孩子的陪伴？起码有这样几个标准：

一、父母给予孩子时间，跟孩子单独在一起

虽然父母能给孩子的时间不同，也不固定，但不管是在家里也好，在外面也好，做游戏也好，谈话也好，电话里也好，视频中也罢，或者是短信、邮件，总之一定要花时间给孩子，这段时间属于你和孩子，是你和孩子共同享受这种亲子相伴的快乐时空。这个过程中，可能都不需要花钱或只花很少的钱，要紧的是彼此珍惜这段亲情流动的时光。

忙永远只是借口，人们总是把时间用于自己认为最有价值的事上，你也许需要评估一下：在你每天忙的事情中，孩子的健康成长排在第几位？你给予孩子的有效时间是几分钟？难道你真的没有给他打电话的时间，没有拥抱他的时间，没有说“孩子，我爱你”的时间吗？

二、了解孩子所在年龄阶段的特点

不同年龄阶段的孩子有不同的特点，生理发展和心理发展特点差异很大，不同的孩子差异也很大。因为孩子会用自己的方式探索和了解这个世界，所以父母要先了解自己孩子所在的年龄阶段有怎样的特点，处在怎样的发展关键期，这样父母才会允许孩子展现他的正常发展特点，而不会总是担心，总是觉得孩子跟自己想象的不一样，觉得孩子太淘了、太内向了、太不听话了……接受孩子才可能带着平静和允许欣赏他，肯定他，给他提供成长的空间。

三、了解孩子的心理需要

孩子除了吃穿住用的生理需要以外，还有不断尝试探索的心理需要，他们还有安全的需要、归属的需要，成就自己价值的需要，爸爸妈妈要学习用恰当的方式跟孩子沟通。更多的鼓励，少一点儿打击和嘲笑；更多的身教，少一点儿言传和命令，这些都是基本的原则。

四、必要的帮助与支持

当孩子面对挫折时，面对冲突时，面对失去和痛苦时，父母及时站在孩子身边，告诉他“我懂你，我爱你，我帮你，有我在你是安全的，你是被爱的”，给孩子具体的指导和帮助，帮孩子渡过难关。

有个爸爸曾说：“孩子在需要我时会找我帮忙，不需要我时会让我离远点儿，我很享受这种有分有合的关系。”孩子遇到困难时，陪他跑，但不抱起他跑；孩子做选择时，帮他看到可能的后果，并尊重他的选择，引导他学习到相应的经验。

五、有适合孩子需要的独立空间

陪伴意味着彼此都有独立空间，可分可合，可以做同一件事但有分工，也可以做不同的事但可以分享。孩子越大，需要的独立空间越大。将

“主动权”还给孩子，比如关于玩耍，要让孩子控制整个活动的进行。玩什么和怎么玩都让孩子选择，策划活动，包括去哪里、看什么、吃什么、金钱的掌控等，让孩子做主。父母只需要给予孩子鼓励、建议和必要的支持。

六、愉快而和谐的双向沟通

互相陪伴时气氛和谐，积极互动，不是单向的请求或要求，可有约定但不批评、不指责、不说教。父母经典三句话：你今天乖不乖？今天学什么了？老师有没有批评你？更像拷问，会让孩子警惕、恐惧甚至说谎。我们不妨换种方式开启亲子沟通，比如：妈妈今天心情……因为……你遇到什么有趣的事情了吗？幼儿园老师、小朋友或同学今天怎么样？引导孩子诉说内心世界，释放情绪，这会让孩子感受到安全和信任、放松和快乐。

还有最重要的一点，这个世界上最远的距离，就是“我天天在你身边，而你却在玩手机”。所以，请那些一回家就捧着手机躲进厕所或窝在沙发里的爸爸妈妈们，放下手中的手机、电脑、游戏机吧，这样才能给孩子一个充满安全感的童年。

暖暖妈爱分享

高质量陪伴的标准：

1.安全、放松、亲密。亲子间的关系是彼此相互享受的，感觉安全而放松，能感受到亲密的亲子之爱，这在当下就是最高质量的陪伴。

2.有适合孩子需要的独立空间。陪伴意味着彼此都有独立空间，可分可合，可以做同一件事但有分工，也可以做不同的事但可以分享。孩子越大需要的独立空间越大。

3.愉快而和谐的双向沟通。互相陪伴时气氛和谐，积极互动，不是单向的请求或要求，可有约定但不批评、不指责、不说教，而是引导孩子诉说内心世界和情绪，让孩子感受到安全和信任、放松和快乐。

表扬和鼓励，对孩子的意义完全不同

在暖妈小的时候，大部分的中国家长都不懂得赞美孩子，常常听爸妈赞美的是“隔壁家的孩子”。所以欠缺赞美的我们，有些胆小，缺乏自信，遇见那个“隔壁家的”总是暗暗地在比较，特别在意别人的评价。

当我们长大成为父母，也学习了不少西方的育儿观念，越来越觉得学会赞美也是父母的重要功课之一。所以我们努力发现孩子的闪光点，孩子认真读完一本书，我们赞“宝宝真棒”；孩子自己用玩具搭成一座城堡，我们赞“宝宝好聪明”；孩子自己吃干净碗里的饭菜，我们赞“宝宝真乖”。

在孩子获得赞扬时满足的笑脸里，我们自己也获得了巨大的满足。可是，日子久了，我们却突然发现，我们的孩子跟我们小时候一样，还是有些胆小，缺乏自信，面对失败和挫折还是会十分沮丧。这是怎么回事？难道“赞美教育”不对吗？

盲目称赞是甜蜜的陷阱

圆圆妈最近觉得很奇怪，本来一到钢琴课就兴高采烈的圆圆突然有点儿不喜欢去上课了，一开始圆圆妈并没有在意，以为是和学琴的小姐妹闹别扭了。

谁知道过了两个星期，圆圆去上钢琴课前甚至开始哭闹，而且平时练琴也要妈妈一再催促才会哭丧着脸坐上琴凳，完全没有往日的积极性。圆圆妈找到老师，才知道在学校组织的一次小型音乐汇演中，一向表现优异的圆圆，因为当天发挥失误没有拿奖，当时圆圆就伤心地哭了出来，接下来就是妈妈所看到的表现了。

原来，圆圆妈非常重视“赞美教育”，每次圆圆得了奖，都会夸圆圆“有天赋”“真棒”“好孩子”。因此圆圆特别重视得不得奖。

这次没能得奖，圆圆完全不能接受，受到了很大的打击，还非常怕妈妈因为自己表现不好不再觉得自己是好孩子不再爱自己了。

孩子需要赞美吗？当然需要！赞美对孩子来说是一种肯定，一种奖励，但是很多家长不知道，盲目的称赞却是个甜蜜的陷阱。

许多社会心理学家认为，现在的家长从对孩子“不赞美”的误区落入了另一个对孩子“盲目赞美”的误区，把爱的教育误当成毫无分寸的赞美，让孩子在泛滥的赞美下，失去了抵抗不完美的能力。

盲目赞美会使孩子产生混淆感，被盲目赞美的孩子并不确切地清楚自己是哪里做得好，也看不到自己做得不够好的部分，在下一次遇到同样的事情，他会尽力保持现状，以维持“赞扬”，然而长久如此并不利于孩子的进步。

另外，被盲目赞美的孩子，容易忽略做某件事本身的过程、快乐及收获，而是将做某件事目的化，目标是“被赞扬”或“让家长开心”。当有一天没有了父母的赞美声，孩子会对自己产生怀疑，认为做某件事达不到目的或者不再有意义，从而失去做事情的动力。

赞美≠鼓励，你区分开了吗

我们为什么赞美孩子？无非是想让孩子得到鼓励，获得自信、勇气和进步。如果在孩子成长的路上，他们需要自己走过漫长的努力期，这时候爸爸妈妈的鼓励会起到很大的作用。此时，爸爸妈妈对于孩子的鼓励，无疑是一针强心针和安慰剂，能让他们感觉到自己在这条努力的道路上并不孤单。

有人可能会说："对啊，所以我赞扬孩子给予鼓励啊！"Sorry，事实上，赞美≠鼓励。赞美其实是一种精神奖励，是针对某件事情的结果而做出的，它提供给胜利者、优秀者。赞美型的父母通常会有这么一个句式："宝宝，你真棒，你是爸爸妈妈的骄傲。"而这些评价往往是从家长的观点与角度出发，将自己的感受和认知叠加在孩子身上，所以这样的赞美是一种促使宝宝去追求外在奖赏的方式。在这种情况下，为了得到赞美，孩子会重视结果或者只做父母喜欢的事，从而忽视了自己的感受。

而鼓励是针对宝宝的努力或进步所做出的，哪怕只是小小的进步。不论孩子当前做某件事情是优秀、普通还是有点儿糟糕，都值得被鼓励。所以说，鼓励是一种促使宝宝发挥及贡献自己潜能的方式。

鼓励型的父母通常不会要求孩子与"别人家的孩子"对比，他们更关注的是孩子是否有足够的勇气和自信来面对挑战？孩子是否每天都在所做的事情中有收获？孩子是否每天有超越前一天的自己？鼓励，能更多地帮孩子发现自己的快乐和价值。

因此，帮助孩子建立自信、拿出勇气、获得进步，鼓励也许是比赞美更好的方法。

鼓励是个技术活儿

我们常常听说，好孩子是夸出来的，其实表述为"好孩子是鼓励出来的"更贴切。不过，正确地鼓励孩子也是个技术活儿。

一、懂孩子是鼓励孩子的前提。

了解孩子的智力能力、性格习惯、优点缺点、喜欢的害怕的，才能有效地鼓励孩子。孩子明明爱的是足球，你却鼓励他每天努力练习篮球；

孩子明明喜欢的是舞蹈，你却鼓励他每天多画一张画；孩子才表现出对数学有兴趣，你就鼓励他赶紧学习奥数……这样不是鼓励，对孩子来讲是一种压力。

二、给孩子自主选择的权利。

心理学中的激励一般分为内在的和外在的，外在激励如果过度，会打击内在的动力。比如，如果宝宝本来就很喜欢学数学，结果妈妈说，考到100分给5块钱零花钱。一两次之后宝宝就会对外部激励产生依赖，自发主动学数学的动力会减弱。所以，要给孩子自己选择的空间，在孩子选定以后我们再给予鼓励，而不是用我们的眼光来“鼓励”孩子做一个选择。

三、鼓励孩子别怕啰唆。

每次给予孩子鼓励，要说明孩子哪些是做得好的，哪些是不足的，努力的方向在哪里。比如，学习画画可以这样鼓励——“这个构图很棒，如果色彩层次再丰富一点儿一定会更美”；学习舞蹈可以这样鼓励——“这个动作确实很难，但是如果你完成了，整个舞蹈精髓就呈现出来了”；考试成绩不太好可以这样鼓励——“有可能这些知识你掌握得还不好，相信你多复习几遍，下次一定能比现在好”……而单单的一句“加油”“我相信你”“你可以的”并没有实际的力量。

四、事前鼓励效果更好。

可以不用等到事情有一定的结果才给予鼓励，事前的鼓励也许会有更多意想不到的结果。

五、认同孩子的付出，不吝啬表达自己的喜悦。

陪伴孩子，见证孩子的努力和付出，真诚地向孩子表达自己内心的感受，这样你的开心也是对孩子的一种鼓励。

鼓励是孩子成长的永动力，对孩子来说，成功并没有绝对的定义，但每天超越一点儿前一天的自己，一定是满满的快乐。

暖暖妈爱分享

如何鼓励孩子?

1.了解孩子的智力能力、性格习惯、优点缺点、喜欢的害怕的，才能有效地鼓励孩子。

2.要给孩子自己选择的空间，在孩子选定以后我们再给予鼓励，而不是用我们的眼光来“鼓励”孩子做一个选择。

3.每次给予孩子鼓励，要说明孩子哪些是做得好的，哪些是不足的，努力的方向在哪里。

4.可以不用等到事情有一定的结果才给予鼓励，事前的鼓励也许会有更多意想不到的结果。

5.认同孩子的付出，不吝啬表达自己的喜悦。

第五章

5

规矩和爱：孩子需要自由，也需要规则

别把放纵当自由，学会给孩子立规矩

自由不是放纵

有一次，去电影院看《疯狂动物城》，我们后面几排有几个五六岁的小朋友是跟家长一起来的，一个半小时的电影他们有将近一个小时都在打闹说话，跑进跑出。旁边的观众实在忍不住，让孩子的家长管教约束一下，可孩子的家长却说："孩子的天性就是爱跑爱笑啊，我怎么能用成年人的规则去束缚他们的个性呢？他们还只是孩子而已。"

还有一次，在商场的游乐场里见过一个小男孩，四五岁左右，见了哪个小朋友正在玩他喜欢的玩具，就会跑过去从人家手里抢过来玩儿。人家哭着要他还，他就一把把对方推倒在地。他的妈妈就在旁边微笑地看着，默不作声。有家长看不过去，批评男孩不能抢玩具，不能故意推别人，他妈妈却说："这是孩子们自己的矛盾，应该让他们自己解决，我们大人看着就好，不用插手。"

又想起之前有一次参加聚餐，有的孩子已经十来岁了，父母跟大家见面打招呼的时候，他们只跟在父母身后，头也不抬地默默玩手机游戏；吃完饭，放下筷子，扔下一句"我先走了"，就离开了，从头到尾，没有跟父母的朋友打过招呼，更别提其他的互动。父母觉得尴尬，连忙解释说："我们家很民主，一直在用欧美的素质教育方式带孩子，多给孩子空间和自由，尽量不去干涉和强迫他。”

每每看到这样的场景，我都想替背黑锅的“尊重孩子个性的教育”伸张正义。我们要尊重孩子的天性是没错；孩子们的矛盾应该让他们学习自己去解决也有道理；给孩子自由和空间，听上去也没有任何的问题。可是，在那些五六岁的孩子身上，我看不到礼貌和不影响别人的尊重；在十来岁的孩子身上，我看不到基本的社交能力。不应该插手孩子之间的矛盾、不代替孩子处理矛盾是对的，可是孩子就如同一张白纸，难道不应该先告诉孩子怎样才是正确的为人处事的方法吗？

这根本就不是所谓的尊重孩子个性的教育，更不是真正的爱和自由！

要自由，更要有规则

多年前还在上大学的时候，我曾有幸受邀去美国参加哈佛大学组织的模拟联合国学生活动，也有幸在读硕士时到英国曼彻斯特大学做交换生。这些世界名校首先倡导的也是规矩的建立和对他人的尊重，无论是对事还是对人，在没有尊重和相互理解的前提下，不提倡批判和反抗，更不会容忍散漫无礼，言论自由，也要建立在没有歧视和对他人人身及情感没有伤害的基础上。

一个在荷兰读完生物学博士并定居当地的朋友说，她朋友4岁的儿子，上幼儿园第一周，经常破坏其他小朋友搭好的积木，在公共场合到处乱窜，当老师制止他时，他就大哭大闹，扔砸东西，不听劝阻。几次下来，老师通知了家长，要家长带孩子一起去见幼儿心理咨询师。在等候的时候，孩子要吃摆在桌子上的巧克力，孩子的妈妈说：“你只能吃一块！”他吃完了一块还要拿，孩子的妈妈就说：“你不能再拿了！”孩子不听，照样拿了就吃。此后孩子连续拿了5块巧克力吃，妈妈也重复了5遍“你不能再拿了”，但对孩子的行为完全没有影响力。这一切都被幼儿心理咨询师看在眼里。一进诊室，幼儿心理咨询师就建议妈妈和孩子一起接受辅导，因为她对孩子完全没有控制力。在进行了行为评估诊断后，幼儿心理咨询师对孩子的妈妈说："一些当母亲的基本能力你还不具备，所以你必须要学习。你要通过训练取得作为母亲合理管教孩子的资格。"第一次咨询，幼儿心理咨询师就严格地训练孩子要懂得不同场所的规则以及尊重"领导者"，并要学会遵守和服从；如果是在社会上，那么还要服从社会规则和法律；无理地以妨碍别人的方式去发泄情绪和不满，是不会被姑息的。

在美国的时候，我还是本科在读时曾经被邀请去参加哈佛一个美国同学的家庭聚餐。他家是典型的美国中产家庭，除了他以外，家里还有3个弟弟妹妹，最小的弟弟才5岁。因为有好几个同学要去做客，他们家把这次聚餐办得很隆重。席间，5岁的小弟弟不想吃饭，说要去草坪上玩球。可他的妈妈却一直微笑着说"NO"。他妈妈说："这是我们所有人的聚会，你也是主人之一，客人还在吃饭，主人离开桌子去玩儿，是非常不礼貌的。"10岁的妹妹，已经可以在席间自如地教我如何使用餐巾，如何使用刀叉切开牛排。而14岁的弟弟，已经可以在爸爸妈妈在厨房忙来忙去的时候，代替他们，帮助哥哥一起招呼客人，并且还郑重其事地跟哥哥的同学们聊起为模拟联合国大会准备的各种提案了。

10年过去了，每当我回想起第一次近距离地接触这个美国家庭的教育时，我都不无感叹。那些孩子，每一个都那样自信得体，在独立自主的同时又懂得尊重他人。他们的儿子能上哈佛，我完全也不意外了。在孩子的教育上，我们有些家长只知道崇尚尊重孩子个性的教育，不对孩子施压，倡导因材施教，尊重孩子的天性，却没有看到规则才是自由的保障。

80后父母是最纠结的一代父母，我们接受了西式教育的全新理念，也深受自己童年的各种经历所影响。我们既想给孩子生长的自由，却又不懂得如何教会他们自由也是有原则的；我们既希望他们能尽早独立、成熟，却又不能真正用对待一个成年人的方式去对待我们的孩子。

比如，再回到日常生活，吃饭就应该一家人坐在桌边认认真真地就餐，而很多妈妈却认为孩子要边看动画片才能吃得进去，那就由着他吧，不然他不吃饭怎么办？可是从孩子的长远发展看，建立起正确的吃饭习惯，远比孩子某一顿饭有没有吃饱更重要。

不同的场合有不同的规则，在橄榄球场上，就应该呼喊奔跑，而参观博物馆，就应该安静严肃。并不是很多妈妈所理解的，孩子的天性就是爱叫爱闹，大人不应该阻止和束缚。在真正的素质教育中，放纵孩子，并不是给孩子自由；自律和尊重，才是自由的保障。

所以，如果你的孩子不具备一些基本的礼仪和约束力，不要再说“那是自由和尊重”，因为这样的孩子将来在社会上肯定会被边缘化，无法受到欢迎。

切记！把放纵当自由，把任性当个性，这会害了我们的孩子！

暖暖妈爱分享

在孩子的教育上，我们很多时候只知道崇尚尊重孩子个性的教育，不对孩子施压，倡导因材施教，尊重孩子的天性，却没有看到规则才是自由的保障。

在不同的场合应该有不同的规则，在橄榄球场上，就应该呼喊奔跑，而参观博物馆，就应该安静严肃。在真正的素质教育中，放纵并不是真正的自由；自律和尊重，才是自由的保障。如果你的孩子不具备一些基本的礼仪和约束力，不要再说“那是自由和尊重”，因为这样的孩子将来在社会上肯定会被边缘化，无法受到欢迎。

孩子有“十万个不不不”，我们怎么办

“不”是最美的内在语言

有一次，我的一个朋友精神萎靡地向我吐槽：“都说孩子有‘十万个为什么’，但实际上明明是‘十万个不不不’，周末跟孩子在一起过得比去上班都累。”

同样身为妈妈，朋友虽然只是简单两句话的吐槽，立马就让我自行脑补了一系列的动图画面。

我想起了，身边的很多妈妈都向我诉说过：每次都告诉自己要做一个温柔的妈妈，但每次都被孩子的“不不不”逼成河东狮，吼完以后又无比后悔，我几乎每天都在这种纠结、愤怒和后悔中度过。

其实，这种情况我也感同身受，暖暖虽然一直算是比较乖巧的孩子，但是，说“不不不”也是家常便饭。

为此，有一段时间我也抓狂过，那真是上一秒暖暖明明还是一个可爱的小天使，下一秒就变成了“不不不”小恶魔。我的耐心真的是一再被挑战到极限，让人急得直跺脚。

幸运的是，我的这种抓狂的状态并没有持续很久，在一次听武志红老师的心理课程的过程中，我一下子豁然开朗：“不”是最美的内在语言，它代表着自我意志，代表着内心最真实的自己。

当孩子说出“不”这个字的时候，就相当于他开始“独立自主”，他开始告诉我们：我“不”想按照你的意愿来，在我自己的事情上，我想自己说了算。

而自我肯定，做真实的自己，才是抵达生命美好的根本途径。

事实上，你发现没有？在日常生活中，我们成人选择说“是”，而没有选择说“不”的时候，我们的态度看似很友善，但实际上却是消极、被动、封闭甚至“沉睡”的。

允许孩子说“不”

很遗憾的是，很多时候我们并没有意识到允许孩子说“不”到底有多重要，也很少在行动上真正接纳孩子说“不”。

在日常生活中，我们几乎可以随处可见，那些对孩子说“不”的评判标准是不懂事、不听话。

随着孩子的成长，在不知不觉中，我们不断地把“不”给弄丢了。我们太希望孩子听话了，以至于孩子变得容易说“是”，而逐渐忘却了内心是多么想自己说了算。其实，这对孩子的成长，是一件特别可怕的事。

记得有一次，和朋友闲聊，提及她家刚上小学的儿子，朋友兴奋又担忧。原来，朋友的儿子点点是个羞涩、不懂拒绝、不擅说“不”的孩子。

点点从不和小朋友争东西，哪怕是他自己的东西，只要是别人要玩，他都会默默放弃。有一次，点点又拿着自己的模型车子出去玩儿，同玩的小朋友都对点点的模型车很感兴趣。点点就让小朋友玩儿，自己则在一旁干巴巴地等，看着小朋友一轮一轮玩儿，点点满脸都是无奈，但是他也不上前去要。

朋友说类似这样的情况太多了，虽然孩子谦让是礼貌懂事的表现，但是这种忽视自己的需求去满足他人的做法，特别让她心疼。

这让朋友开始反观自己和家人一直以来潜意识里的育儿观念，那就是：懂得谦让是大度、大方、懂事的表现，而说“不”是不听话、不懂事的表现。

而这些，直接影响了孩子的性格与成长。心理学家认为，不会说“不”，这在人际交往中是心理脆弱的表现。总是委屈自己，成全别人，这在他们的心理上施加了太多不必要的压力，严重者还可演变成精神疾病。

也许正是了解到了这些，再面对暖暖时不时地“不不不”时，我的心态相比之前要平和很多。我意识到，对于孩子来说，他需要用说“不”的方式来表明自己的主张。

允许孩子做自己

在日常生活中，很多时候我都会允许暖暖有自己的主张，例如：

她不想急匆匆地逛公园，那就允许她在公园里慢慢地溜达；

她不想早餐前穿好衣服，那就允许她先吃完早餐再穿衣服；

她不想某顿午餐吃青菜，那就允许她不吃青菜吃她想吃的……

类似这样的事情有很多，总体原则就是，在不对他人造成影响和伤害，不对自身安全造成隐患的情况下，我尽可能地接纳她的主张和说“不”。

我印象很深的一件事是，有一次，我去商场买衣服，卖衣服的姑娘看到跟在我身旁的暖暖，很热情地跟暖暖打招呼，暖暖非常礼貌地回应了姑娘，姑娘于是更加热情地蹲下来撒娇式地对暖暖说：“能不能亲阿姨一下呀？”我转头看那位姑娘，梳着精致的发型，看着也和善可亲，但脸上化着浓浓的妆容，让我心里有些接受不了。就在这个时候，暖暖说出了“不”，她直率地拒绝了那位姑娘。

那一刻，我悬着的心一下子落地了，心里油然生出对暖暖勇敢做自己的兴奋。

肯定会有声音说，这不是溺爱嘛，很容易惯坏孩子的。不可否认，我们身边确实能看到很多被溺爱的“熊孩子”，但允许孩子说“不”并不等于溺爱。

溺爱是无原则的过分娇纵，甚至于妨碍孩子试图做出独立行动的任何努力。

而允许孩子说“不”，是在不对自身和他人造成影响和伤害的情况下，最大限度地理解和尊重孩子，是无条件地允许孩子做自己。

就像我尊重暖暖的意愿，允许她说“不”，暖暖并没有因此变成“熊孩子”，反而更加有担当、有想法。看着她成为她想成为的自己，我也无比喜悦。

我也始终相信，允许孩子说“不”，允许孩子做自己，孩子的生命力会因此源源不断地涌出，孩子的生命会因此变得更加饱满而丰盛。

暖暖妈爱分享

允许孩子说〝不〞。〝不〞是最美的内在语言，它代表着自我意志，代表着内心最真实的自己。

当孩子说出〝不〞这个字的时候，就相当于他开始〝独立自主〞，他开始告诉我们：我〝不〞想按照你的意愿来，在我自己的事情上，我想自己说了算。

自我肯定，做真实的自己，才是抵达生命美好的根本途径。

所以，允许孩子说〝不〞，真的是父母的一门必修课。

孩子见啥买啥，不买就哭，我们怎么办

孩子见什么要什么，买还是不买

春节期间，暖妈曾接到一条来自朋友佳芸的微信求助：

“昨天，我们一家三口去商场玩儿，孩子要这个要那个的，我都给孩子买了，结果老公就批评我说家里有那么多玩具了还乱买，会惯坏孩子，还说‘慈母多败儿’。我觉得带孩子出来就是要玩得开心啊，孩子不都是这样见什么要什么的吗？不想给孩子买你带他出来干吗？我不理老公，自己掏钱给孩子买，结果最后我们吵了起来，闹得很不愉快。亲爱的，你给评评理，到底是谁的错？”

之前也有不少读者跟暖妈倾诉类似苦恼：家里玩具已经堆成山了，孩子到了商场还是一副买买买的架势。家长们内心总有两个小人在打架。打架的结果往往是：

1. 买——孩子当时欢天喜地——回家后没两天就把新玩具打入“冷宫”——孩子继续寻找“新宠”。

2. 不买——孩子又哭又闹又打滚儿，搞得家长下不来台——家长妥协，买——回到结果1。

3. 不买——孩子怎么哭闹打滚儿也不让步，脾气大的家长甚至会给孩子两巴掌，拖着孩子离开——孩子伤心，家长生气。

4.不买——骗孩子说下次买，其实是缓兵之计——下次如果孩子要求，还不给买——重复多次容易造成孩子对父母的不信任。

我们很容易看出来，这都不是理想的处理方式。

可见，面对见什么要什么的孩子，买，还是不买——这是个值得研究的问题。

孩子的心情，你不懂

其实，暖妈也经历过这个过程。暖暖3岁左右的时候，每次到商场，看到什么就很自然地放进购物车，等着我给她结账，她看中的东西甚至比我要买的还多。另外，有时候她拿的玩具家里已经有了，我提醒她，她却有充分的理由："这个不一样啊，这个比家里面的小，而且是新的呢。"让人啼笑皆非。

还有很多千奇百怪的理由呢：

"××动画片里有这个角色，我想拿着这个看动画片。"（那个动画片里有几十种角色啊！）

"这个颜色（造型）跟家里的不一样。"（搞不懂为什么同款玩具有这么多不同颜色或型号！）

"我的同学都有这个，所以我也得有一个。"（好孩子，你有的，你同学不一定有啊！）

"我今天心情不好，买了这个心情就会好了。"（我竟无言以对……）

不过，我们不得不承认，这就是孩子的想法啊，幼稚可笑但又合情合理。换位思考一下：我们有时候是不是也会跟着明星买同款口红和衣服？是不是也会同款衣服买两个颜色？是不是也会因为攀比去买个跟同事一样牌子的包包？是不是也会因为心情不好去血拼？

在尊重孩子的基础上才能真正理解孩子，而理解了孩子，我们在不能满足孩子要求的时候，就不会说出这样的话："就知道乱花钱，我们挣钱容易吗？""赶快走，再闹我就揍你！""我看你就是个败家子，以后钱花光了你就去讨饭！"……

态度是温和的，而不是颐指气使的；语气是平等的，而不是居高临下的，只有这样才能让孩子心甘情愿接受你的建议和教育。

买或不买，都是财商教育的机会

像佳芸那样对孩子有求必应一味满足，或是像佳芸老公那样不问缘由就一律拒绝孩子要求，这两种做法，其实都不可取。

佳芸可能没有意识到，无限制地满足孩子，其实是降低了孩子的快乐值。就像以前的孩子盼望着过年吃肉馅饺子，而现在的孩子吃肉吃得反胃一样。轻易得到的东西，并不会带给孩子深刻的满足和长久的幸福。孩子见什么要什么本来只是天性，如果家长推波助澜一味满足，反而会将孩子培养成稍不如意就闹翻天的"熊孩子"。

而佳芸老公呢，则是用不容挑战的权威，刻意限制孩子的需求，不去倾听孩子的心声，只站在自己的角度去判断孩子的需求是否合理。这样做的结果，或让孩子自卑，认为自己配不上任何好的东西；或让孩子愤怒，产生逆反心理，甚至绕开父母，想其他办法去得到自己想要的东西。

给孩子买东西，为孩子花钱，其实不仅仅是"孩子要，父母买"这样一个简单的行为过程，更是进行财商教育的一个良好的契机。

所以，不管是买还是不买，其实都是家长润物无声地进行财商教育的好机会。

买，要有智慧

我有一个朋友生活条件很优渥，她的财力可以给孩子买得起任何玩具，她平时也会给孩子买一些玩具，但是对孩子最想要的，她反而故意设置一个时间点来拖延："这个有点儿贵，妈妈暂时还没有这么多钱，不过妈妈有信心，再努力工作两个月，就能攒够钱帮你买了。你能不能支持妈妈工作，再等一等呢？"

在这两个月里，她会时常跟孩子一起分享进度："妈妈还差一点儿就攒够了买××的钱了哦，真是值得期待，到时候你会不会很开心？"吊足了孩子的胃口。

终于到了约定的时间，她就牵着孩子的手去把玩具买回来。因为这是经过妈妈的努力和自己对妈妈的支持，好不容易才得来的，所以孩子欢天喜地倍加珍惜，也更懂得体谅和尊重妈妈的劳动成果。

不过，如果孩子确实当场就对一件玩具"一见钟情"非常想要，可以让孩子说出几条想要的理由，如果他真的很认真地讲出有说服力的理由，这一定是真爱了，那不妨给他买吧。

不买，要有方法

如果是经济不允许，那就坦诚告诉孩子："这个太贵了，爸爸妈妈挣的钱还有其他很重要的用途，不能光用来买玩具。如果你真的很想要，可以把你的零花钱攒起来，攒够了我们一起来买。"

如果是对什么都感兴趣的孩子，可以让他多摸一摸、抱一抱玩具，然后告诉孩子跟玩具说"再见"。孩子能轻松放下的话，就表明他对这个玩具的好奇和喜爱已经得到满足了。

如果是孩子不懂得节制，就温和而坚定地告诉他："我们已经有很多这样的玩具了，如果继续随便买，慢慢地我们家就会装不下这些玩具，这些玩具没有地方住，只能送给别人了。"

对那些不清楚自己喜欢什么所以购买的随意性很大的孩子，可以跟孩子约定，每次到商场购物，只能挑选一样玩具，而且这个玩具必须是他很喜欢的，买回来必须玩够一个月才可以买下一个玩具。这样他会学着分析判断、认真挑选自己真正喜欢的东西。

不买就撒泼打滚的孩子，有的是当时心情不好在借题发挥，那就抱抱他，告诉孩子你很爱他，然后等他冷静下来；有的是被惯出了坏习惯，那就把他带到人少的地方进行冷处理。

见什么要什么几乎是所有孩子必定会经历的一个过程，不过，这个过程考验的可不只是你的钱包，更考验你的引导技巧和沟通智慧。暖妈举的例子有限，更多的技巧和智慧，还需要各位父母在跟孩子的相处过程中积极摸索，相信孩子会在你的引导下，慢慢学会合理购物，甚至逐渐拥有更高的财商。

暖暖妈爱分享

对那些不清楚自己喜欢什么购买的随意性较大的孩子，可以跟孩子约定，每次到商场购物，只能挑选一样玩具，而且这个玩具必须是他很喜欢的，买回来必须玩够一个月才可以买下一个玩具。这样他会学着分析判断、认真挑选自己真正喜欢的东西。

不买就撒泼打滚儿的孩子，有的是当时心情不好在借题发挥，那就抱抱他，告诉孩子你很爱他，然后等他冷静下来；有的是被惯出了坏习惯，那就把他带到人少的地方进行冷处理。

孩子总是磨磨蹭蹭，我们怎么办

有一段时间，暖暖因为晚上经常晚睡，第二天又赖床起不来，因此每天我都会在暖姥姥和暖姥爷的不断催促声中看到她一脸焦虑地跑来跑去。有一天，姥爷可能催得有点儿着急，暖暖直接跑回卧室对我说："妈妈，姥爷一直在催我，我不想让姥爷送我上学。"当时我马上要出差，正在收拾行李，听了她这话，知道她心里不舒服，只能赶着时间自己送她去学校。

在路上，我对她说："暖暖，你看，因为你没有好好计划时间，每天早晨都起不来，每天心里都不高兴，是不是？"

她说："是啊，妈妈，我心里不高兴，姥爷老是说我。"

我又说："其实，妈妈有时候也会拖拉，时间安排不好，今天的行李都没收拾完呢，如果赶不上飞机，妈妈的工作都要耽误啦，等妈妈出差回来以后，我们互相监督，一起改掉拖拉的坏习惯，好吗？"

她在后座使劲儿点头。

后来一段时间里，我们的确做了一些努力，相对于之前，暖暖在计划时间方面，进步了很多。在跟孩子进行时间管理的同时，我也愿意去改变我身上不太好的方面。因为孩子不仅仅会模仿我们好的行为，还会模仿我们身上不好的行为。通过这篇文章，我想分享一下跟孩子相处时关于时间管理方面的体会。

用巧妙的方法告诉孩子，时间是有限的

其实，对于很小的孩子来说，这一点是非常抽象的。

暖暖在我面前，特别喜欢撒娇。一天不见我，晚上总是想多腻歪一会儿，舍不得去睡觉。我也曾经因为这种情况说过暖暖，晚上不舍得睡，早上又睡不醒，但也心疼孩子，觉得她只不过是想跟妈妈多待一会儿。可是每次纵容她晚睡，早晨她呵欠连天不起床的样子又真的很让我着急。最初我也不太知道如何跟孩子说“时间有限”这个概念。

后来，很偶然的，我跟一个师兄吃饭。他是做投资行业的，平时经常出差，也没有特别多时间陪伴孩子。聊到怎么跟孩子讲时间管理，他说了一个办法，我很受启发：

“我在跟孩子说时间有限的时候，会借助一些道具。比如，可以准备一个盒子，里面放些不同颜色的积木，方形或者球形都可以。每次从盒子里拿出一个积木，就代表着用掉了一部分的时间。我们可以给这些积木进行定义。比如，白色准备8块，代表着睡觉的时间，这个是不能动的，一旦睡眠的时间减少了，意味着我们的身体会生病。

“黄色是3块，代表吃饭的时间，这个也是固定的，如果缩减吃饭的时间，肚子会吃不饱，会不舒服。绿色是8块，代表读书画画练琴的时间。剩下的6块就是玩耍的时间。这两种时间是比较机动的。如果每次学习的时候拖拉了，就要去玩耍的积木里借时间，这样孩子就知道玩儿的时间会缩减了。

“如果学习的时间全部都借给玩耍了，那么势必没有时间去读绘本，去练琴。这样，孩子就要承担不能读绘本和完不成作业的风险。而如果某一天，我们在学习的这段时间内能够高效率地完成，那么孩子玩耍的时间就增加了。这对于他们来说，能很大程度上起到一种督促的作用。”

将时间具体化，确实是个好办法。对孩子来说，前面的时间利用好，

才能更多地拥有另一段时间。这也是我们平时一直说的“学要学得高效，玩要玩得尽兴”。利用好这个“看得见的时间”真是事半功倍，各位妈妈可以尝试。

以身作则，守时守约

这一点上，我也承认我最开始做得并不好，还是暖姥姥点醒了我。

比如，我送暖暖上学之前，总要梳洗一下吧，总要擦个粉底吧，总要穿件得体的衣服吧，女人嘛，梳洗打扮确实会比较麻烦一些。每天早起，先坐马桶上刷一下前一天文章的阅读量，回复一下后台的留言，时间就差不多快没了，我就开始催暖暖，姥姥姥爷更受不了磨蹭，也会一起催。这个时候暖暖就会不耐烦，心情会很糟糕。

有一次暖姥姥说我：“你天天催她，还不是你自己没算好时间，下次你自己早起10分钟看看是不是还这么紧张。”于是第二天，我特意比前一天早起15分钟，留出来时间放在暖暖起床和挑选衣服的环节，果然比之前轻松一些。说实话，多睡十几分钟对于大人来说，可能真没什么太大的区别，但对于我们在孩子面前的表现，多10分钟，不仅仅是多了一分从容，更重要的是能培养孩子守时的良好习惯。

跟孩子一起安排时间

随着孩子长大，对于时间的把控越来越有自己的认知，这个时候就可以让孩子跟我们一起来制订时间计划。比如，从幼儿园开始，我们就可以定好在什么时间范围内起床，什么时间做什么事，每天读几本书、画几幅画，都可以跟孩子一起来约定，然后打印成漂亮的表格，贴在墙上或者冰箱门上，全家人都可以督促孩子去执行表格中的任务。这对于孩子的执行能力的发展也是特别好的。

暖暖就特别愿意当自己的小主人。有一年新年我们去美国旅游的时候，每天的行程计划中，她自己安排的第一件事就是给国会山前面草坪上的松鼠准备好吃的。这也是那段时间促使她早起床的最重要的因素。

通过这样的过程，我们会发现，孩子可以学着安排自己的事情。当然，超额完成任务，要有实质性的奖励。

如果每次时间表格里的任务孩子能超额完成，我们必须要有物质奖励。这一点非常重要。因为孩子会看到，他通过自己的努力，得到了爸爸妈妈的肯定和奖励，这会是巨大的鼓舞。接下来，他才更有兴趣尝试更高效的时间管理方式。

有一次寒假的时候，暖暖制订的时间计划里有每天帮助姥姥做家务的部分，当时我跟她讲，姥姥做家务很辛苦，如果坚持帮助姥姥做家务20天，我会送她一套乐高的公主城堡。

当然，她做的家务都是她力所能及的，比如收拾餐桌，摆放筷子，整理自己的玩具等。当她拿到公主城堡那一瞬间，特别兴奋和满足，主动对我说："妈妈，接下来我想再在计划表中安排一项任务。"

听到这话，我虽然替我的钱包捏了一把汗，但还是特别高兴。孩子可以逐渐完成自己时间表中计划的任务，就是学着对自己负责。

让孩子体会浪费时间带来的后果（惩罚）

我们家离幼儿园有一段路程，有时候我们没有按时起床路上就会很赶。幼儿园规定每天早上8点到园，然后有20分钟的时间吃早餐。

冬天的时候，大人也想多赖会儿床，别说孩子了。在紧赶慢赶的情况下，还是会迟到几次，吃早餐的时候，暖暖好几次发现自己最爱吃的花卷没有了，很是不开心，于是会在第二天早上因为前一天没吃到花卷而耿耿于怀，自己会惦记着早起一会儿。

还有一个例子，是尹建莉老师的书里曾经讲过的，她的女儿有一次晚上没有完成作业，提醒她，她也没有当回事儿，结果第二天上学无法上交作业，受到了老师的批评。这次批评对于一个平时表现特别好的孩子来说印象太深刻了，后来再没有发生过类似的事情。

时间管理对于孩子来说，是要有秩序感和合理的步骤才能实现的。我们不能强求一个年龄很小的孩子有良好的时间概念，毕竟时间对于小孩子来说还是非常抽象的。

重要的是，我们要起到好的引领作用。因为我们是孩子的镜子，孩子在我们身上可以模仿各种好的或者不好的生活习惯，但反过来，孩子同样也是我们的镜子，当我们在孩子身上看到问题，那一定是我们的引导出了问题。

我们都不是圣人，也不可能有严格操作程序的人工智能，但在很大范围内，我们可以根据孩子的作息整理出一套适合他的时间管理方式，以培养孩子对时间的感知和安排能力。我想，这对孩子以后的自立能力和时间管理能力都是有好处的。

暖暖妈爱分享

随着孩子长大，对于时间的把控越来越有自己的认知。我们可以让孩子跟我们一起制订时间计划。我们必须相信，孩子是可以学会安排自己的事情的。

时间管理对于孩子来说，是要有秩序感和合理的步骤才能实现的。我们不能强求一个年龄很小的孩子有良好的时间概念，毕竟时间对于小孩子来说还是非常抽象的。

重要的是，我们要起到好的引领作用。因为我们是孩子的镜子，孩子在我们身上可以模仿各种好的或者不好的生活习惯。

孩子爱撒谎，我们怎么办

在我的记忆里，小时候被妈妈惩罚得最严厉的一次，是在一个暑假。那次，下班回家的妈妈问我："今天有好好完成作业吗？看电视了吗？"我斩钉截铁地说："没看电视！"

然而发热的电视机外壳出卖了我，我被妈妈狠狠地训斥了一通，还罚我一周不准出门玩儿、不准吃雪糕。这个惩罚对于年幼的我来说，显然比被打一顿更难熬。

当时觉得特别委屈，我明明是在写完作业以后看的电视，妈妈太小题大做了。可现在回想起来，妈妈惩罚我的原因，并不是我看了电视，而是因为我不承认自己看了电视，我撒谎了。

想必在所有家庭的教育里，撒谎应该都是"最不能忍受的错误"之一吧。

的确，谎言会带来伤害、猜忌、背叛、风险，虽然撒谎有可能会让人一时获益，但从长远来看，撒谎会带来更严重的不良后果。每个社会的建立和进步，都是基于人与人之间的信任，所以这就要求大家讲诚信，做一个诚实的人。不仅如此，诚实的人生活通常会更顺利，个人的安全感、幸福感也会更高。

诚实是每个人为人处世的必修课，作为家长，当然都希望孩子拥有诚实的品德。"狼来了"的故事大家都听过，因此总结出的中心思想无非是：“撒谎的人得不到信任和帮助，终会酿成惨痛的后果。”

当某一天发现孩子撒谎了，大多数家长都会惊慌：“怎么办？我的孩子怎么会撒谎？好担心他以后学坏……”其实，在孩子单纯的世界里，撒谎这件事比我们想象得简单。甚至，撒谎是孩子成长过程中的一个必经阶段，是孩子大脑正常发育的标志之一。有研究显示，孩子最早在6个月大时就开始会骗人了。比如，6个月大的宝宝，就会通过假哭来博取父母及家人的注意。随着大脑的发育，孩子的想象力越来越丰富，他们往往会把自己的愿望和想法当作现实表达出来。孩子2岁以后，有了一定的社交技巧，开始渐渐意识到，说谎能够解决问题，规避惩罚，争取利益，获得认同，所以开始学习编造谎言。慢慢地，孩子不仅学会了隐瞒事实，还会再编造另一个不存在的现实，叙述给他人，同时避免前后矛盾，这对孩子的认知能力和社交能力都有很高的要求，也是大脑发育良好的一个重要标志。

当然，这并不意味着撒谎就是一件值得鼓励的事。那我们该如何应对孩子的谎言呢？

一、不要随意给孩子“贴标签”

孩子说谎往往并没有故意要攻击、伤害他人的恶意，所以别轻易将孩子撒谎与人性、品质画等号。孩子偶然撒谎并不是洪水猛兽，不要给孩子贴上“小骗子”“谎话精”“吹牛大王”等标签。无心之失被冠上了“永世罪名”，这样的标签不仅会伤害孩子，还有可能会让孩子“破罐子破摔”，说出更多的谎话。

二、打骂是最无效的责罚

孩子说谎，作为父母难免会着急生气，脾气急的家长也许会撸起袖子准备开揍了。但是，很多人忽略了，谎话的作用之一就是自我保护。当孩子因为说谎被打骂责罚后，难免因为害怕再被责罚，由此强烈的自我保护会催生出升级版的谎话。长此往复，恶性循环，谎话变成孩子的习惯，家长在孩子这里就再也听不到一句真话了。

三、看到说谎背后的真相

以前看过一则报道，有个孩子老是说“头疼”，家人送他到医院做了各项检查都没有发现问题，后来才发现孩子是在撒谎，孩子根本没有头疼，他只是想一直很忙的爸爸在家陪陪他。其实，很多时候孩子撒谎的原因都来自于父母或其他家人，或许是想要被关注，或许是害怕被责罚，或者是希望得到一个赞扬，或许是在模仿大人。有时候我们老是想纠正孩子，但真正需要纠正的可能是我们自己。

四、别做明知故问的“侦探”

有时候明明看见孩子嘴角有饼干屑，就不必问：“你吃饼干了吗？”有时候明明看见了杯子的碎片，就不必问孩子：“你的杯子去哪里了？”有时候明明知道玩具丢了，就不必问：“我怎么没看见你玩你的新玩具？”……我们希望通过这样的问题能得到诚实的回答，但是这样的提问却往往是相反的诱导。孩子天生细腻敏感，他们听得出这样的追问是质疑、责怪、不信任，他们只能用谎言掩盖自己的内疚和不安，以逃避责罚。

其实，有时候孩子知道自己犯错了却不清楚该怎么办，这时候我们直接告诉孩子如何处理才是更有效的方式。比如，“妈妈知道你吃了饼干，希望你下次别在饭前吃。”“我看到你的杯子碎了，不过没关系，我们再买一只。下次请小心使用。”“你的新玩具丢了对吗？好可惜，我们只能下个节日再买新的了。”……

五、给孩子弥补错误的机会

孩子不小心犯错，最怕的不是承认错误，而是爸爸妈妈对他的失望和责怪。给孩子一个弥补的机会，可以减轻孩子的内疚感和担忧，让孩子重拾信心并意识到原来做错事是可以弥补的，从而让孩子养成自己对自己的错误行为负责的习惯。比如，偷拿了其他小朋友的玩具回家，可以让孩子把玩具还给人家并为此道歉，同时将自己的玩具借给小朋友玩一段时间作为弥补。

六、言传身教是最好的老师

当我们对孩子的谎言着急上火时，我们有没有自省过自己是否对孩子说过谎话呢？因为不想出门，所以对孩子说“游乐园关门了”。因为忘记了给孩子买礼物，所以对孩子说“礼物被小狗叼走了”。要求孩子百分百诚实，却允许自己有小小的谎言，以这样的“双标”教育孩子，就不能怪孩子为什么“屡教不改”。另外，在孩子眼里，养育者之间的不一致也是一种谎言。比如，爸爸说：“你今天可以看5集动画片。”可妈妈说：“不可以，太长了，只能看2集。”这样的不一致会让孩子疑惑，产生不信任感。

七、别用自己的感受引导孩子

朋友送来一个玩偶，问孩子喜不喜欢，孩子还没回答，你先道谢：“喜欢喜欢，他很喜欢。”父母的情绪无时无刻不在影响着孩子，孩子比任何人都希望自己的父母开心，当发现自己对某件事的回答会让父母开心，即使心里存在不同的答案，也会说出让父母满意的“谎言”。

八、说谎不必责骂，但诚实可以奖励

不管什么样的行为，如果最终结果是好的，都会被强化。比如，孩子闯祸之后，通过说谎逃避了惩罚；说实话了，却被家长责罚，那孩子就会被逃避掉惩罚这个结果激励，变得越来越爱说谎。

因此，如果孩子说出实话，可以给孩子一个抱抱或者亲亲，告诉孩

子，父母喜欢诚实的孩子，希望他继续做个诚实的人。这样的鼓励会让孩子觉得，原来诚实是会让父母开心的，那么在之后的生活里，他会愿意用诚实来换取这样的鼓励。

当孩子的谎言在不自知的情况下发生，家长无须大惊小怪，更不要把撒谎上升到人格和品性问题的“高度”来严加批判甚至刻意纠正，而是应该看到谎言背后的真相，并做出恰当的反应，为孩子对“撒谎”这一行为形成最终认知提供积极导向。

暖暖妈爱分享

★孩子说谎往往并没有故意要攻击、伤害他人的恶意，所以别轻易将孩子撒谎与人性、品质画等号。

★很多时候孩子撒谎的原因都来自于父母及其他家人，或是想要被关注，或是害怕被责罚，或是希望得到一个赞扬，或是在模仿大人。

★给孩子一个弥补的机会，可以让他意识到原来做错事是可以弥补的，有助于孩子养成自己对自己的错误行为负责的习惯。

★要求孩子百分百诚实，却允许自己有小小的谎言，以这样的“双标”教育孩子，就不能怪孩子为什么“屡教不改”。

★如果孩子说出实话，可以给孩子一个抱抱或者亲亲，这样的鼓励会让孩子觉得诚实是会让父母开心的事，由此他才会愿意用诚实来换取这样的鼓励。

孩子爱撒泼爱闹腾，我们怎么办

▼

孩子无理取闹怎么办

有一天中午去外面吃饭，坐在我旁边的，是两位跟我年纪相仿的女人。

30来岁的两个女人聚会，一般来讲，不出三句话，总会聊到自己的孩子身上。

一位妈妈说："孩子真是越大越不听话！只要一出门，动不动就哭啊闹啊的，也不知道是怎么了！"

另一位妈妈说："我正好跟你相反，我家孩子是人来疯，只有他一个人在家还好，只要再来个孩子，那个撒泼打滚儿啊，把我的脸都丢尽了！"

"唉，这孩子到底是怎么了？不会长大也是这性格吧？不行，得掰回来！"

说者无心，听者有意，两位妈妈的聊天，让我想起几年前发生在我自己身上的一件小事。

3年前，暖暖刚2岁多的时候，有一次我带暖暖去朋友家看她刚满月的宝宝。一开始暖暖还很听话，我和朋友聊天的时候，她就自己靠在沙发上玩儿。聊了一会儿天，我们便一起去卧室看朋友刚满月的小宝宝。

好久没有看到这么小的婴儿了，刚满月的小宝宝，粉嫩嫩、软软糯糯的，睁着一双大眼睛看着我，还散发着一阵奶香。朋友把宝宝抱到我手里，我连忙接过来抱在怀里喜欢个没完，感觉好像又回到了暖暖刚出生的时候。

本来在一旁自己玩儿的暖暖，看见我抱着小宝宝，连忙丢下手中的兔子，跑过来拉我的胳膊："妈妈你过来！你快过来！"

我的胳膊被她猛地一拉，差点儿把人家宝宝掉在地上。我有点儿生气地问暖暖："你要妈妈过去干吗啊？"暖暖也不回答，只是越来越大劲地拉着我，大声地说"你就过来嘛！"说完，眼泪就掉了下来，还"哇"地哭了起来。

眼看着我的胳膊已经托不住小宝宝的脖子，朋友赶紧把孩子接了回去："没事，孩子给我抱吧！你去看看暖暖怎么了。"

那时候我虽然还没有写公众号，对儿童心理教育的了解也不多，但我开了微博天天分享教育暖暖的日常，也有了一两万粉丝。结果暖暖当场在别人面前无理取闹，我突然有种自己的孩子都管不好的挫败感。

我强压住怒火，跟她讲道理："暖暖，你已经长大了。妈妈在跟阿姨谈事情，你这样闹腾非常不好！妈妈生气了。"但暖暖根本就不听，哭得更加大声了。

暖暖大声哭着，刚满月的小宝宝也跟着大哭起来。整个房间里顿时充满了一大一小两个孩子的哭声。暖暖不仅哭，身体还在激烈地挣扎，我的手机因此摔在了地板上，整个屏幕支离破碎。

我终于丧失了耐心，冲她喊道："别哭了！你这样大声哭闹，把小宝宝也吓哭了，非常不礼貌！还把妈妈手机也摔碎了！赶紧给妈妈道歉！"

也许是我的大声呵斥吓到了她，她终于停止了哭泣，改为抽泣，一边抽泣，还一边喃喃地问："对不起，妈妈……你不喜欢我了吗……"

那晚回到家，我一直睡不着。我情绪回归平静后，看着沉睡中的暖暖，心痛万分，后悔不已。我抱着她，吻着她的额头说："对不起，妈妈今天不该凶你。妈妈最喜欢的就是暖暖了，妈妈再也不这样凶你了。"暖暖翻了个身，抱着我的胳膊喃喃地回了一句："我也喜欢妈妈……"

忽然有点儿想流泪。

看到孩子的内心需求

我知道，暖暖看似是撒泼打滚儿不讲道理，其实是因为她看到我抱了其他的小宝宝，内心产生了隐隐的不安全感，所以想要通过拉妈妈、叫妈妈的这些形式，来吸引我对她的关注，以证实妈妈对她的爱，以此来获得内心的满足感和安全感。

现在回想起来，其实那个时候如果我多在情绪上顺应她一下，而不是抱怨和责骂，暖暖也许就不会有那么强烈的反应。

这就像我们和另一半相处时，对方道理越对，我们却越不想理对方一样。因为当我们有情绪的时候，我们想要的并不是硬邦邦、冷冰冰的道理，而是对方的接纳、理解和包容，对于缺乏安全感的孩子更是如此。

孩子的内心世界并不像我们成人想得那么简单，他们也有细腻的情感，也会随着事态的发展产生很多复杂的情绪。但他们能力有限，不能对事情进行理性分析，从而做出合适的反应，他们只能暴露自己最本来的情绪。

很多时候，我们总是不自觉地在孩子不听话时跟他讲道理。但随着暖暖越长越大，我越来越发现，很多时候，相对于苦口婆心的道理，一个温柔的拥抱更容易被孩子接纳。

我绝非说孩子犯浑时可以不讲道理，任由他们随意发展。孩子“不讲理”的时候，的确需要家长去“讲理”，但讲理需要技巧。只有当孩子内心的委屈和不满，都被我们的接纳和疼爱给消散了，他才能真正听进我们的“道理”。

孩子撒泼打滚儿不讲道理，这些看上去不可理喻的行为，其实只是冰山上的一角，冰山下才是孩子行为背后的真正动机。要想看懂孩子行为背后的动机，改正孩子的行为，需要挖掘孩子行为背后的情绪，只有理解了孩子行为背后的情绪，才能真正读懂孩子的行为。

换一句话说，只有当我们积极了解了孩子行为背后的内在情感体验，才能探究出孩子行为背后的心理需求。也许当我们读懂了孩子背后的心理需求，我们就会发现，那些顽皮、不讲道理、不听话的孩子，其实更多的时候只是为了寻求我们的关注。

这不仅是孩子的生理需求和安全需求，更是不可或缺的心理需求和情感需求。当孩子感觉到自己被忽略时，会因为缺乏安全感而通过撒泼打滚儿、不讲道理甚至是攻击性行为来吸引我们的注意。

在幼小的孩子的心中，父母就是他们的整个世界。我们的目光和关注，就如同光一样，照射着孩子的身体，能让他们感受到温暖和被爱；而当我们没有看到和关注到孩子，看不到他们行为背后的需求时，孩子就如同走进黑暗的迷室之中，会因为恐惧无助而害怕。

孩子在向我们寻求关爱，而我们却认为孩子是撒泼打滚儿不讲道理。我们费尽心力教孩子道理，而孩子却拼尽全力在寻求关注。这多可笑！

爱，哪有那么多道理可言。

真正的爱，就是包容和接纳。

暖暖妈爱分享

看到孩子行为背后的原因。孩子撒泼打滚儿不讲道理，这些看上去不可理喻的行为，其实只是冰山上的一角，冰山下才是孩子行为背后的真正动机。要想读懂孩子行为背后的动机，改正孩子的行为，需要挖掘孩子行为背后的情绪，只有理解了孩子行为背后的情绪，才能真正读懂孩子的行为。

换一句话说，只有当我们积极了解了孩子行为背后的内在情感体验，才能探究出孩子行为背后的心理需求。

孩子不愿意分享，我们怎么办

你也在为孩子不懂分享而纠结吗

有一次，有位妈妈留言给我说：“暖妈，我最近有件事情特别头疼，不知道该怎么解决。宝宝今年2岁2个月，算是比较内向吧，以前每次带他在小区玩儿，他手里的玩具若被其他小朋友抢过去，他也不知道反抗。不知道从什么时候开始，他学会反抗了，别人抢他的东西，他会拒绝，而且会跟别的小朋友撕扯。每每这时候我都会让他把东西让给其他小朋友玩儿，告诉他要学会分享，但是我最近发现，宝宝好像特别委屈的样子，我不知道我这种方式到底对不对？”

当然不对！从这短短的一段话中，我仿佛看到了一个内心敏感羞涩的宝宝，在心爱的玩具被掠夺、侵占时，因为恐惧、害怕而无力沉默的样子；终于有一天，他内在的自我意识觉醒了，外在的力量也增强了，他开始像个勇士那样，奋起反抗随意欺负他的那些人；然而，他最信任最爱的人出现了，不仅没有帮助他抵抗外侮，反而温和地告诉他：“你这样反抗不对，别人拿你的东西完全正确，这个过程叫作分享，是一种美德。”这个时候，孩子产生困惑、委屈、愤怒，不是理所当然的吗？

我没有指责这位妈妈的意思，我们的意识里有太多忽略和违背人的本性的东西，被当成精华传递给孩子。在这样深刻的背景和语境下，如果有孩子大大方方说出：“我想要那个大梨！”那简直就是父母无德、无能、教子无方的证据。

有妈妈分享过这样的经历，客人的孩子看上了儿子的玩具，家长尊重儿子，没有顺从客人的心意，而是表示再给对方买一个同款的，结果回头再联络对方时，发现自己已经被拉黑了——客人的气愤显而易见。多可笑啊！然而生活中这样的人不在少数。

“你这孩子这么小气啊，怎么不知道让着弟弟，给我们玩一下怎么了？”

“孩子父母是怎么教育的，都不知道分享，太自私了！”

“你们不教育孩子学会分享，没有人喜欢他，以后走上社会可是要吃亏的。”

……

请接纳孩子的“不分享”

也许正是因为以上种种原因，我们不敢让孩子自由地表达，不敢让孩子说出真实的心声，我们总是打着高大上的旗号循循善诱，要求甚至强迫孩子让出自己心爱的玩具。这样做，表面上看，是为了让孩子学会分享；潜意识里，不过是为了自己的面子而已。很多家长面对孩子的哭闹、愤怒和抗议，还会很不耐烦、不以为然：“不就是一个玩具吗？给人家玩一下有什么大不了的？”“又不值钱，回头我给你再买一个可以了吧？”……

换位思考一下：如果你的朋友看上了你最钟爱的大衣、珍藏已久的生日礼物甚至你的爱人，你能否做到微笑礼让、大度分享？反正大衣和礼物还能再买到，就连爱人，也还可以再找的不是吗？

别跳起来反驳我说区区一个玩具，跟这些东西没法比。有什么没法比的？

首先，对于你来说，你拥有的都是有价格的或者能衡量的，大衣比玩具贵，爱人比玩具难得。孩子比你可纯粹多了，他们心里没有价格的概念，甚至对他们来说，玩具是有生命的，是他们有人类同伴之前最亲密的伙伴、最忠诚的朋友。他们和玩具同吃同睡、心意相通，那种在一起度过许多美好时光的真挚感情，岂能说割舍就割舍？

其次，被孩子喜爱的玩具，从深层次讲，能帮助他建立对这个陌生世界最初的掌控感。孩子在操纵玩具的过程中，精细动作能力和手眼协调能力逐渐发展成熟，他开始有了与世界相处的自信心，并慢慢明晰了自我的存在感。可以说，是玩具陪伴着孩子，从生命最初的懵懂无知走向了更广阔的天地。这些玩具可以说是与孩子并肩作战的“革命战友”，岂能说抛弃就抛弃？

更何况，有些不愿意分享的孩子，是因为正好处于物权意识的敏感期，他们对自己的物品有相当强的保护意识。面对那些不闻不问自己的意见，强行拿走自己心爱之物的人，孩子的心情是什么样？那种被侵犯主权和尊严的感觉太糟糕了。更糟糕的是，他们最信赖的父母，也不站在自己这边，反而劝慰说：“跟别人分享一下吧，大家都喜欢懂得分享的小朋友哦。”

这种强迫式的分享，使得孩子的权益受到了侵犯，内心刚刚建立起来的对外界的信任感被破坏；而且，他的物权意识也被模糊了，容易形成两种极端的交际方式：

一是面对别人的不合理要求不敢拒绝，处处牺牲自己的利益去讨好别人；

二是不尊重别人的物权，喜欢抢夺、侵占别人的物品，成为被讨厌的小霸王。

家长强迫孩子分享，除了出于面子，当然也有怕孩子自私自利、不利于以后融入集体的考虑。不过家长们不必多虑，一个被充分尊重过的孩子，更容易度过物权敏感期这个阶段，到了集体生活中，他们往往也更有交际的分寸，很快就会摸索出利人利己的分享模式。

要不要分享，家长能做些什么

一、客观公平地加以引导

比如暖暖小的时候，被别人抢了玩具，我会告诉她："这是你的娃娃，你有权利保护她，如果你不希望别的小朋友和你一起玩儿，可以自己去要回来，也可以让妈妈帮忙要回来。"

如果暖暖想玩别人的东西，我会说："这是小朋友的，你想玩的话要经过小朋友同意才可以，你去跟他商量一下吧。"

如果别人不愿意跟我的孩子分享，无论暖暖怎么伤心哭闹，我也只是平和地告诉她："哦，这样啊，那妈妈也没有办法了，小朋友有权利保护他的玩具。我们可以等一下再来跟小朋友商量，或者我们去玩别的好吗？"

二、尊重孩子的选择

在家里来客人之前，我会告诉暖暖，今天有什么样的客人会来，会带一个多大年龄的小朋友，你觉得可以一起分享的玩具就摆出来，不想跟别人一起分享的就先收起来。

如果玩的过程中，两个孩子起了争执，我会说："宝贝，你今天跟小朋友分享你的玩具，下次他有特别好的玩具也会跟你分享的哦。这样你们就可以玩更多的玩具呢！"

如果劝阻无效，我就会采取缓兵之计，对客人的孩子说："真抱歉啊宝贝，这会儿暖暖不太想分享这个玩具，我们等一会再跟她商量一下。阿姨先给你拿一个水果吃吧。"孩子是不记仇的，通常过不了多大一会儿，两个孩子就又玩到一起了。

大部分时候，我们用缓和的方式和语气，就能做到既不让客人尴尬，又不伤害自己的孩子。很少有那种特别不知趣不懂礼的客人吧，如果真的有，那你要坚决站在自己孩子这边，告诉他们："这是我孩子的东西，你们去问他要不要分享，他不同意给，我也没办法！"

分享，应该是建立在平等、友爱、自愿、和谐的基础上的，既要尊重别人，也要尊重自己。不要居高临下、自作主张地强迫孩子分享，那不是美德，那是披着美德外衣的虚伪的伤害！

暖暖妈爱分享

强迫式的分享，会使孩子的权益受到侵犯，内心刚刚建立起来的对外界的信任感会被破坏；而且，他的物权意识也被模糊了，容易形成两种极端的交际方式：

一是面对别人的不合理要求不敢拒绝，处处牺牲自己的利益去讨好别人；二是不尊重别人的物权，喜欢抢夺、侵占别人的物品，成为被讨厌的小霸王。

所以，不要强迫孩子分享，分享要建立在平等、友爱、自愿的基础上。

第六章

6

着眼未来的养育：比起高分，孩子更需要适应未来的能力

培养神童？我们还是先培养正常的孩子吧

▼

“暖妈，我在朋友圈看到一个早教机构宣传说：尽早对孩子的大脑潜能进行开发，2岁的孩子可以背诵圆周率400位，看起来很厉害啊，我要不要给孩子报这个班呢？”

“暖妈，最近朋友圈都在推荐××早教法，提倡从小让孩子读“四书五经”、看名画，你说真的会有用吗？”

“暖妈，我的孩子快3岁了，别的孩子到这个年龄都会背唐诗、唱英文歌了，我家这个还只知道玩儿，我现在带他去上早教班针对性地培训一下还来得及吗？”

“暖妈，我的孩子5个月，需要怎么给她开发智力呢？用杜曼闪卡还是识字卡比较好？”

……

这类问题大家都很熟悉吧。

其实我能感觉到，问这些问题的家长多少是有点儿犹豫的，不然他们就不会来问我的意见，而是早早一头扎进培养神童的机构里去了。

神童是如何炼成的

虽然说“不要输在起跑线上”这句话已经被反思和抨击了好多年，但在早教理念层出不穷、早教机构遍地开花、早教费用年年攀升的当代社会，看到那些让人振奋的宣传语、激动人心的培训成果，家长们要想保持冷静和理性的确是挺难的：如果别人的孩子都是神童了，自己家这个太普通，不说自己面子上过不去，孩子将来在社会上也无立足之地啊！

于是家长和早教班互相作用，共同发力，催生了一个巨大无比且深度持续的市场需求。

慢慢地，就连神童也成了早教市场的一大噱头。广告语我都替他们想好了：“给我一个孩子，还你一个神童！”“神童，就是这么简单！”

然而，神童是这样就能够炼成的吗？

李开周先生在《大宋朋友圈》一文中，用妙趣横生的笔法描述了宋朝时期的神童养成记：

宋朝家长的强烈愿望——希望自己的孩子智商超群，渴望自己的孩子成为神童。一旦成了神童，那可不仅仅是能在奥数比赛中夺冠、能在《最强大脑》节目中出镜那么简单，还必须绕过竞争激烈的科举考试和充满歧视的公务员考试，平步青云，一步登天。这是当时平民子弟杀出重围的一条捷径。

背诵堪称宋朝神童的速成大法。用宋高宗的话说：“朕自即位以来，童子以诵书推恩多矣……向有万顷，自言能诗，尝指金唾壶命题试之，笔搁不下，盖出其不备耳。”大意是说：自从朕即位以来，大部分神童展示的才能都是背书，并没有别的本事……曾经有一个名叫万顷的孩子毛遂自荐，说他会写诗，朕指着黄金痰盂让他写一首，他一个字都写不出来。据朕分析，这种孩子大概只会“写”一些精心准备过的诗，朕只要临时命题，他就歇菜了。

宋朝时期的饶州，位于江西，是宋朝出神童最多的地方，也是家长逼孩子背书最严厉的地方。据说，某些家长为了把孩子培养成神童，不惜把孩子吊到树上去，那正是饶州一景。

宋人培养神童的目的和方法，我们时隔千年看起来也毫无违和感：都是为了让孩子杀出重围，挤过独木桥，成为金字塔尖的人上人；都是用皮鞭教育、悬梁刺股、死记硬背等方式，让孩子去通过各类考试关卡。就连当时的皇帝也看出了“速成”神童的问题症结所在，哭笑不得。

那么我们呢？或许我们不是不知道，只是习惯性地把责任推给社会趋势，不会努力做任何改变。

我们并不否认神童的存在及其价值，人类的大脑拥有无穷无尽的潜能，有些人天生的潜能就较常人出类拔萃。对于这些真正的神童，如能加以谨慎地培养，他们必能为人类社会做出卓越的贡献。

神童本来没有问题，但是神童教育真的是个问题。

我们反对的是什么

一、急功近利、唯“智”是图

多元智能理论认为：人类的智能是多元化而非单一的，主要是由语言智能、数学逻辑智能、空间智能、身体运动智能、音乐智能、人际智能、自我认知智能、自然认知智能八项组成。每个人都拥有不同的智能优势组合。

我们常说的神童，不管是天生的，还是后天培养的，一般就是指语言智能、数学逻辑智能两大智能比较突出的孩子。

这两项智能固然重要，但是如果只盯着这两个方面，并一味地用测评、考核、打分等手段来片面强化其重要性，忽视了其他智能的培养，就会让孩子在才智的道路上越走越偏。比如“第一神童”宁铂进入少年班后，“一面陷入自卑的痛苦，一面又不得不武装成一个天才的样子”，最终承受不了压力而遁入空门；再比如“神童”魏永康17岁考上中国科学院高能物理所硕博连读，19岁时却因生活自理能力太差、知识结构不适应中科院的研究模式被迫退学。

这并不是对神童的全盘否定，人生还长，他们还有很多机会找到更适合自己的人生道路。我们只是要从这些事例中明白：某个方面的才智并不能取代人生的全部内容，仅仅以人为设定的标准来衡量成功实在不明智。

二、横向比较，揠苗助长

连天才少年都承受不了的压力，如果放在一个普通孩子身上，结果会如何，可想而知。不要说“别人都可以做到，我的孩子为什么不能”，请问，作为家长，你为什么就没有成为爱因斯坦或者比尔 · 盖茨？

为了应试教育，我们需要帮助孩子学好语言和数学，但是这并不意味着孩子学不好就是天塌地陷的灾难和辱没门楣的耻辱。每个人的智能优势不同，你的孩子可能说话晚，但运动能力强；可能内向不爱交际，但是动手能力一流；可能学不会钢琴古琴小提琴，但是人际关系也许很好呢。哪有一无所长、毫无优点的孩子呢？说不定你的孩子在你看不到的方面，也

潜藏着成功成才的潜质呢？

所以，别拿那些天才神童来做横向比较，然后哀叹、责骂、批判自己的孩子不争气；也别不顾实际情况硬把孩子塞到脑科学、幼儿EMBA等培训班里去，然后指望着这些早教机构像太上老君的炼丹炉一样给你锤炼出一个神童。

这种揠苗助长，破坏了生命的自然发展规律，扭曲了孩子的个性特点，最后很可能适得其反。

就算经过后天培养，孩子记忆力超群到可以背诵圆周率400位、唐诗300首、“四书五经”……那又如何？人的大脑最可贵的地方，不在于能背诵记忆多少东西，而是想象力和创新能力。

这么说吧，我们让孩子齐刷刷地摆好起跑姿势，但是如果未来的社会是一场游泳比赛呢？

早教到底教什么

我们言必称早教，那么我们是否懂得早教到底要教育孩子什么？

早教应该是给孩子高质量的陪伴时光，为孩子创造一个有更多同龄人的交际圈，而不是单纯地提前学习所谓的文化知识、开发智力。

是的，早教班是提供了一个让亲子活动更便利的场所，或者说是能促进亲子感情互动交流的一种媒介，但它不是早教的全部内容。

比上早教班更重要的，应该是父母的亲密陪伴和正确引导；

比昂贵的早教课更重要的，应该是大自然和健康生活的熏陶；

比超群的智商更重要的，应该是健康的心理和优秀的品格；

比应试能力更重要的，应该是良好的学习习惯和独立思考的精神；

比竞争结果更重要的，应该是团队意识和合作精神；

比培养神童更重要的，应该是先让孩子成为一个正常的孩子！

所以，如果各位家长还在犹豫如何给孩子最好的早教、如何培养神童，我的建议是：

请家长朋友先从碎片化阅读造成的无所适从中走出来，不要人云亦云、随波逐流，静下心来去系统地读读经典的育儿书，在学习和思考中厘清自己的思路，在实践和总结中看到自己孩子的独特之处，找到最适合自己孩子的早教方法。

如果孩子真的是神童，你的教导必然能如虎添翼，助孩子成为真正优秀的天才。

即使孩子不是常规意义上的神童，能让孩子按照四时规律，吸收着阳光雨露的能量，慢慢发芽，自然开花，最终长成最舒展、最理想的姿态——这也算是非常成功的教育了。

暖暖妈爱分享

我们常说的神童，不管是天生的，还是后天培养的，一般就是指语言智能、数学逻辑智能两大智能比较突出的孩子。

这两项智能固然重要，但是如果只盯着这两个方面，并一味地用测评、考核、打分等手段来片面强化其重要性，忽视了其他智能的培养，会让孩子在才智的发育道路上越走越偏。

所以别拿那些天才神童来做横向比较，然后哀叹、责骂、批判自己的孩子不争气；也别不顾实际情况硬把孩子塞到脑科学、幼儿EMBA等培训班里去，然后指望着这些早教机构像太上老君的炼丹炉一样给你锤炼出一个神童。

最好的教养，是给孩子选择人生的权利

什么是教育

父母美好的出发点和最终目的能否一致不是取决于家长，而是取决于孩子。

前不久在朋友圈看到一篇网络爆文《上了名校才知道，人和人的差距比人和狗的都大》，这篇文章后来在好些大号上都有转载。但平心而论，看那篇文章，我内心有一种如鲠在喉的难受和惶恐。

我不是要否认名校的好，作为妈妈，在培养暖暖的过程中，我也是不遗余力地引导她热爱和享受学习，希望她能上更好的学校。我曾在别的文章中也写过：

“无论你们怎么提倡快乐教育，怎么宣扬‘学习无用论’，我仍然要尽最大的能力，引导暖暖热爱和享受学习，追求并引导她去为自己的理想付出艰苦卓绝的努力。这不是为了光耀门楣，也不用她成为我的骄傲。我唯一希望的是：她能在远大理想和目标的激励下，在持之以恒的奋斗中，终生体会到人生最高级别的快乐。”

名校带给孩子的视野和见识，优质的人脉、资源和圈子等这些都毋庸置疑。但将名校过度神化，总感觉太过绝对和让人惶恐，在这个多元化的时代，孩子只有名校这条唯一的出路吗？

有一次，我采访了中国第一部连续10年跟踪孩子成长的纪录片《零零后》的导演张同道，就孩子的教育问题，他的一些观点带给了我很多思考：

“到底什么是教育？多年来我一直认为教育就是教育人，今天我却认为教育是陪伴孩子成长。陪伴是你要去观察，去研究，去总结，在此基础上以尊重的原则进行引导。说到底，真正的陪伴，就是你要俯下身来，多看看孩子的世界。”

他说：“我们无法预见孩子的未来将会是什么样，正如，过去的10年、20年，我们无法预测今天这个日新月异的世界一样。所以，与其一味以名校来评判孩子的未来，不如以开放的心态来引导孩子走适合他的路。”

讲到自己是如何引导孩子的，他讲了一个关于自己的儿子的故事。和很多父母一样，张同道在儿子展现出对钢琴的爱好时，他也以最大的热情为儿子买了钢琴，请了老师。但过了一段时间，儿子对钢琴产生了抵触情绪，甚至直截了当地说不想学了。

了解这个情况后，作为父亲纵使内心有一万个不情愿，毕竟大费周折地买钢琴请老师，并非易事，但张同道还是以非常理解的态度和儿子说：“你要是实在不想学我不会勉强你，但是你要想清楚是不是真的要放弃？”

父亲对儿子的理解和尊重，让儿子原先强硬的心理一下子柔软下来，说那自己再坚持坚持看看。一段时间后，儿子又找到张同道说自己想清楚了，决定放弃学钢琴。对于儿子最后放弃钢琴的决定，张同道选择了尊重，并没有强硬地要求儿子坚持到底。

张同道说，回到事情的本原，想让孩子好，这是所有父母的一个良好的出发点，但孩子怎么能好？按照他的本性成长才是好，让A成长为B，这不可能好，这只会撕裂孩子的个性。

其实，一味地要求孩子追逐名校，也同样会在无形之中葬送孩子的热情，甚至是某种程度上的打压。

龙应台在《亲爱的安德烈》中写道：

“孩子，我要求你读书用功，不是因为我要你跟别人比成绩，而是因为，我希望你将来会拥有选择的权利，选择有意义、有时间的工作，而不是被迫谋生。当你的工作在你心中有意义，你就有成就感。当你的工作给你时间，不剥夺你的生活，你就有尊严。成就感和尊严，给你快乐。”

这大抵是我们所有父母对孩子最为美好的心愿，但物极必反，把上名校这条独木桥和引导孩子好好读书混为一谈，就很可怕了，这无形之中会成为良好亲子关系的刽子手，更为可悲的是会无形中扼杀孩子的自信和热情。

引导孩子充实而有意义地过完一生

相较于一味迷恋和焦虑地追赶孩子上名校，我认为我们这一代父母，更应该思考的是“如何引导孩子充实而有意义地过完一生”。

很多时候我们不自觉地把目标设得很近，把孩子的最终目标设在了大学，而忘却了大学只不过是孩子人生的一个阶段，这本身就是一个伪命题。

有人可能要说了，你这是站着说话不腰疼，我们当然不想逼孩子去上名校，任由孩子尽情发挥自己的爱好，但我们必须要考虑现实啊，现在不学有所成，那他以后又怎么会有更好的选择呢？我这是为他好。

但无论如何不要忘了，我们家长的出发点和最终的目的能否达成一致，这不取决于家长，而取决于孩子。

事实上，对于绝大多数家庭来说，孩子终将长成普通人，这是概率决定的，这也是现实。想让孩子通过上名校来实现人生的逆袭，很多时候注定是一场违背自然规律的悲剧。

君不见，那些频频曝出的孩子因为学业压力大而跳楼，亲子关系恶化到众叛亲离的新闻屡见不鲜。而我们身边也不乏很多花天价争抢学区房的父母，逼迫孩子参加各类培训班的更是数不胜数。

实际上，我发现身边越来越多的父母开始意识到，决定孩子成功与否的不再是18岁那一年考上了怎样的大学，而是再往后到30岁，甚至是更长的时间，才能看到孩子的成功与否。相较于学校里学习的课本知识，孩子所拥有的人生观、价值观、拥抱变化的能力才是真正决定孩子成功与否的关键因素。

名校固然有其得天独厚的优质资源，但能否从这个宝库里取走人生的宝藏，展现出勇于拼搏、大爱无私、心怀他人的品质，要另当别论。

人生路漫漫，未来有无限可能，别以名校论长短，限制了孩子的未来。最重要的是，尊重和顺应孩子的天性，以包容的态度引导孩子，拥抱未来。

爱孩子首先是尊重孩子的个性，顺应孩子的性格特质，陪伴他成长，引导他成长，而不是以我们的意志来削足适履般地改造孩子。换句话来说，教育是对孩子尊重、顺应、引导和监督的一种平衡。

如何取得这样的一种平衡，是我们所有父母的功课。很多人都说别让孩子输在起跑线上，但其实从某种意义上来说，父母才是孩子的起跑线。

父母懂得在孩子不同的成长阶段，加以积极的引导和鼓励，是一门艺术。在这个风起云涌的时代，我们需要不断学习，打开眼界，更新迭代自己的育儿观、教育理论，最大化寻找并利用资源，积极发掘孩子的独特性和竞争力，给孩子最大化的支持，而不是仅仅把孩子扔向名校这条独木桥，也许这样才能为孩子赢得更好的未来。

暖暖妈爱分享

相较于一味迷恋和焦虑地追赶孩子上名校，我认为我们这一代父母，更应该思考的是“如何引导孩子充实而有意义地过完一生”。

很多时候，我们不自觉地把目标设得很近，把孩子的最终目标设在了大学，而忘却了大学只不过是孩子人生的一个阶段，这本身就是一个伪命题。无论如何不要忘了，我们家长的出发点和最终的目的能否达成一致，这不取决于家长，而取决于孩子。

事实上，对于绝大多数家庭来说，孩子终将长成普通人，这是概率决定的，这也是现实。太想靠孩子上名校来实现人生的逆袭，注定是一场违背规律的悲剧。

快乐地坚持，远比放任和强迫更靠谱

“孩子，我只想要你快乐”

这句话，出现频率最高的往往是在孩子刚出生时。母亲在忍受了无法想象的疼痛后迎来一个皱巴巴的柔弱小生命，喜极而泣后顿生满足和感恩之心。几乎每个母亲，在这个时候对孩子的期望无一例外都是“只要他健康快乐”。但是，从孩子的人生开端开始，伴随着无穷无尽的成长问题，家长们都不淡定了。

大部分家长不知不觉地实施了“对比教育”：“别人的孩子都会翻身（爬、走路、说话）了，我家的怎么还不会啊？可不能比别人差呀！”然后各种咨询，各种训练，各种开发。

上学以后往往焦虑更甚：“我也想让你玩儿啊，可是别人都报了书法画画围棋溜冰轮滑钢琴小提琴奥数作文……”“马上小升初（中考、高考）了，哪能玩儿呢，一点也不能松懈啊！”

那句流行的话很能反映这个时代大部分父母的心声：“孩子，我知道你很累，可是别人都在飞。”

有一种家长堪称语言的巨人，行动的矮子，处处打着“我是为你好”的旗号向孩子提种种要求，施加精神压力。他们替孩子做决定往往只有两个参考标准：“我觉得这个是好的”以及“别人觉得这个是好的”，然后实现这个目标只有一种方式，就是逼迫孩子。这就是典型的“皮鞭教育”模式。孩子就像陀螺一样，被皮鞭抽打着、驱赶着，负重前行，无法喘息。

还有部分父母坚持所谓的“快乐教育”，孩子成长中的问题全都顺其自然，不给孩子报任何兴趣班，不要求孩子有成绩上的进步，不给孩子施加一丁点儿压力，立志要给孩子创造“自由、宽松、快乐”的成长氛围。但是结果呢，却往往不那么美妙，孩子要么沉迷游戏、电视，每天无所事事、虚掷光阴；要么受不得一点儿挫折、吃不得一点儿苦，长大后一事无成还性格乖戾。这更给了那些信奉“皮鞭教育”的家长更多排斥快乐教育的理由。我想说，其实“快乐教育”一直以来是被我们误解了，所以才会形成这种两极对立的局面。好像快乐教育就意味着放任无为、自由散漫、回避问题、逃避责任；而要想孩子成功就必须耳提面命、苦口婆心、牺牲乐趣、放弃快乐。

实际上，这两种教育方法并非绝对对立，为什么不能选择让孩子快乐地坚持和奋斗呢？

让孩子快乐地坚持

知乎上有个很出名的帖子《长时间坚持做一件事是一种怎么样的体验》，一个爸爸用自己孩子画画的经历回答了这个问题。

孩子5岁上中班时到少年宫学画画。半年后的作品展示课上，爸爸看到儿子那幅涂抹得乱七八糟的画作，感觉非常失败，决定上完这学期后放弃。但是爸爸还是尊重孩子的想法，问了几次孩子是否喜欢画画，孩子都给出了肯定的回答，于是爸爸继续坚持了下去。

有一次，爸爸随口问儿子，是否可以做到每天画一个故事给我们看，小小年纪的孩子居然同意了。

你能想象一个孩子真的兑现了这个承诺吗？3年36个月，803张画作，平均每月22张（因为涉及旅行在外、节假日早出晚归、作业特别多等各种特殊情况），画得越来越精彩、纯熟。爸爸用相机记录下了这个漫长而又美好的过程——“这是长期坚持后的一种平淡却恒久的美丽体验”。

坚持和努力很难吗？从这个孩子身上，我们得出的结论是不难。但是生活中为什么少有能做到的？

因为大部分孩子都是被皮鞭驱赶着，在做自己不情愿的事，一旦皮鞭的力量松懈，自己就像翻身的农奴打碎了枷锁，不会再坚持下去。所以很多孩子一上大学就睡懒觉打网游谈情说爱……什么都做，唯独不学习。

而这个孩子，是因为真心喜欢画画，爸爸送他去上兴趣班，给他的画作拍照，督促他完成约定……这些固然不可或缺，但也只是外力。最重要的，是孩子有了发自内心的快乐和动力，不为评级获奖，不为考学加分，不为光耀门楣，所以才能心无旁骛、不知疲倦且快乐地坚持下去。

不要误读“快乐教育”

当然，你会说：不是所有的教育内容都是孩子感兴趣的，难道他不喜欢就不学了？

教育当然没有那么轻松、简单。孩子天性不同，喜好不同，绝大部分人都不可能实现全面优秀、样样精通，而在任何国家、任何教育体系里，都有竞争、选拔、淘汰，这就意味着孩子必然会经历烦恼、痛苦、失败。

但是，这些不那么美好的经历，如果孩子能积极勇敢面对，用努力和毅力解决，最终带着反思和收获结束，反而会成为最有意义的教育环节。顺利突破了这个环节的孩子，才有可能触及快乐教育真正的核心内容。

马斯洛理论把人的需求依次分成生理需求、安全需求、爱和归属感、尊重和自我实现五类，由较低层次到较高层次排列。在自我实现需求之后，还有自我超越需求。

被误读的“快乐教育”，往往是让孩子停留在生理需求阶段，给他吃好穿暖，任他随心所欲；再进一步的，会用钱和房子给孩子提供安全感。孩子在普通的生活中也可以获得爱、归属感以及尊重，安然度过平凡简单的一生——如果孩子喜欢，这并没什么不好。

但是只有金字塔尖那里的“自我实现”和“自我超越”的快乐，才是最美妙、最持久、最深度的快乐。而大部分高级生命，都会无法遏制地产生满足这种需求的渴望。

真正的快乐教育，终极目标和“皮鞭教育”一致——让孩子成功地站上金字塔尖，只是这个成功的含义，是站在孩子的角度考虑，而非用世俗的标准评判；追求成功的过程，应该是孩子积极主动、父母配合支持，而非孩子被强迫驱赶、父母苦不堪言。

所以说到底，快乐教育反而比皮鞭教育更难实践、更费心思，是最考验父母功底的教育方式。

让孩子体验更高层次的快乐

对父母而言，孩子没有别人爬得快、说话早；孩子成绩差、偏科严重；孩子没考上好中学、好大学；孩子没找到高薪稳定的好工作……在这些“打击”面前，要想保持平静而良好的心态谈何容易。

但是这世界上几乎所有的孩子，都并不完美。只有一种方式可以让孩子完美，那就是用爱的眼光去看他。教育可以伴随着艰苦，但父母的爱不能是苦涩的。孩子的自信、强大和优秀品质不是比较出来的，也不是在父母的严加管教下强迫出来的，是在爱、尊重和理解的滋润下自然生长出来的。

当你说要给孩子快乐教育的时候，更像是许下了一个郑重的承诺，这意味着：

当孩子迷茫困惑的时候，你要放弃绝对权威思想，更多地倾听和尊重孩子的意见；

当孩子遇到困难的时候，你要抛开主观臆断，站在孩子的角度考虑并陪他一起渡过难关；

当孩子打算放弃的时候，你要克制批评说教，正面引导孩子一点点重塑信心；

当孩子失败沮丧的时候，你要避免打骂羞辱，支持孩子从失败中汲取养分，更强大地站起来……

润物无声的身教、举重若轻的引导、坚定有力的支持、适度放手的信任……只有这样教育出来的孩子，才能勇敢地战胜困难，挑战极限，实现自我超越，才能活出自己生命的精彩，才能体验到那种最高层次的快乐。

暖暖妈爱分享

教育当然没有那么轻松、简单。孩子天性不同，喜好不同，绝大部分人都不可能实现全面优秀、样样精通，而在任何国家、任何教育体系里，都有竞争、选拔、淘汰，这就意味着孩子必然会经历烦恼、痛苦、失败。

但是，这些不那么美好的经历，如果孩子能积极勇敢面对，用努力和毅力解决，最终带着反思和收获结束，反而会成为最有意义的教育环节。顺利突破了这个环节的孩子，才有可能触及快乐教育真正的核心内容。

所以说到底，快乐教育反而比皮鞭教育更难实践、更费心思，是最考验父母功底的教育方式。

我为什么不阻止孩子玩手机

▼

最近一两年，总能在微博或微信朋友圈看到到处在转类似《7岁以前不要看屏幕》《12岁以前不看电视/手机，将受益终身》之类的文章。所以在生暖暖之前，我也是个深刻笃定以后不会给她玩手机和iPad的妈妈，也时常在微信朋友圈转发主题为给孩子玩电子产品的害处之类的文章。对于这样主题的文章，基本上在朋友圈里都是一片叫好之声，似乎不能给宝宝玩手机和iPad已经是所有人认同的真理。

可在现实生活中，我们却随处可见一个二三岁的小孩，就可以自己熟练地为手机解锁，输入密码，找到自己喜欢的App……这些孩子的爸爸妈妈难道没有读过那些文章？难道他们真的就错了？

到底能不能让孩子玩手机或iPad

暖妈仔细研究过朋友圈那些谈电子产品色变的文章，基本可以总结为以下两大类：

1.玩手机/iPad，会导致宝宝视力下降，造成近视，甚至还有“每天玩15分钟iPad，半年后视力变0.2”的说法。

2.手机和iPad会影响孩子的社交能力，让孩子更孤僻。iPad游戏设计虽好，但毕竟是虚拟的，替代不了真实的世界。如果孩子天天玩游戏，会失去通过亲身的感受去认识这个真实世界的机会。正是因为这样，在暖暖2岁以前，我也基本上像防洪水猛兽般将她和手机、iPad等电子设备隔离开来，绝对不让她有玩手机和iPad的机会，甚至都不让她有看到我们用手机和iPad的机会。

好像一切都那么顺利。直到有一天，我带着2岁的暖暖在其他小朋友家做客，暖暖对那个小朋友的iPad流露出羡慕而渴望的眼神，并且一下子就迷上了里面的几款专门为宝宝设计的游戏。

看着暖暖玩得那么开心的样子，我忽然想通了一个道理：这是一个信息化的时代，电子产品终将成为他们这代人生活的一部分。就像我们小时候迷恋过的游戏机，是一代人童年的共同回忆。电子产品不是洪水猛兽，光靠堵无法阻挡它们终将进入我们生活方方面面的步伐。

堵则溃，疏则通。把孩子跟电子产品完全隔离开来，不如给予合理的引导，设置合理的规矩，给孩子一个正确地玩手机、iPad的机会。

但是，不阻止孩子玩电子产品，不等于说就毫无顾忌地把手机及iPad扔给他们随便玩，一些必要的原则和规矩必不可少！

如何正确地让孩子玩手机/iPad

要解决让孩子正确玩手机/iPad的问题，不可避免地需要解决两方面的问题，一是对视力的影响；二是对真实社交的影响。

先说如何解决手机/iPad对视力的影响：解决问题之前，我们需要弄清楚的是，到底什么才是导致近视的主要原因？根据美国研究机构对于视力影响因素的一项研究表明，除了基因这个最大因素之外，视疲劳才是导致近视的因素。但即便是视疲劳，事实上和手机或iPad也没有直接的关联。真正容易导致视疲劳的因素有三点：阅读时长、阅读距离和阅读光线。在第三点上，恒定发光的电子产品其实比起纸质的书本还有相对的优势，因为其对于外来光源强弱和闪烁频率变化的依赖更小。

知道了导致近视的原因，我们来说说如何让孩子正确地玩手机或iPad

而不至于导致近视的几项原则：

1.保持房间有合适的亮度。孩子玩手机或iPad的时候，尽量选择亮度适中的环境。如果是晚上在家玩儿，则要打开房间的灯。

2.开启手机/iPad的亮度自动调节功能。这一点很容易，但也很重要。它能够保证屏幕亮度与环境的亮度进行合理的匹配。

3.保持恰当的距离。30厘米的安全阅读距离，我们小时候就已经熟记于心了。虽然距离的远近不会直接导致近视，但过近的距离的确更容易导致视力的疲劳。

4.设定合适的时间，定期休息。与孩子一起定一个玩手机或iPad的时间，每次玩不能超过15分钟，到时间就应该间插一次休息。每天玩手机或iPad的时间尽量不要超过1个小时。玩的时候也要尽量有意识地多眨眼，以缓解眼干和视疲劳。

然后说说如何解决玩电子游戏对真实社交的影响。其实这个问题并不会特别严重，因为只有严重的痴迷和沉溺于手机游戏，才会对真实的社交造成影响。不过的确有妈妈反映孩子除了iPad和手机，对别的玩具、游戏、聚会都完全不感兴趣。对于这个问题，我的经验是：

1.玩手机/iPad的时候，爸爸妈妈可以陪伴着一起玩儿。在一些绘图、打扮等体验式游戏中，可以边玩边和孩子商量。这样的过程，可以帮助我们与孩子交朋友。

2.一些电子游戏里面学到的东西和应用场景，比如，学会的英文歌、看过的动画片里的情节等，可以在现实生活中和爸爸妈妈情景再现地玩一次。比如在游戏里玩了帮妈妈用洗衣机洗衣服，就可以把宝宝带到洗衣机旁边真实地操作一遍，让宝宝能在游戏世界和现实世界之间建立关联。这样，游戏才不会成为真实生活的替代，而会成为一个更好的指引和补充。

要着重提醒的是，永远记住，内容比形式更重要！孩子在手机/iPad上看什么、玩什么，远比要不要孩子玩儿更重要！给孩子挑选适合的动画片，下载优质而适合宝宝年龄的App，建立良好的使用习惯，远远比绞尽脑汁去阻止孩子对手机/iPad产生兴趣更值得探究。

很多妈妈在微信里问暖妈平时都给暖暖下载过什么值得推荐的App。除了几款专门为宝宝设计的游戏之外，暖暖最近用得最多的就是专门为0～6岁宝宝学英文开发的App叽里呱啦。它的开发者Cathy是暖妈的朋友，她也是一位妈妈，有一个3岁的女儿和一个1岁的儿子。因为找不到好用的资源给孩子学英语，索性辞掉了Google待遇优厚的工作，自己开发了这个App。叽里呱啦里有上千首经典英文儿歌、地道的英文动画、英文绘本、英文MV，而且全部免费！最好的是，在英文学习的资源上，叽里呱啦并不是一概而论，而是根据不同年龄段的宝宝分别推荐合适的资源。不管是1岁以内，还是5岁以上，都能在这里找到对应的内容！

关于手机/iPad对我们孩子这一代的影响，我终于能够释然了。如果信息时代的来临势必不可阻挡，电子产品这把双刃剑终将成为他们生活的一部分，那我们真正该做的，是给予孩子一些合理的引导，让他们健康快乐地成长。

暖暖妈爱分享

要不要让孩子玩手机/iPad?

内容比形式更重要！孩子在手机/iPad上看什么、玩了什么，远比要不要孩子玩儿更重要！给孩子挑选适合的动画片，下载优质而适合宝宝年龄的App，建立良好的使用习惯，远远比绞尽脑汁去阻止孩子对手机/iPad产生兴趣更值得探究。

比学区房兴趣班更重要的，是培养适应未来的孩子

人工智能时代的育儿观

有一次看新闻，著名影星杨幂3岁的女儿小糯米，暑假报太多兴趣班，比杨幂还忙，以致全家出门旅行无法成行。而刘恺威的爸爸刘丹在出席某节目的庆功宴时，被问到会不会利用暑假带孙女小糯米出去旅游，他笑言，自己也想去，但孙女比他这个演员还要忙碌，抽不出时间出门。

每逢假期，我身边越来越多的妈妈，也都把孩子送到兴趣班，毫不夸张地说，“她们的孩子不是在兴趣班，就是在去兴趣班的路上”。

相比之下，更疯狂的是，家长们对学区房的追捧。君不见，花天价争抢学区房的新闻屡见不鲜。为人父母，谁不想给孩子提供优质的教育，这是父母之爱，也是这个时代的趋势。

但仔细想想，单纯地上兴趣班、买学区房，孩子的未来就会更成功吗？这是一个亟待我们每一个做父母的都需要思考的问题。毕竟，互联网时代和人工智能时代的到来，已不仅仅只是一句“口号”，我们的生活正在快速地发生着变化。

李开复说，10年后，世界上90%的工作，都将被人工智能所取代。也就是说，大部分人都将面临人工智能的挑战。

且不说，这种说法夸张与否。但作为妈妈，我已深深地感受到了：移

动互联网的快速迭代，人工智能时代的即将到来，我们的育儿观、教育理念也要随之更新迭代。

就比如，在几十年前的传统认知里，只有公务员、事业编制才是“铁饭碗”，但结果很多国有企业改制、倒闭，很多人都被迫下岗。而与之相反的是，之前不被看好的民营企业，却越来越多地崛起了，大家再也不像过去那样，说起民企就是一脸不屑。

再比如，一则“清华女学霸转身做主播”的新闻在社会上引发了无尽的非议，不少人批评她“不务正业”，甚至直斥她浪费了优质的“教育资源”。这则新闻的主角，本科毕业于清华大学建筑学院，硕士研究生就读于北京大学。面对众多质疑，她说：“在人们的印象中，游戏主播应该很轻松，就是打打游戏、卖卖萌嘛，但实际并非如此。游戏直播其实很残酷，每一天表现得好坏，都会直观地在数字上体现出来。”

从某种程度上来说，网红可以被定义为优秀的内容生产者。他们有才华，有风格，掌握了“一鸣惊人”的诀窍，是难得的人才。

“最大的定式就是没有定式”

其实这个世界是会改变的，而且这种改变在当下更是瞬息万变且暗涛汹涌。很多行业的模式正在悄无声息地发生着改变，而昨天那些看起来很有前途的工作，明天未必就是兴盛行业。

根据荷兰斯特拉提克斯集团的爱伦·德·鲁吉的研究，在日本和欧洲，企业的平均生命周期为12.5年。在美国，有62%的企业平均生命周期不到5年，存活能超过20年的企业只占企业总数的10%。而中国企业的平均寿命更短，大集团公司平均寿命为7～8年，一般的中小企业只有3～4年。

这种迭代更新之快，令人震惊。因此，如果我们还在用过去那种“铁饭碗”思维来教育孩子，显然不是明智之举。

就连转行作投资人的前央视主持人张泉灵都说：“我要足够快地改变

自己的思维模式，才能跟得上这个足够快的时代。这个时代已经快到不允许你有任何的思维定式，最大的定式就是没有定式。”

她说，在未来，一个不会编程的孩子，也许就失去了和机器世界交互的能力，就失去了创作人工智能的能力。这种情况在10年之后，可能就像现在不会英语的孩子一样让人焦虑。

几年前，一个偶然的机会，我听了新精英生涯创始人古典老师的演讲，演讲主题是“未来30年，我们的子女将面临怎样的世界？”虽然时过多年，但对他的演讲，至今我仍是记忆犹新。

古典老师提到的一个核心问题是，“现在我们所有的教育，都希望孩子不要输在起跑线上，但未来的世界，是一个怎样的世界？大部分父母并不很清楚。”

过去，我们几乎都认为教育是要好好读书，勤勤恳恳。但一个很现实的问题是，只是低头努力，已不再是金科玉律。我们必须要认识到的是，在多元分层的社会，能做出独立的选择和判断，具备寻求创新和突破的能力，才更有竞争优势。而在未来，更是如此。

作为妈妈，我常常都在想如何更好地引导暖暖，虽然没有“孟母三迁”的决绝，但“父母之爱子，则为之计深远”一直是我对暖暖的爱的驱动力。相较于学区房，我始终觉得，家庭教育和妈妈的眼界及能量，对孩子的影响更深远。

父母才是孩子的起跑线

国际著名研究“依附关系”的学者亨利·马西（Henry Massie）在《情感依附：为何家会影响我的一生》中写道：无数经验和研究证明，父母与孩子，尤其是母亲与孩子的关系，塑造了孩子最核心的

暖妈推荐书单

《情感依附：为何家会影响我的一生》，〔美〕亨利·马西等著，武怡等译，世界图书出版公司，2013.9

人格。这个人格在很大程度上决定了孩子将来能够取得的成就和敢于享受的幸福。所以从这个意义上来说，父母不应该是一个角色，而应该是一门学问或者学科。

相较于讨论未来的世界究竟会变成什么样，这里我更想谈的是父母本身，因为父母只有开拓了自己的眼界，知道哪里可以找到核心的资源，以及懂得如何鉴别资源的可靠性，才能更有效地引领孩子。

所以，很多人都说别让孩子输在起跑线上，但其实从某种意义上来说，父母才是孩子的起跑线。

我曾看到一篇文章里讲道：如果以世界为原点思考“如何最大化配置资源”这个问题，可以发现，全球并没有最完美的教育，但每个地区都有绝对优势的资源。所谓优势资源，指的是具有独特价值和一定稀缺性的东

西。比如中国的手工艺、美国的生命科学、英国的创意产业、法国的时装设计等。

对此，我深以为然，其实我们做父母的也是如此，没有完美的父母，但都有自身的优势，善于将自身的优势，如职业经验和行业敏感，甚至于自身的共情能力，来耳濡目染影响孩子，这就是一种优势资源。

事实上，与其担忧我们的孩子未来将面临怎样快速发展的时代，倒不如从我们自身出发来做一点儿改变。既然山不过来，那么我们就靠过去吧！

在这个风起云涌的时代，我们需要不断学习，打开眼界，更新迭代自己的育儿观、教育理论，最大化寻找并利用资源，积极发掘孩子的独特性和竞争力，给孩子最大化的支持。也许只有这样，未来我们的孩子才更有竞争力。

暖暖妈爱分享

世界上并没有完美的教育，但每个地区却可能有绝对优势的资源。所谓优势资源，指的是具有独特价值和一定稀缺性的东西。

我们做父母的也是如此，没有完美的父母，但都有自身的优势，擅于将自身的优势，如职业经验和行业敏感，甚至于自身的共情能力，来耳濡目染影响孩子，这就是一种优势资源。

与其担忧我们的孩子未来将面临怎样快速发展的时代，倒不如从我们自身出发来做一点儿改变。

不懂美的人生，比文盲更可怕

▼

再小的孩子也有审美需求

一次，一个妈妈给我留言说：

婆婆节俭又固执己见，只给孩子穿她自己买的两件地摊货，号码大、不舒服还极富俗艳风格，等衣服小了竟然还要找个橡皮筋接接再让孩子穿！其他不管我买的还是娘家送的衣服，硬生生放小都不肯穿。前两天高温，她非得给孩子穿上丝绵裤打底，理由是再不穿就小了！有时候我委婉提一提，婆婆就说："谁谁家的闺女可好了，不挑吃不挑穿……"明明有衣服，明明挺帅一小伙儿，非得打扮成村口二傻才满意吗？！

我哑然失笑，但细细想来，又觉得有些悲凉。

我们早已远离了物质匮乏、需要牺牲精神的充盈来满足果腹的时代。可多少年来"爱美是丢人""不挑吃穿才是好孩子"的理念却依旧深入人心。

关于孩子穿衣打扮的常见言论还有：

"穿啥不是穿，小孩子懂什么美丑。"

"把钱花在穿衣上最不值得了，吃到肚子里才划算。"

"小孩子不用瞎讲究，穿得暖和、耐脏就行。"

……

甚至很多比较年轻的父母，也会担心："爱美会不会让孩子变得虚荣肤浅？会不会让他们不把心思放在学习上？是不是应该告诉孩子心灵美最重要？”

但是，大家有没有站在孩子的角度考虑下，为什么他年纪小就不需要美？为什么美会让孩子肤浅，会歪曲毁灭孩子的人生观和价值观？

难道我们会为了心无旁骛地投入工作，而特意把自己收拾得灰头土脸？

难道我们会为了给别人留下一个内在美的印象，而故意穿着土布衬衣去约会？

你会说：“孩子跟我们不一样。”哪里不一样了？谁说孩子不懂得美丑？

在公号里，我曾分享过闺密楠楠的故事，她是那种童年与美绝缘的女孩，在漫长的青春期里吃了不少自卑带来的苦头，直到工作后，才花了好长时间走出自卑的阴影，笨拙地补上了爱美的人生课程。

等她有了女儿后，她会给小家伙买一些品质和款式都很棒的衣服，会花费几个小时在网上寻找适合孩子的发卡、头花，会根据女儿裙子的颜色搭配不同的鞋子。母女俩走在路上回头率超高，收获无数夸赞。

楠楠的父母说她浪费，认为孩子的衣服鞋子都穿不了多长时间，何必买那么好的？

楠楠的回答很棒：“我觉得这不是浪费，也不是虚荣，而是孩子应有的权利。虽然女儿还小，她也能从别人喜爱、欣赏、赞美的态度中感觉到自己是美好的、值得好好对待的，因此有人夸她可爱、对她笑的时候，她会高兴得手舞足蹈、眉开眼笑。”

谁说孩子小就不懂得美？美远不止衣饰打扮这么简单。

记得暖暖第一次见到大海的时候才8个月，她居然久久地凝视着大海，看了好久好久，清澈的目光里有震撼、有惊奇、有沉醉。我在一旁屏住呼吸，生怕打断了她的这份享受。

孩子有一双天生擅长发现美的眼睛，对美好事物的感知甚至比我们成年人更敏锐、更特别。这里所说的美好事物包括自然万物各个方面，当然也包括孩子自己。

我们不排斥孩子去看美好的世界，为什么独独害怕孩子看到美好的自己？

爱美，才是人生第一课

有位妈妈在我公号后台的留言，让我记忆犹新。她小时候家境贫困，只能穿哥哥姐姐剩下的衣服，她也懂事，从不乱要求。到了谈恋爱的年纪，她还是整天只穿工装，头发随便扎一下，美其名曰自然美。妈妈很着急，怕女儿嫁不出去，就常塞钱给她让她去买漂亮衣服。她不知道要买什么，盲目买回来一些也没人说好看，就连结婚拍婚纱照的时候都是人家给什么她就穿什么。这种不敢美更不会美的阴影，一直伴随着她人生最美好的那些年。

她说："打扮也是一种能力，只是我不具备。"

只是不会打扮自己，有这么严重吗？

其实表面上看，不会打扮自己只是不会买衣服饰品这么简单，但从深层次来看，这意味着找不到自己最美好的那一面，不懂得如何好好爱自己，也不知道如何向这个世界展示自信、完美的自己。

甚至很多人长大后，会控制不住地买买买，买一堆并不适合自己的衣服鞋子包包，这种剁手病的根源，不过是小的时候没有被充分满足爱美愿望的遗憾在作祟。

让孩子学会打扮、学会展示自己最美的一面，绝不意味着要堆砌各种名牌和花里胡哨的东西在身上，而是引导他寻找把自己变得更好的途径，让他确信自己值得被爱、被欣赏。

因为只有孩子由衷地喜爱自己、欣赏自己，他才会有满满的热情和自信走上前去，去迎接和欣赏这个世界的大美，才能用积极的人生态度和高尚的品德风范，去开创属于自己的精彩人生。

当然，在这第一课之后，还有无数关于美的课程等着孩子。在穿衣打扮之外，请多带孩子去图书馆、博物馆、音乐会、艺术展，去大自然中感受天地万物，去世界各地看不同的风土人情，还要鼓励他找到一项他真心喜欢的爱好……

这样在美的氛围中成长起来的孩子，一定会成为博学多识、心灵高贵、举止优雅、浑身散发着美好气息的人。

前提是，你要手把手地，把孩子带进美的课堂，给他上好这第一课。

父母，是孩子最好的美学老师

很多父母排斥跟孩子谈论“美”，是因为他们自己对“美”也存在误解。因为提起审美教育，很多人想到的是美育课、培训班、画展、艺术展等。

其实，正如所有的教育都是从父母开始的一样，审美教育也是如此。

有些父母说，我们不懂，也没有钱给孩子做审美教育。

审美教育需要钱吗？某种程度上来说是需要的，但是只有钱并不够。其实，美可以很简单、很家常。它就浸润在你和孩子相处的每一寸时光里。

比如旧家具也要擦得光亮如新，并常摆一束野花；

比如花点儿小心思，把一盘菜用心做出精美的样式；

比如经常捧着一本好书或听一些好音乐；

当然，也包括你出门前认真地梳妆，把自己和孩子都打扮得干净得体。

正如暖妈之前所说：无论身在何处都不放弃美的追求，拥有把生活过得细致美好的能力的父母，才是审美教育中最重要的一环。

打扮家居、打扮菜肴、打扮自己的精神及外表，这些都是一个人爱自己、爱生活的精神底气的体现，孩子看在眼里，记在心里，日夜模仿，最后终会润物无声地渗透到孩子的精神气质里。

现在，你还会说爱美不重要吗？

暖妈推荐书单

《捕捉儿童敏感期》，孙瑞雪著，中国妇女出版社，2013.4

孙瑞雪在《捕捉儿童敏感期》中写道："实际上成人的气质是由儿童期间的审美导致的，童年的审美奠定了人一生的审美倾向和生活品质。"

请永远记得：我们给孩子买美的衣服、用品和玩具，并不是为了虚荣或炫耀，而是为了让这种对美的感知和享受浸润他的内心，伴随其终生。

再美的衣服和玩具总有一天都会被丢掉，但无论孩子此后一生中去到哪里，经历过什么，那种美好都会与之同在，温暖他内心，赋予他力量，使他治愈伤痛，重拾希望。

暖暖妈爱分享

一个孩子只有能由衷地喜爱自己、欣赏自己，他才会有满满的热情和自信走上前去，去迎接和欣赏这个世界的大美，才能用积极的人生态度和高尚的品德风范，去开创属于自己的精彩人生。

当然，在这第一课之后，还有无数关于美的课程等着孩子。在穿衣打扮之外，请多带孩子去图书馆、博物馆、音乐会、艺术展，去大自然中感受天地万物，去世界各地看不同的风土人情，还要鼓励他找到一项他真心喜欢的爱好……这样在美的氛围中成长起来的孩子，一定会成为博学多识、心灵高贵、举止优雅、浑身散发着美好气息的人。

别错过任何一个财商教育的机会

一次在商场里看到这样一个场景：

“我们家没钱，买不起。快放回去，走吧走吧！”

我循声望去，说这话的爸爸从穿着打扮来看并不像很穷的样子，而他的孩子，一个3岁左右的男孩，手里拿着的不过是一个很普通的汽车玩具，几十块钱而已，正眼巴巴地看着爸爸。

“走吧，家里都有几个玩具了，还整天要这要那的，钱都被你花完了，你要懂事知道吗？”

孩子其实挺懂事，犹豫挣扎了一下，就放下玩具，跟着爸爸走了。看得出，他经历过很多次求之不得，已经能很轻易地放弃要求、控制欲望。

熟悉不熟悉？你肯定也碰到过这样的事情。

有个朋友曾跟我讲起她的囧事，因为从小被要求好好读书，家里买东西从来不用她，她一直到十几岁都对钱没有任何概念。有一次她终于被批准去买西瓜，因为大人说西瓜五毛钱（一斤），所以她拿着五毛钱就出门了……结果被卖瓜的小贩好一顿笑，最后只好让小贩背着瓜跟她回家拿钱。

曾有位妈妈留言给我说：暖暖妈，我的儿子上小学了。因为我从小在比较贫困的家庭长大，深知没有钱对一个孩子的影响有多大，所以我总是竭尽所能给孩子创造好的条件。但现在孩子小小年纪，花钱却大手大脚，给同学送生日礼物都是一二百的，好像钱是大风刮来的一样。我该怎么教育他，你能教教我吗？

……

这些生活中常见的问题，其实就涉及被家庭教育忽视已久的财商教育。

财商教育有什么用

对于中国人来说，智商教育自古有之，根深蒂固。情商教育则是近年来才逐渐引起广泛重视。逆商教育一直通过卧薪尝胆、悬梁刺股、凿壁偷光之类的成语，源远流长地影响着每一代人的精神世界。唯独同样重要的财商教育，自古以来都极度缺乏，成人社会都羞于谈钱，更不要说对孩子进行良好的、正确的财商教育了。这或许与传统的重农抑商的历史传统和君子重义轻利的道德规范有关。

中国父母的财商教育往往走两个极端：

一是像上面例子中的爸爸那样打苦情牌："我们天天早出晚归挣钱，你不好好学习对得起我们吗？""我们家没有钱，你还要这要那乱花钱，怎么这么不懂得体谅父母？"

"哭穷"的父母，有些是真的穷，但很多只是为了达到教育目的，希望让孩子懂得生活艰辛，学会勤俭节约并体谅父母，同时大彻大悟，动心忍性，艰苦奋斗，取得成功。

然而在这样的语境下长大的孩子，在懂事的外表下会背负沉重的内疚感，我在生活中遇到过不少这样的人，他们终生都在致力于挣钱、攒钱，却不懂得如何合理支配金钱，不知道如何享受人生。

第二个极端是像上面那位读者妈妈一样，竖起隔离栏，将金钱隔绝在孩子的世界之外："我们家有钱，宝贝想要什么爸爸妈妈都会买给你，只要你开心就好。""钱的事你不用管，你就把学习搞好就行了。"……

这些父母有的是真有钱，有些呢，也只是为了达到教育目的，自己承担起了生活重担，只为孩子创造完备的物质条件，希望孩子不为金钱这个俗物所累、无忧无虑享受生活、集中精力钻研学业，最终成为眼界高远、超凡脱俗、视金钱如粪土的金字塔尖人士。

其实，金钱本身是个中性词，它是万恶之源还是幸福基础，取决于使用它的人。不引导孩子了解、使用和管理金钱，就是让孩子脱离了实际生活。就像我的朋友一样，成绩优异，但却连一个西瓜都不会买，当她日后经历金钱带来的冲突和问题时，该怎样应对？很难想象一个没有金钱观念的孩子怎样爬上金字塔尖。

生活中，很多父母的常见做法，在不经意间毁掉了孩子的财商。一个认为自己不配享受金钱的人，是很节俭，却不会快乐；一个对金钱没有概念的人，是很超脱，却很难成功。

唯有能正确看待和使用金钱的人，才能让钱为己所用，让金钱成为自己幸福生活的基础和走向成功的踏板。

怎样对孩子进行财商教育

一般认为财商教育从3岁开始，5～12岁是关键期。其实3岁前也有很多进行财商教育的机会，因为金钱的使用无处不在，所以财商教育不分时间，只看技巧。

一、润物无声的概念灌输

从分离焦虑期开始，家长们就可以用孩子能理解的语言，跟孩子说明爸爸妈妈要去上班；再大一点儿，就浅显通俗地给孩子讲上班的意思："上班就是爸爸妈妈付出劳动，换回钱，用钱可以购买我们家所需的东西，还有你想要的玩具。"

我有个朋友，她的财力可以给孩子买得起任何玩具，她平时也会给孩子买一些玩具，但是对孩子最想要的，她反而故意设置一个时间点来拖延："这个有点儿贵，妈妈暂时还没有这么多钱，不过妈妈有信心，再努力工作两个月，就能攒够钱帮你买了。你能不能支持妈妈工作，再等一等呢？”

在这两个月里，她会时常跟孩子一起分享进度：“妈妈还差一点儿就攒够了买××的钱了哦，真是值得期待，到时候你会不会很开心？”吊足了孩子的胃口。

终于到了约定的时间，她就牵着孩子的手去把玩具买回来，因为这是经过妈妈的努力和自己对妈妈的支持，好不容易才得来的，所以孩子欢天喜地、倍加珍惜，也更懂得体谅和尊重妈妈的劳动成果。

这是不是比前文那个爸爸哭穷的方法更积极有效？

二、身临其境的购物体验

平时到超市购物，如果不是很匆忙，不妨带上宝宝一起去，有意识地引导孩子注意选购商品、付款结账的过程：“宝宝，妈妈买了你喜欢的苹果哦，我们看看多少钱？哦，需要30元钱啊，待会你帮我把钱给售货员阿姨好吗？”“宝宝现在就想吃啊，我们要等一下结了账才可以吃的。请稍等哦！”……

3岁左右，可以让宝宝选择一两样喜欢的东西，然后引导他看价格，让他拿着钱去结账。一开始可以给面额正好的钱，慢慢地可以多给一些，让孩子体验找钱的过程。

三、买和卖的角色扮演游戏

暖暖3岁左右时曾经很喜欢玩一个买和卖的游戏，她当老板，我当顾客。刚开始任何东西一块钱都可以换走，后来我们逐渐增加游戏难度，让她给物品标上价格，我再多一些讨价还价、要求买一送一的环节，最后跟暖暖一起算她挣了还是赔了……这个游戏反反复复玩了无数次，暖暖不仅很快认识了几种小面额钞票，还学会了10以内的加减法。

在朋友圈里，我还看到很有创意的妈妈，带着2岁多的宝宝去小区卖棒棒糖，虽然卖得少吃得多，但对于孩子来说，这个对钱物交换过程的体验是极好的。

角色扮演游戏适用于较大的孩子，比如前文提到的那个大手大脚花钱的孩子，妈妈可以提出让孩子当一天家，用平常的生活标准，给孩子一天的生活费由他支配，妈妈协助他了解家里一天的吃穿用度，不用批评说教，孩子自然会体会到生活的不易。

四、合理给予零用钱

孩子慢慢长大后，可以赠送给孩子一个可爱的储蓄罐，每周或每月定期给他一笔零用钱，让他知道这是一段时间内他自己可以自由支配的钱，并说明如果孩子能控制好零花钱的使用，不会经常入不敷出，就可以逐渐增加零花钱。

五、给孩子开一个账户

在英国，大多数银行都为16岁以下的孩子开设了特别账户，有1/3的英国儿童将他们的零用钱和打工收入存入银行及其他储蓄借贷的金融机构。

我们也不妨在孩子上小学后，带孩子去银行开个属于他的账户，如果孩子每期的零钱有节余，就帮他把钱存到账户里去，还有压岁钱和其他奖励，都可以及时存入这个账户，并告诉孩子这些钱存着可以实现很大的愿望。比如，到年底或生日的时候取出来，给孩子买一个他向往已久的价格较贵的玩具。

所以，财商不是孩子长大后才需要习得的一种技能，它应该是每个孩子从小就接受的教育，源自生活，融入细节。

而财商教育也不是富人家庭专有的高门槛教育，关键还是在孩子的第一任老师——父母。只要父母用心引导，注意技巧，培养出一个财商高的孩子，并不难。

暖暖妈爱分享

生活中，很多父母的常见的做法，在不经意间毁掉了孩子的财商。一个认为自己不配享受金钱的人，是很节俭，却不会快乐；一个对金钱没有概念的人，是很超脱，却很难成功。

唯有能正确看待和使用金钱的人，才能让钱为己所用，让金钱成为自己幸福生活的基础和走向成功的踏板。

第七章

7

社会化培养：
让孩子成为一个合格的“社会人”

真正的有教养，有时只是能好好说话

▼

好好说话是教养的基本表现

如果有人要问，世上最让人尴尬的批评是什么，暖妈觉得大概是“没教养”三个字。

中国人对“教养”这个词特别敏感，一旦被批评“没教养”，就好像自己的出身、家庭背景、父母、亲人、成长经历、教育程度、智商、情商统统被一竿子打翻，贴上“差评”的标签。对中国人而言，教养的表现总是多种多样：约会守时、信守承诺、注重礼仪、尊重规则……而我们在生活中，最基本的有教养，就是好好说话。

我曾经在商场里看过这样一幕：一个六七岁的小男孩，在玩具店的柜台前撒泼打滚儿，非要同行的爷爷给他买一个最新版的遥控飞机。爷爷面露难色说身上没有带够钱，回家取来才可以买。男孩依旧不依不饶，一边躺在地上哭号，一边在爷爷腿上踹来踹去：“不行，我现在就要买！现在！你赶紧给我掏钱！听见没有！”旁边行人纷纷侧目。对于上来劝说的路人，男孩更是一边抡拳相向，一边喊着：“你们都滚开！”爷爷毫无办法，尴尬地对路人说：“唉，孩子还小，不懂事，不懂事……”

这件事过去几年了，现在想来仍记忆犹新。我同情并理解那个爷爷的处境。孩子的年龄固然是必需考量的因素，但从孩子的口中说出这样的话，就是没教养的表现。而且，大人的纵容和放任，更是助长了这种行为。

比拳头更无声的伤害是语言。语言是有力量的表达，如果某个词、某句话会伤害到别人，请三缄其口。好好说话是对他人的尊重，是教养的基本表现。就算你是无心的，也需要学会真诚地致歉。这样的原则，既适用于大人，也适用于孩子。很多人说：那么大点儿的孩子懂什么，需要这么小题大做吗？暖妈的回答是，需要。

每个宝宝刚出生时都会以为自己是“全能”的，一哭就能得到食物、安抚、保护，这个时候的孩子是不懂得沟通的。当孩子渐渐开始与世界接触，就应当学会好好说话，否则会一直停留在婴儿期，无法与世界沟通、融合。这里的好好说话不仅仅是态度良好，还包括人与人之间的尊重、一个人的教养、思维逻辑、换位思考能力……年龄小，不能成为胡乱开口的理由，从小就不懂得好好说话，长大了进入社会必将处处碰壁。

会说话的孩子有“糖”吃

俗话说“会哭的孩子有糖吃”，其实，能好好说话的孩子往往能得到更多的“糖”。

某次出门吃饭，因为周末人多，不太好找一家三口连在一起的位置。隔壁桌是四人桌，坐了两位女士。

不一会儿，来了一家三口，那个孩子一看有个四人桌有两个空位，就赶紧跑来，大喊：“喂，你们两个搬到那边去坐，我和爸爸妈妈要坐这里！”我见其中一位女士懒懒地回答：“不好意思，我们来的时候因为没有两人位，服务员给我们安排了四人位，我们有权利不搬，而且我们正吃得很高兴，不想搬。”那小孩一听，越发着急：“你们快让啊！听到没有！我们要坐这里！”两位女士对视了一下，继续开始吃饭聊天，不再搭理那小孩。小孩一家三口等了一阵，实在没有三人位，只好骂骂咧咧地走了。

这时候，我听那两位女士小声说，如果这个小朋友一开始能这么说：“阿姨，今天人太多了，我和爸爸妈妈坐不下，可不可以请你们换一下位置？”那么她们肯定会高兴地换位置，因为当这一家三口进来时，她们就做好了这个打算的，可惜那个孩子采取了让她们十分尴尬的方式。

可见，好好说话，不仅仅是有教养的体现，还能让人收获更多的尊重，在人际交往中更容易达成想要的结果。

如何培养一个“会说话”的孩子

第一次看综艺节目《爸爸回来了》时，里面有一个场景让我印象非常深刻。一天早餐的时候，奥莉想喝果汁，向爸爸真诚地说了“Please”，李小鹏才把果汁递给奥莉。弹幕上立马有评论：一家人，需要这么客气？作秀的吧！我不知道评论人家作秀的网友是什么样的心理，但请求帮助真诚地说“Please”，别人帮完忙真心地说“Thanks”，难道这不是人与人相处的正确打开模式吗？这不是客气，这是一种教养。

对人的尊重，与人好好说话，并没有家里家外之分。相反，一个孩子好好说话的素养正是来源于家庭。孩子的一切皆是大人的缩影，孩子如何说话，取决于家长曾经是怎样与他沟通，怎样与周围人沟通的。一边要求孩子彬彬有礼，一边却时常对孩子发出“狮吼功”或对周围的人恶语相向，孩子会不会变成绅士或淑女，结果显而易见。从来都没有天生的“熊孩子”。每个“熊孩子”的背后，通常都有一个“熊家长”。

有一次逛商场时见到一对母女，母亲挑选衣服时，对营业员颐指气使，因为营业员招呼其他顾客而稍晚了一步过来帮她试装，她便大声呵斥。当她穿上裙子转头问女儿意见的时候，十几岁的女儿勉强从手机屏幕上抬眼瞟了一下，不耐烦地说：“丑死了，跟个肥婆似的，快脱了吧！”呵呵！此情此景，只让我想起一句歌词：长大后，我就成了你。

很多人都听过，“育人者必先育己，立己者方能立人”。最好的教

育，永远都发生在家庭里。父母，作为孩子的第一位老师，一言一行都被孩子看在眼里，体现在行为上。一个处于成长期的孩子，对外界信息的吸收缺乏最基本的甄别能力，这时候父母的作用，就是引导和帮助他们认识什么是对的，哪些不应该做，怎样尊重他人，言传身教，让孩子学会遵守公共秩序、掌握基本礼仪、承担自己应有的责任。没有人愿意自己的孩子被评价为“没教养”，而教养也并不是大富大贵人家的专利。我们也许没办法让孩子参加各种高级酒会、学习各种国际礼仪。但这并不证明我们不能培养出“有教养”的孩子，至少我们可以从好好说话开始。

那么，如何拥有一个能好好说话的孩子？最好的方式就是父母好好说话，在餐厅，对服务员说谢谢；遇到争执，请先道歉；打扰到别人，说“不好意思”；不在背后责怪或抱怨他人；遇到欣赏的人或事，不吝啬赞美……这些点滴的细节，便是孩子的教养最好的来源。

教养是一个家庭对孩子的最初的影响，也是家庭教育终极的追求。当孩子被赋予了好的教养，能胜过一切的“穷养”或“富养”。而好的教养，往往从好好说话开始。学会这一课，我们会发现人与人之间的沟通变得美好太多，很多问题的解决并不需要歇斯底里，世界更加包容和友爱。当然，我们还得告诉孩子，如果某天遇到一个不会好好说话的人，我们也别轻易对他说出“没教养”之类的评价。因为轻易脱口而出去评价别人这件事，本身也缺少一点儿教养。

暖暖妈爱分享

中国人对“教养”这个词特别敏感，一旦被批评“没教养”，就好像自己的出身、家庭背景、父母、亲人、成长经历、教育程度、智商、情商统统被一竿子打翻，贴上“差评”的标签。对中国人而言，教养的表现也总是多种多样：约会守时、信守承诺、注重礼仪、尊重规则……而我们在生活中，最基本的有教养，就是好好说话。

那么，如何拥有一个能好好说话的孩子？最好的方式就是父母好好说话，在餐厅，对服务员说谢谢；遇到争执，请先道歉；打扰到别人，说“不好意思”；不在背后责怪或抱怨他人；遇到欣赏的人或事，不吝啬赞美……这些点滴的细节，便是孩子的教养最好的来源。

如何培养一个高情商的孩子

有一次，新闻报道上海有位初三学生的妈妈花了近2万元为孩子购买了一套情商课，每周课时费300元。

此事一经报道，引发了各界热议。争议的焦点主要集中在“值不值”上：有的家长认为花2万元买奥数课程还舍得，买情商课不值得。

其实暖妈觉得，在经济条件允许的情况下，给孩子报什么课程都无可厚非。而且据这位妈妈说，她发现孩子在人际交往方面遇到了问题，比如和同学出去玩儿，常常因为不知道怎么融入同学的活动中，只好中途落寞地一个人回了家；比如遇到难题就逃避犹豫，不会积极应对等，自己对孩子的开导不起作用，只好转而向社会上的“情商教育机构”寻求帮助。“我觉得学不学奥数并不会影响人的一生，可是，拥有健康的心态却可以让人受益终生。所以，这比学奥数更值得。”这位妈妈说。这句话观点很正确，说明这是一位负责任的、有心的妈妈。

不过，新闻报道中这位妈妈有一句话我不是很赞同。她觉得孩子不具备健全的人格、健康的心态，是因为“学校都没有系统地教”。情商教育，不应该只推给学校。

什么是情商

这个词是在1990年被提出的，1995年随着丹尼尔·戈尔曼的《情商：

为什么情商比智商更重要》一书引起全球性的研究与讨论。因此，丹尼尔·戈尔曼被誉为“情商之父”。

> **暖妈推荐书单**
>
> 《情商：为什么情商比智商更重要》，〔美国〕丹尼尔·戈尔曼著，杨春晓译，中信出版社，2018.1

戈尔曼在书中将情商定义为：“拥有认知自身感受及他人感受的能力，从而促进个体更好地管理自己的情感，并且维系与他人的良好关系。”

其实，说得简单一点儿，情商，就是让自己舒服，也让别人舒服的一种能力。

现在，从家庭到职场，从婚恋到育儿，“情商”一词已经成了人们评判一个人的重要标准，人们也越来越发现情商的重要性和不可或缺性。

大凡情商高的人，个性友好快乐、学习积极主动、人际关系好、事业进步快，人生像开了挂一样顺利通畅。

所以，谁不想要一个情商高的孩子啊，那些让众多家长交口称赞梦寐以求的孩子的品质：外向活泼、擅长交际、口才出众、彬彬有礼……都是情商高的体现啊！

情商是与生俱来还是后天养成的

人的情商的确有一部分是天生的，比如，有的孩子天生对陌生环境接受度高，对突发事件反应快；有的孩子天生语言能力强，情感表达比较充分等。但其实，环境是塑造一个人情商更加重要的因素。大多数专家认为，情商要比智商更容易被环境影响和塑造。

一般认为，0～6岁是培养孩子情商的关键时期，尤其是在3岁前的婴幼儿时期。所谓“三岁看大”，也就是说一个人情商的建立与成型大部分是在3岁前完成的。

以前很多人认为小孩子什么都不懂，其实小宝宝在出生之后很短的时间内就开始感受环境和情感了，而且他们的情感需求比我们大人更强烈，感知能力更敏锐，所以也更容易被感染、被塑造。当他们的需求得到及时积极的回应，便会慢慢发展出平静、满足、快乐、信任等情绪；而当他们的需求没有及时得到相应的回应，则容易变得沮丧、不安、害怕、伤心、愤怒。

如果我们老是忍不住对孩子发脾气，却希望孩子能别闹情绪；如果我们不允许孩子哭，却希望孩子能自己排解沮丧；如果我们从不在意孩子跟我们聊了什么，却要求孩子善于沟通；如果我们总认为自己的事才重要，却要求孩子不能自私……孩子带着委屈、不解、压抑、孤单长大了，到那时再贵的情商培训机构，都未必能帮我们打造出来一个高情商的孩子。

情商教育从来都是我们和孩子一起努力的事，我们却只记住要求孩子，而忘了规范自己。

所以那些指望以后让学校和社会机构来培养孩子情商的家长，千万别忘了：情商教育从孩子一出生就开始了，而你才是他最重要的情商课老师！

孩子的情商该怎样培养

说到这里，暖妈想起两件事。有一次送暖暖去幼儿园时听到两位家长在聊天，A说："暑假你都给女儿报了些什么培训班？"B回答："这个假期孩子并没有表明想去学什么，所以我们买了一些绘本在家看，还出去旅游了一段时间。"A不赞同地说："我给儿子报了一个艺术班，让他在表演中多练自信，多去表现，这也是练习情商。现在情商多重要啊！"后来，听闻A的孩子在幼儿园的小剧场里，因为没能出演喜欢的角色而扯坏了其他小朋友的表演道具，导致剧目演出不能准时进行。

还有一次幼儿园郊游活动，因为实习老师的疏忽，一个孩子被栏杆卡住了头。孩子由于年龄小受到了惊吓，一直哭得停不下来。大家从栏杆里把孩子安全弄出来的时候，孩子妈妈也赶到了，她安慰了一番孩子后，对孩子说："现在没事了。刚刚老师特别担心你，你要不要去抱抱她，安慰她一下？”听了妈妈的话，孩子去抱了抱老师，情绪也变得稳定了许多，最后还笑着跟老师和同学说了再见。所以，情商需要培养吗？需要。

但是，情商需要的不是刻意地“培训”，而是自然而然地“养成”；情商应该是自身品质的一种自然流露，而不仅仅是为人处世的“技巧”。

最好的情商教育，应该像第二个妈妈的做法那样，顺其自然，因势利导，润物无声，浑然天成。

我们对父母尊重，我们收获的将是孩子的尊重。

我们对伴侣有足够的爱与支持，或许也会成为孩子以后的家庭模式。

我们处事的公正自信，也将是孩子处事的态度。

我们的笑点，也许会成为孩子的幽默感。

我们的同情心，会成为孩子心里的善良。

孩子从父母身上感受和学习着情感，所以我们就是孩子情商的起点，我们的言行举止和精神风貌，决定着孩子一生的幸福。

所以，要想孩子高情商，请先问一下你自己准备好了吗？

暖暖妈爱分享

最好的情商教育，应该顺其自然，因势利导，润物无声，浑然天成。

我们对父母尊重，我们收获的将是孩子的尊重。

我们对伴侣有足够的爱与支持，或许也会成为孩子以后的家庭模式。

我们处事的公正自信，也将是孩子处事的态度。

我们的笑点，也许会成为孩子的幽默感。

我们的同情心，会成为孩子心里的善良。

孩子从父母身上感受和学习着情感，所以我们就是孩子情商的起点，我们的言行举止和精神风貌，决定着孩子一生的幸福。

要想孩子情商高，父母先要有高情商。

孩子被打，该不该打回去

“暖妈，有人打了我的孩子，我到底该不该教他打回去？”

在我公众号所有的后台留言提问中，这个问题出现频次之高，大概能排到前三。对于这个问题，不同的观点一直纷争不断。

认为不要打回去的观点，一般有这样的几种理由：“不要打回去，打人不是好孩子，应该告诉老师或者大人，让大人来判断和解决问题。”“宽容是传统美德，应该多讲道理而不是动手，何况小孩子之间的打闹根本算不上真正的打架。”……

也有很多的家长认为：“当然要教他打回去了，不然孩子会一辈子成为受气包。”“告诉老师会被小朋友们看不起，只有自己学会保护自己，用拳头回击，才不会受欺负！”

在这一点上，暖妈特别理解大家的纠结，既害怕自己的心肝宝贝被别的熊孩子欺负，又担心在自己的怂恿下，自己的孩子变成别人眼中欺负人的“熊孩子”。

被打了，就是被欺负了吗

先讲一个暖妈亲眼所见的案例。莉莉和小静，同上一个幼儿园，平时非常要好。有一天，小静的妈妈去幼儿园接她放学时，远远地看见莉莉和小静吵嘴了。争执中，莉莉一下把小静推倒在地，然后扭头就走了。平时女儿都是家里的小公主，小静妈妈亲眼看见女儿居然被小朋友欺负，真是心都痛麻了。她一把冲过去抱起女儿，问她：“刚才莉莉推你，你怎么不还手啊！她这么欺负你，你还跟她做什么朋友啊！以后再也别跟她一块玩儿了！”小静从妈妈的怀里挣开，一屁股又坐回了地上，大声哭了起来……

我们喜欢用成人世界的规则，去看待孩子之间的矛盾。可是，孩子眼中的世界是什么样子，其实很大程度上取决于我们的教育和引导。他们的情绪来得快去得也快，经常前一秒还相互推搡打来打去，下一秒就已经擦干眼泪重新手拉手追来追去。莉莉和小静之间的小事故，也许只是一次好朋友之间再正常不过的闹情绪，可是在小静妈妈看来，却是自己的孩子受到了欺负。妈妈要求小静应该“还手打回去”“别跟她玩了”，对孩子来讲是一种“对方在欺负你，你不打回去就是懦弱，你们不能再做朋友了”的心理暗示。这种暗示，会让小静比被好朋友推了一把更加难受。这种暗示的不良结果就是，也许小静以后真的受了欺负，却再也不愿意告诉妈妈了。

永远都不要小瞧“心理暗示”的作用。当我们的孩子还很弱小，不能保护自己时，家长的这些语言和行为，反而对孩子的心理是一种负面引导，会让他们变得越来越懦弱、自卑。

孩子到底有没有“受到欺负”，不应该由我们来判断，而应该交回给孩子自己。如果对方并没有用武力来达到某种目的且乐在其中的主观故意，我们的孩子也没有在被打后产生委屈、恐惧、愤怒的情绪，那我们完全没有必要主动去引导孩子，让他们觉得自己“被欺负”了。不能因为总害怕自家孩子吃亏，就不惜扼杀孩子之间单纯的友谊和快乐。

“被打了要打回去”，一定就能打得回去吗

如果上面的理由你们觉得过于教条，那暖妈再说点儿更接地气的。

先问大家一个问题：“如果有人打你，你怎么办？”大部分人会说，“那当然要先知道他凭什么打我？如果没有特别合理的理由，当然要打回

去了。”

再问另一个问题，“如果有个比你强壮得多的人打你，你怎么办？”我相信可能有一半以上的人会仔细思考并长久沉默了。

大部分要求孩子“被打了就要打回去”的人，多半是理想地认为只要孩子想打回去，就一定能打回去。但现实社会要复杂得多，排除朋友之间的打打闹闹之外，真正动不动就动手打人的，多半也不会因为对方还击就善罢甘休。孩子并不懂得去判断自己所处的位置，一味地教孩子挨打了就要打回去，有没有想过，孩子一定就能打得回去吗？如果对方本来就比孩子更加孔武有力，一味只知道教孩子还手，兴许只会招来更大的伤害。

另一方面，因为孩子本身对交往就有畏缩心理，万一动了手也“打不回去”，心理压力只会更大，以后的交往也就更不自信了。

没有打回去，会变懦弱吗

相信大部分的家长，对于“该不该教孩子打回去”的困扰，皆来自如果孩子不会还手，会不会以后因此而变得懦弱。其实还是那句话，孩子是一张白纸，他会变成什么样的人，在于大人如何引导。

有娱乐圈“毒舌”之称的金星老师，曾经讲过这样一个故事：

她的儿子在超市里被一个抢玩具的孩子无缘无故地打了一巴掌，她让儿子打回去。儿子捂住被打红的脸，说：“不！他打我，是因为他的妈妈没教育好他！我跟他不一样！”这句话让金星震惊，也深感安慰。

学会化解内心的愤怒和仇恨，是孩子的必修课。人与人相处的平等和尊严，有很多种方式来表达和实现，并不只有“被打就还手”这一种。找到如何与人和平共处的方法，不仅仅是真正的自尊和自信的表现，还能帮助孩子学会宽容、忍让，养成为他人着想的良好性格。至于这个是不是懦弱，关键还在于家长的引导。要让孩子明白，没有打回去，并不是因为我们害怕，而是应该采用更好的办法来解决问题。

另一方面，那种吃不得一点儿亏，稍微受点儿委屈就要打回去的所谓强者，真的就快乐了吗？比肢体侵害要更严重的伤害是被孤立。家长都希望自己的孩子强大到谁也不敢惹，但那种真正谁都害怕，大家都敬而远之的孩子，内心深处绝对要比挨了几下打的孩子更加痛苦。教育孩子以暴制暴，并不是什么好办法。与其教孩子如何反抗、以暴制暴，不如让孩子学会怎样有效地保护自己。

孩子被打，父母应该怎么做

终于回到了这个问题本身。暖妈不建议孩子被打就一定要打回去，但是并不代表如果孩子真的被欺负，就该在“宽容”的道德绑架中，一味地退缩忍让，默默不语。

那么如果孩子真的挨打了，应该教孩子怎么做呢？

1.告诉孩子，如果有人打他，一定要大声地喊出来，表明自己的态度：“你不要打我！打人是不对的！”

2.如果对方继续打或者抓我们，那么就按住对方的手，把对方的手从我们的身上剥离，并迅速离开，确保不会有进一步的伤害。

3.如果对方继续追打或者场面不可控，立即寻找身边成年人的保护，可以是老师、家长或者管理员。不一定在每次有问题的时候都要求助于外力，但需要让孩子明白，当自己的能力无法应对时，老师和家长都是可以保护他的人。

4.当然也有另一种情况，我们并没有引导，孩子被打以后，自己打回去了。要不要制止？其实这也是孩子在面对暴力时最真实的反应，我们当家长的，不要对孩子的行为做出指责、呵斥，这样会让孩子觉得伤心，“我受了欺负，妈妈却帮别人说话”，从而把爸爸妈妈划入到对立面。而是应该正确引导孩子，“回击别人欺负时要注意分寸，如果冲突停止了，你的回击也要停止，不要造成主动的攻击和伤害。”

5.告诉孩子，在任何场合，一定要有一些好朋友。真正容易被欺负的人，往往都是孤立的。只有融入了集体，才会拥有震慑危险的力量。

6.最重要的一点，不管在外面遭遇了什么事情，都一定要告诉家长。很多孩子长大以后被别人欺负时一声不吭，不敢告诉家长，就是因为在他们曾经的经历中，被欺负告诉家长之后换来的不是安慰，而是责备。我们应该让孩子知道，家在任何时候都是可以信任的港湾，不管事情的结果如何，做父母的都应该尝试着去理解、安慰和包容孩子，让孩子敢于把担忧和恐惧表达出来，而不是压在心里。

毕竟，孩子的心理健康，才是我们最大的希冀！对吗？

暖暖妈爱分享

★告诉孩子，如果有人打他，一定要大声地喊出来，表明自己的态度："你不要打我！打人是不对的！"

★如果对方继续打或者抓我们，那么就按住对方的手，把对方的手从我们的身上剥离，并迅速离开，确保不会有进一步的伤害。

★要让孩子明白，当他自己的能力无法应对时，老师和家长都是可以保护他们的力量。

★孩子被打以后，自己打回去了，不要对孩子的行为做出指责、呵斥，否则会让孩子觉得伤心。

★告诉孩子，不管在外面遭遇了什么事情，都一定要告诉家长。

孩子的安全教育真的做好了吗

校园安全事件层出不穷，我们怎么办

各种新闻里的“儿童性侵案”“失踪案”一直以来像阴霾一般笼罩着妈妈们。我身边很多妈妈都表示，看到那些新闻，整个人都很惶恐。

是怎样阴暗的人，才会对那些可爱、稚嫩的孩子伸去魔爪？一想到这些，我整个人就不寒而栗。

作为妈妈，我们尽自己所能，给孩子一切美好的事物。我们是多么希望美好快乐将孩子永远包围，然而这样一份美好愿景，在现实生活中，很多时候只是空中楼阁。

现实生活有美好的一面，亦有阴暗的一面。罪恶深处隐藏着阴暗的人性，现实生活中有虚伪的面孔，有阴暗的内心，有善变的情绪。这一切，让看似风平浪静的生活处处暗藏危机。因此，如何给孩子正确的安全教育，如何教会孩子辨识潜在的危险，真的是我们做父母的急不可待的重要课题。

很多人一说到安全教育，就认为安全教育是从小教孩子“不要跟陌生人说话”“不吃陌生人给的糖”，其实这样太片面。

震惊世界的章莹颖失踪案中的嫌疑犯，就是一个你完全不会感觉到危险的人：大学优秀助教，物理学博士，有家室，为人和气，敬业……可以说，任何人都想不到这样的人会犯案。而一波波的儿童性侵案，作案者超七成是熟人，包括老师、邻居、亲戚……

我们很难想象，这些更容易接近孩子，更能轻易取得孩子信任，对孩子的性格、防御能力也更了解的人，某些时刻会成为伤害孩子的元凶。所以，我们对孩子进行安全教育的重点，真的不仅仅在于“不跟陌生人说话”“不吃陌生人给的东西”，也不仅仅在于“背心、裤衩覆盖的地方不许别人摸”，而在于教会他们对环境中可疑的陌生人、熟人的可疑行为保持警觉，这样才能真正提升孩子的安全意识。

提升孩子的安全意识

说到安全意识，让我想起了2016年发生的“留德女生李洋洁案”，这个令人伤痛的案件直到2017年8月4日，历时一年多的时间，德国法院才做出了最后的宣判。

在案件审判过程中，根据女犯克塞尼娅回忆，我们可以还原李洋洁独自跑步回来后发生的情景：

晚上9点33分，李洋洁在距离自己家门口只有15米左右的地方，跑步回来的她遇到了一位与自己年纪相仿的德国女性——克塞尼娅。

眼前这位异国女性有着一张娃娃脸，她神情急切，发出求助说：“亲爱的，能不能去我家帮我搬一只箱子？我一个人抬不动。”李洋洁几乎没多想，就答应了这个德国女孩的求助。

她哪里知道，克塞尼娅有一段极其变态的恋人关系，她的男友很强势，克塞尼娅却非常爱他，听从他的每个指令。她的男友塞巴斯坦曾多次要求克塞尼娅去找妓女回家。可是，很快塞巴斯坦不满足于找妓女，他向女友提出：“要找一个清纯的女孩，最好是亚洲女孩。”于是，克塞尼娅开始寻找亚裔女孩，终于她遇到了独自一人回家的李洋洁。

隔壁古董店的监控摄像头记录下了以下画面：李洋洁穿着黑色的跑步

鞋准备回家，被克塞尼娅叫住，对话75秒。然后，李洋洁跟随对方走进公寓。李洋洁怎么也没有想到，她这一去就是万劫不复，她这一去竟是与这个世界的最后一别。

回顾事件全程，我们不难看出：如果李洋洁有足够的安全意识，能保持警觉性，当时拒绝只身一人跟进公寓，悲剧就不会发生。

想一想，一个品学兼优，具备一定鉴别力的留学生都尚且如此，何况是我们涉世未深、天真烂漫的孩子？！

教会孩子时刻保持警觉

任何时候保持警觉，是我们屏蔽危险的一把保护伞。

一个时常能保持警觉力的孩子，知道熟悉的、安全的环境及正常的人应该是怎么样的，也就知道什么环境下什么人的行为是不正常的。

比如：

孩子知道正常情况下，大人只会跟大人求助，看到大人跟小孩子求助，就知道有些不正常了；

孩子知道正常情况下，陌生人不会随便给他们东西，看到别人给他们东西就知道不正常了；

孩子知道正常情况下，熟人不会做让他们感觉不自然、不舒服的事，否则他们就知道不正常了。

不过，想要提升孩子对周围环境的警觉力，我们首先需要给孩子讲一些清晰、简单的规则，这样孩子更容易发现危险。

下面有一个简单的口诀，我们可以教给孩子：

注意看，注意听。

看，是看有没有不寻常的事情发生；

听，是听有没有奇怪的声音。

孩子刚接触这段口诀，可能并不太懂，我们家长要做的，是在日常生活中，不断强化，加深孩子的理解和记忆。

假装游戏也是很好的帮助理解的方法。我常常和暖暖玩这种游戏，比如我演一个坏人假装开着车，跟暖暖问路。几次尝试之后，暖暖就知道，在保持一定距离的情况下提供信息，或者向旁边的大人求助。一旦问路的人要求拉近两人的距离，甚至要求上车，暖暖就知道情况不对，应该立刻拒绝，并马上离开。

告诉孩子相信自己的直觉

还有一个行之有效的方法是，告诉孩子，要相信自己的直觉。你可能觉得，相信自己的直觉，怎么听起来这么不科学呀？其实不是。人类天生有一些预防危险的机制，比如“害怕”这种情绪能让我们在感觉到危险的时候退缩甚至转身离开。

我们天生的警觉系统，主要位于大脑右半球的前额叶和顶叶，由去甲肾上腺素调节。当危机来临时，警觉系统就会向潜意识发送警报。由于孩子往往无法快速、理智地判断事情的危险程度，所以我们更要教孩子重视这种警报的价值，相信自己的直觉。我们可以跟孩子解释说：“如果在什么地方你感到很害怕，觉得不舒服，你要尽可能快地离开。即使是熟人让你感到不舒服，也应该马上离开。”

当孩子警觉力强大到可以预见危险时，该怎么做呢？教孩子三个简单的口诀：“大声说不，尽快离开，告诉爸爸妈妈。”

我们可以从问问题开始引导孩子，比如：

“如果有陌生人给你糖吃怎么办？”

“如果有人跟你问路怎么办？”

“如果有人说他是妈妈的朋友，要带你去找妈妈怎么办？”

……

对于这种种可能存在危险的情况，我们要教孩子坚决说“不”，并且立即走开，去找爸爸妈妈或者老师等可信的人。我们可以利用日常生活中的一切时机，对孩子进行引导，这样效果会更好。

有一次，我带暖暖去游乐场，她东看西看无比兴奋，没一会儿就松开我的手，离我越来越远。我有意不去追她，远远地看着她，想看她有没有警觉意识。

她大概离我有十米远的时候，发现自己是一个人，就沿着原路往回走来找我。

找到我时，她的表情挺害怕的，我拉住她的手，告诉她：“刚才你跟妈妈走散了，是不是很害怕。以后要注意，在人多的地方一定要拉住爸爸妈妈的手，好吗？”

在这种情境下，孩子真正感受到危险和害怕，再进行适当教育，她会更容易接受。

事实上，从孩子学会说话开始，我们就可以告诉孩子爸爸妈妈的姓名、电话、家庭住址等，并让孩子清楚地记住。需要注意的是，也要嘱咐孩子，如果有不熟悉的人问起这些信息，或者孩子的姓名、年龄等，孩子有权利不告诉对方。

不放弃任何安全教育的机会

平时，我们除了教给孩子一些基本的安全常识，还可以在亲子共读时刻，有意识地选择一些能培养自我保护意识的绘本。比如《我懂得寻求帮助》《远离“亲切”的老猫》《我不跟你走》《我不会走丢》等。

总体原则是，在日常生活中，我们要不失时机地对孩子进行安全教育。比如：去超市时，可以给孩子指一指，那些穿着红色（或黄色）马甲的叔叔阿姨，在这里工作，他们是售货员，如果跟爸爸妈妈走散了，可以请他们帮助你。

在过马路时，可以给孩子指一指，那个叔叔穿着警服，在马路上指挥

交通，他是交通警察，万一以后出门时迷路了，可以请这样的叔叔帮助你找爸爸妈妈。

这比看到一个事故新闻时才长篇大论教训孩子一顿，效果要好得多。

不过需要注意的是，虽然这些工作人员的着装容易识别，但要跟孩子强调，一定要在他们上班的地点去求助。如果是在偏僻的地方，也不可以信任，需要跑到公共场所，到人多的地方去。

合格的父母，在告诉孩子这世界很美好的同时，也要提醒他这世界同样存在着丑陋和险恶。

面对美好的世界，我们应该热爱。但无论何时，我们都要警惕邪恶，教会孩子学会自我保护。

这是我们给孩子美好未来的基本保障，也是给我们自己最大的安心。

也许，就是这一点点的日积月累的安全教育，在无形之中，会让我们的孩子免于灾难和危险。

孩子的安全教育，你做得真的足够到位吗？

愿我们每一个孩子都能快乐长大。

暖暖妈爱分享

教会孩子辨识潜在的危险，是所有父母急不可待的重要课题。很多人一说到安全教育，就认为安全教育是从小教孩子〝不要跟陌生人说话〞〝不吃陌生人给的糖〞，其实这样太片面。

我们对孩子进行安全教育的重点，真的不仅仅在于〝不跟陌生人说话〞〝不吃陌生人给的东西〞，也不仅仅在于〝背心、裤衩覆盖的地方不许别人摸〞，而在于教会他们对环境中可疑的陌生人、熟人的可疑行为保持警觉，这样才能真正提升孩子的安全意识。

警惕校园霸凌！学会识别孩子的求救信号

▼

校园霸凌就在我们身边

2018年4月27日，傍晚，陕西榆林发生了举国震惊的惨案！米脂县第三中学校门外的巷道里，一个穷凶极恶的歹徒拿着匕首行凶，导致9名学生死亡，10人受伤。

当时看到这个新闻的时候，我的心是紧紧揪着的，一种几乎无法呼吸的痛。作为一个妈妈，我真的不敢想象，这些孩子的家长，正在经历怎样炼狱般的痛不欲生！

而歹徒行凶的原因更是让人难以置信：据说其在米脂三中上学时受到过同学欺负，记恨学校和学生。多年前受的欺负，找现在无辜的孩子清算！不管他有什么理由，都不可饶恕！——网友的愤怒！但无论如何，这起悲剧的源头指向了校园霸凌。

以前每次看有关校园霸凌的报道，总是有人不以为然：“不就是孩子之间打打闹闹吗？哪有那么严重。”但对于当事人来说，霸凌的遭遇，就像是在内心种下了一颗仇恨的种子，谁也不知道它什么时候会冲破束缚，毁灭一切。

就像这起案件，9条鲜活的生命，莫名其妙成了多年前校园霸凌事件的间接受害者。这再一次给我们敲响了警钟！

这几年，媒体曝出过不少关于校园霸凌的新闻，每当看到这些新闻，我都会很震惊：扇耳光、扒衣服、逼下跪、群殴……谁能想到，这些残忍的手段，居然是一些孩子用来对付另一些孩子的？

太可怕了！这已经超出了“孩子之间打闹”的范畴，这已经是犯罪了啊！别说一个孩子，就是一个成人，也难以承受这样的侮辱和欺凌吧。

不敢想，这些孩子的身心经受了怎样的创伤，如果没有老师和家长的帮助，他们要有多坚强才能靠自己渡过难关？

2018年1月18日下午，广西北海合浦县公馆中学的初一女生陈琪琪（化名）从教学楼跳楼身亡。她身上的笔记、所留遗书、夹在作业本里的字条以及课本上留下的只言片语，都把死因指向了校园欺凌。

让人唏嘘的是，陈琪琪是家人朋友眼里的学霸：三好学生、学习成绩年级第一、体育领操员、合唱总指挥、英语能力出众……

可是这么优秀的女孩子，一样会遭遇霸凌：因为穿衣服比较偏运动，颜色也以黑色、蓝色为主，被同学嫌弃说“土里土气的”；因为不会本地的方言，也会被嘲笑；死的时候左腿膝盖外侧有明显的伤痕，而且伤口已经结痂……转到这所学校才半年，陈琪琪就被霸凌逼上了绝路。她一定到死都想不明白，为什么优秀也成了自己的原罪？为什么活着会这么痛苦？

有句话说得很好：“孩子之所以是孩子，不仅是因为他们没有自我保护能力。你不告诉他什么是恶，他能把别人逼死。你不告诉他要反抗，他能被别人逼死。”

对霸凌别人的孩子来说，如果没人告诉他那是恶，他就会乐此不疲地去欺负别人，直到把别人逼上绝路；对于被霸凌的孩子来说，如果没人告诉他怎样反抗恶，那他就会陷入被不断欺负的困境中，直到走上绝路。

有的孩子，还会从严重受创的受害者，变成残害别人的施暴者。比如米脂恶性事件里的那个杀人犯，在他当年受霸凌的过程中，如果曾有老师或者父母站出来，帮助他，拉他一把，是不是今天这起悲剧就能避免？当然，这都是后话。

隐性霸凌同样不可忽视

除了这些比较极端、后果比较严重的霸凌事件，其实校园里还存在着更多的“隐性霸凌”。也就是说，并不是只有受害者被打伤、打死、进入医院的恶性事件才叫霸凌，更多的霸凌事件是心理上的歧视、情感上的孤立、言语上的侮辱，只是这些更难引起老师和父母的关注，受害者也就更难得到帮助。

我也曾遭遇过校园霸凌，上小学的时候，我有三个好朋友。还有一个跟我不太熟的男生，跟她们也是朋友。

结果有次不知道我做错了什么，这个男生纠集了我所有的好朋友，不让她们跟我玩，也不让她们跟我一起走。当我回家的时候，他们还在边上讽刺我：“你看那个人，没人跟她玩，哈哈哈。”

当时我特别特别难过，觉得很无助、很孤独，但又不知道怎么办才好，于是越来越沉默，越来越封闭自己。直到考上中学，远离了那个环境，才感觉轻松了很多，慢慢走了出来。

但跟我的几个同学比起来，我遭遇的这些排挤其实不算什么。

上小学的时候，有个女同学据说是妈妈怀她时受了惊吓，导致智商比正常孩子低一点点，其实也不影响学习和生活，只是有点儿木讷。但她还是不幸地成了全班欺负的对象：大家会把她书包藏起来；趁她出去上厕所时把粉笔灰撒在她吃了一半的午餐里；她背着书包走在路上，会有男生使劲儿扯她辫子；还有人会直接骂她白痴……

如果有男生对另一个男生开玩笑，说“只有某某（她的名字）才会喜欢你”，另一个男生就会很生气。

小学几年，她总是形单影只的，一直没人敢跟她做朋友。

还有中学时候，我们是住校的。班上有个男生只是因为声音有点儿细，就被认为是娘娘腔，被宿舍其他男生欺负得特别厉害。其他人会尿到他床上，嘲笑他是变性人。

很多人都以为小孩子顶多只是淘气，但实际上，我们永远都不能低估小孩子的恶。很多人都以为校园霸凌只是新闻中偶然曝出的少数事件，但实际上，校园霸凌几乎成了一个普遍现象。一项调查显示：3.6万名网友中有超过一半的人亲身经历过校园霸凌，其中有1/4的人欺负过别人，而其中的绝大部分霸凌者也都被别人欺负过。

无论是农村学校还是一线城市学校，无论是优秀的好学生还是“看上去好欺负”的普通学生，都有可能成为霸凌事件的受害者。而近些年层出不穷的幼儿园虐童事件让我们看到：幼儿园里的霸凌事件同样存在，只是施暴者不是同学，而是老师。

“别怕，我与你同在”

作为一个曾经遭受过轻度校园霸凌的人，我的切身体会是：在这种事件里，父母的作用真的非常非常重要。

当时我就没有求助于父母的意识，可能因为讨好型人格，不想让父母担心，也因为他们平时比较关心我的学习，很少聊生活啊朋友啊什么的。所以我唯一能做的，就是把自己封闭起来，越来越孤僻。

陈琪琪事件中，她其实很早时候就发出过求救信号，和父母说过在学校的一些情况。但父母并没有足够重视，只是找老师说了一下，并没有更深入地关心孩子，帮她解决问题。没多久，悲剧就发生了。

而前不久，被幼儿园老师拉到开水房教训导致严重烫伤的4岁男童腾腾，也曾连续三天跟妈妈说过自己不想上学。出事后，腾腾妈妈才追悔莫及地想到，孩子不想上学的真正原因，不是偷懒，而是可能已经遭受过来自老师的训斥或虐待。

我当然不是在指责这些被霸凌者的父母，因为学校的责任和霸凌者的责任更大。但，作为孩子的父母，我们有责任关注孩子的心理成长并及时察觉到他的异样。

当孩子出现不想上学、提起上学就哭、半夜经常惊醒、越来越孤僻、不愿意聊学校的生活和朋友、害怕沟通等异常情况时，千万不要忽略了，这可能就是孩子发出的求救信号。

如果孩子出于信任跟我们讲了自己的遭遇，千万不要说："为什么他们不欺负别人，就欺负你？肯定你有不对的地方。""别在意那些，你别放在心上就没事了。"……

这无异于雪上加霜，也会彻底关上你和孩子沟通的大门。

我们至少应该做到三点：

1.仔细倾听孩子的感受和情绪；

2.帮助孩子判断他遭遇的形势的利弊，和他一起探讨如何应对霸凌；

3.为孩子提供更多展现他能力和魅力的机会，帮助他树立自信，建立起自己的朋友圈，打造反霸凌的安全屏障。

最重要的，是要让孩子知道：无论你遇到什么，别害怕，我与你同在。

暖暖妈爱分享

很多人都以为校园霸凌只是新闻中偶然曝出的少数事件，但实际上，校园霸凌几乎成了一个普遍现象。一项调查显示：3.6万名网友中有超过一半的人亲身经历过校园霸凌，其中有1/4的人欺负过别人，而其中的绝大部分霸凌者也都被别人欺负过。

当孩子出现不想上学、提起上学就哭、半夜经常惊醒、越来越孤僻、不愿意聊学校的生活和朋友、害怕沟通等异常情况时，千万不要忽略了，这可能就是孩子发出的求救信号。

不要忽视了挫折商的培养

有一次，在朋友的微信公号里看到她写的一篇游记，讲述了她全家去野餐时发生的一个小插曲，让她对孩子的性格有一些隐隐的担忧。她这样写道：

“带着孩子野餐本来是一件开心的事，全家人心情都非常棒。尤其是4岁的儿子，听说野餐完还能去草莓基地玩儿，更是兴奋了一路。

“没想到的是，野餐时儿子和小侄女因为一个香蕉派争抢了起来。儿子力气大，直接下手抢走了，惹得小侄女大哭起来。

“我赶紧让儿子哄哄小侄女，并跟他商量让他分一半给妹妹。儿子坚持不肯让，还生气地说：‘这是妈妈给我买的，我才不让！’

“最后，我只得强行把香蕉派掰掉一半，并且严肃批评儿子‘不懂事’。

“这个小插曲的后果是，儿子接下来的时间都在生气，不肯和我说话，也不和小侄女一起玩耍了。

“我对孩子的表现既失望又奇怪。平时也挺喜欢和大家一块分享东西的小绅士，怎么这次因为一个小零食，就表现得这么夸张。”

其实，并不是孩子小气，不懂得谦让，而是在孩子看来，属于自己的东西被强行拿走是一件让他感到“很受伤”的事情，他很难从心理上获得平衡感。这种心理失衡，来自孩子对潜在的“挫折感”的抗拒。

提到“挫折感”的时候，很多爸爸妈妈并不会太在意。在他们眼里，“挫折”和孩子还搭不上边，如果一句话、一个零食、一点儿小事就算“挫折”，未免有些小题大做了。

事实上，想让孩子更积极乐观地看待问题，有更坚韧勇敢的性格，父母在致力于培养孩子的IQ、EQ时，真的不能忽略了同样重要的AQ——挫折商的培养。

挫折商是什么

职场爸妈们对“挫折商”这个词应该不陌生，AQ（Adversity Quotient）的概念是美国职业培训师保罗·斯托茨于1997年在《挫折商：变挫折为机会》一书中提出的，一开始主要是指职场和工作中所遭遇的种种困难，而现在也广泛被用于孩子的教育培养上了。

高AQ、低AQ，用通俗的词来形容就是乐观主义和悲观主义。举个例子：就像幼儿园里，几个孩子比赛捏橡皮泥，如果老师大声赞美了其中一个，那些没受表扬的孩子，有的会默默继续努力做出更好的，有的会大声说老师我也做得很好，而有的孩子则怎么也不肯捏橡皮泥了。

如果说情商是孩子处理“自己和他人的关系”的能力，那么挫折商就是孩子处理“自己和自己的关系”的能力。

那么年幼的孩子，又怎么会形成千差万别的挫折商水平呢？关键在于，当孩子遇到挫折之初，他们接受的引导方式是怎样的。

那些溺爱过度的家庭、管控过度的家庭和父母听不见孩子内心的声音的家庭，孩子的挫折商水平一般会比较低。而那些开明民主的家庭和家庭成员关系良好的家庭，孩子的挫折商水平则通常会比较高。

当然，用责骂、打压、贬低等方式来对孩子刻意进行挫折教育，以训练孩子的“挫折商”，更是荒谬。

如何培养孩子的挫折商

“挫折商”培养的核心，在于孩子如何消解心中可能产生的负面情绪，面对困难时如何调动积极的心态去迎战。

想要孩子具备这方面的能力，除了不过度溺爱或管控之外，父母们可以有意识地从这几个方面入手：

一、允许孩子尝试和犯错

邻居家的女儿沐沐3岁多，性格非常活泼，对什么东西都充满着好奇。有次两家一起聚餐，一道菜的摆盘里放了一朵花作为装饰。沐沐伸手拿起花把玩了一会儿，还想往嘴里塞，试试能不能吃。暖暖马上说：“那不是菜，不能吃。”

沐沐妈表示没关系，让她自己尝尝味道。沐沐咬了一口，赶紧吐了出来，自己还开心地笑了起来。

沐沐妈其实就是在无形中培养女儿的“挫折商”，不断的尝试、可能的失败、良好的心态，足以让孩子面对任何事情时，都有足够的勇气和胸怀。

二、陪孩子渡过最初的难关

有一位妈妈在朋友圈分享女儿参加英语夏令营的经历：

“女儿性格文静，在人多的场合很难主动开口，尤其是到一个英文环境里，更让她觉得不安。第一天的活动结束，我发现女儿是为数不多没有主动举手参加诗朗诵的孩子。我问她，是不是担心自己表现不好，怕其他小朋友笑她。女儿点点头，小声地说其实她也会读那首诗。

“我心里明白，害羞、怕失败、不勇敢是女儿这个年龄段正常的表现，我应该陪她一起面对。我鼓励女儿，当她举手去表演的时候，她就已经成功了一半了；而另外一半是她努力去完成自己的表演。我接着和女儿讨论，第一天的活动里哪些小朋友说话不流利、发音有错误，但是他们获得了掌声，因为尝试本身就是一件很棒的事情。

“连续两天，女儿都会和我聊上几句‘小朋友表演的优缺点’，而在第三天，她终于举起了手，唱了一首英文歌。虽然因为紧张，她唱得磕磕巴巴，但她过后却一直很兴奋，因为她终于迈出了克服羞怯的第一步。”

设身处地的考虑、恰到好处的帮助，这位妈妈的做法，比起一味地鼓励孩子“你一定行”“别人能做到的你也能做到”，是不是更棒？

三、从卡通形象等入手，寓教于乐

《疯狂动物城》《功夫熊猫》《超能陆战队》《海洋奇缘》《冰雪奇缘》等动画影片还有一些绘本故事总是特别受孩子的青睐，孩子喜欢的卡通形象也堪称他们人生最初的“导师”。

让孩子看看他喜欢的卡通形象是怎么克服困难、突破自我的，相信那些战胜困难的瞬间一定能让孩子热血沸腾、印象深刻。寓教于乐，润物无声。

四、父母的理解和包容很重要

还拿开头那个案例来分析吧。如果朋友考虑到香蕉派是买给儿子的，他有权利支配，就不会用强迫的方式要求儿子“分享”，还批评孩子不懂事。比如可以换一种正向的说法：“我知道你很喜欢吃这个，可妹妹也很喜欢，如果你能分给她一点儿，她会很开心的。”如果儿子还是不肯分享，那就尊重他的意思，用别的零食去哄妹妹。其实两个孩子争执，解决问题的焦点不是这个零食本身，而是如何分散转移他们的好胜心。

与其为了面子强求孩子谦让懂事，不如给孩子一点儿尊重呵护他的自尊心，给孩子一点儿时间让他成长，相信孩子能慢慢懂得分享的真正含义。

同样，孩子遇到挫折退缩时，父母不要讽刺挖苦：“一点儿小事都做不好，你还有什么用？”可以这么说：“这并不太容易，我在你这个年龄可能也需要一点儿勇气。”

孩子尝试失败后，父母不要不以为然："下次努力就行了呗，哭什么啊。"可以这么说："这次虽然没有解决问题，但我很佩服你能想出这么棒的点子。下次让我们看看你还有没有更好的办法给我们惊喜。"

父母的说话和引导方式，应该是挫折商培养中最重要的一环。

暖暖妈爱分享

挫折商是孩子处理"自己和自己的关系"的能力。"挫折商"培养的核心，在于孩子如何消解心中可能产生的负面情绪，面对困难时如何调动积极的心态去迎战。

想要孩子具备这方面的能力，除了不过度溺爱或管控之外，父母们可以有意识地从这几个方面入手：1.允许孩子尝试和犯错。2.陪孩子渡过最初的难关。3.从卡通形象等入手，寓教于乐。4.给孩子理解和包容。

性教育开不了口？再不进行就晚了

一提到性，长期以来，我们的社会就会呈现出奇怪的两张面孔：一方面视性为洪水猛兽、剪辑封杀、避讳极深；另一方面却时兴性开放、藐视生命、践踏婚姻道德。比如避孕套广告非常少见，人流广告满天飞；比如出轨成了常态，婚姻成了儿戏；比如某些不良媒体惯用一些带有性暗示的标题和内容来吸引眼球，等等。

这种情况下，如果家长还不以为然：“以前谁接受过性教育，长大不都无师自通了！”“给那么小的孩子讲性知识，他懂什么啊！”或羞于启齿：“这种话不好意思开口，等他自己上学了听老师讲吧！”这样的话，就等于把这份教育权利拱手让给了暗流涌动的社会，就是让孩子懵懂无知地去直面这个隐患重重的世界，或者带着扭曲的、错误的性观念长大。那么爱孩子的你，如果上不好性教育这一课，还算什么好父母？

大环境一时无法改变，我们能做的，唯有从自己做起，让我们的下一代接受正确的、科学的性教育。所以，暖妈曾经强调过多次，现在还要再次强调：

家长绝对应该是孩子的第一任，同时也是最重要的性教育老师！

性教育必须高度重视！必须尽早开始！必须认真对待！

性教育从什么时候开始？怎么进行？

2岁前

虽然孩子到2岁后才基本能接受性知识，但其实，性教育可以提前到更早。比如，不当着外人的面给孩子换尿不湿，不给孩子穿开裆裤，不戏弄男孩子的生殖器，不让孩子随地大小便……这不仅是对孩子的尊重，我想也是最好的性教育启蒙方式。

你越尊重孩子，他就越自尊自爱，就能越早拥有隐私保护意识。

2~3岁

2岁左右，可以通过洗澡、照镜子、睡前换衣服等机会，让孩子了解自己身体的各个部位。关于隐私部位，这时候只需要简单地告诉他："小裤裤覆盖的地方要好好保护，手脏了不能摸，不然会生病；除了爸爸妈妈（或其他可信任的家人）帮你洗澡、上厕所、换衣服外，别人都不能摸。"

3~4岁

一般3岁左右的孩子就会问这样的问题："我是从哪里来的？""为什么女孩子要蹲着尿尿，男孩子要站着尿尿？""为什么爸爸有胡子，妈妈没有？""为什么妈妈的乳房比爸爸的大？"……

这时候，家长就要适时借助绘本，用较为浅显易懂的语言向孩子解释生命是如何开始的、男女之间有什么区别，根据孩子的问题点到为止即可，不必上成专业的生理卫生课。

暖妈推荐绘本

《小威向前冲》《宝宝是从哪里来的呢？》《我从哪里来》《我的故事》《我宝贵的身体》等。

因为一般3岁前的孩子，大多数都还在父母的监护之下。而3岁以后，就要接触社会各样人等。所以，还要及时让孩子初步树立自我保护意识，同样推荐借助绘本的力量。在轻松愉快的氛围中，孩子更容易理解和接受。

> **暖妈推荐绘本**
>
> 《不要随便摸我》《不要随便亲我》《不要随便跟陌生人走》《我不跟你走》等。

下面这段话最好在孩子上幼儿园之前就告诉他并让他记住：“你是自己身体的主人，老师也好、邻居也好、爸爸妈妈的同事也好，不是每个大人的话都要听，任何让你感觉到不舒服的触摸，你都有权利说‘不’！如果对方不停止，一定要想办法赶快离开，跑向人多的地方，然后及时告诉可信任的大人！如果对方说不准告诉爸爸妈妈，也不用害怕，不管发生了什么事，爸爸妈妈一定会保护你的！”

4~5岁

这个年龄段的一个很常见的现象是：女孩子可能会说想跟爸爸结婚，男孩子可能会说想跟妈妈结婚，有的孩子还会在幼儿园的同龄人中选择结婚对象（暖暖就曾告诉我：幼儿园里谁谁说喜欢她，要跟她结婚）。这表明孩子进入了婚姻敏感期，对性别、自我、异性有了初步的感觉。

有的家长觉得孩子谈论这些问题是早熟、是不正常，进而批评和打压，禁止孩子和他喜欢的小朋友再来往。这就破坏了孩子的婚姻敏感期。

我的建议是，持正常态度，平等地和孩子交流。比如，我会问暖暖：“你想不想和××结婚呀？”“你觉得你多大才能举行婚礼呢？”然后听听她的想法，力争不去做评判，相信孩子自己能顺从内心，找解决方式。

常见的性教育雷区

一、不尊重孩子的身体和隐私

比如，展示和玩弄孩子的生殖器，把男孩子打扮成女孩子（或把女孩子打扮成男孩子），给孩子穿开裆裤满街跑，让孩子随地大小便，把孩子裸露的照片随便发到网上……真心希望这种不尊重孩子人格和隐私的陋习会随着文明程度的提高而逐渐绝迹。

二、允许其他人随便抱孩子、亲孩子

粉粉嫩嫩的孩子，谁见了都想抱一抱、亲一亲。如果孩子认生、挣扎、哭闹，对方就会说："这孩子太内向了。""给我抱（亲）一下就给你一个糖。"……最让人无奈的是，很多父母出于面子，也跟着附和："我们孩子就是内向。""去让叔叔（阿姨）抱一下吧，有糖吃哦！"

我想问问，是你所谓的面子重要，还是孩子重要？今天在你的纵容怂恿下，他顺从了不熟悉、不喜欢的人，以后若是遇到更进一步的诱惑和侵犯，孩子该如何正确应对？

三、打压孩子萌芽的性意识

孩子摸生殖器自慰的时候，对自己和异性小朋友身体产生好奇的时候，想跟某个小朋友结婚的时候，很多父母认为这是不正常的行为，会骂孩子下流、流氓、不知羞耻，甚至通过打手、体罚等行为打压孩子的性意识。

可是没有性的萌芽，哪来爱情和婚姻的参天大树？用这样羞辱性的语言和行为，摧毁的不仅是孩子正确认识性的机会，更是孩子未来的幸福。

四、回避孩子提出的跟性有关的问题

当孩子问"我是从哪里来的"这一问题的时候，尴尬的父母往往会拿一些匪夷所思的答案来哄骗孩子："肚脐眼里蹦出来的！""医院抱回来的！""垃圾堆里捡来的！"……其中"垃圾堆"这个答案最狠，居然让孩子相信自己的生命诞生于那么脏的地方，你是担心孩子会成长为一个高贵的人是吗？

大概10年前看过一部电影《恋爱中的宝贝》，其他情节都忘了，只记得几个片段。

片段一：宝贝小时候扯着妈妈的衣角问："我是从哪里来的呀？"妈

妈随口答道：“从垃圾堆里捡来的呀！”然后和周围的人一起哄堂大笑。

片段二：宝贝一直做噩梦，梦见一个孩子在垃圾堆里哭。

片段三：宝贝一直拼命洗澡，却怎么也洗不掉心里对自己认定的脏。

电影的悲剧，可能有艺术的成分，但生活中因为父母的无知对孩子造成的伤害，同样并不少见。

五、漠视孩子的求助信号

网上有许多性侵幼童的案例，都是发生了多次甚至直到出现恶性事件后才引起人们重视的。而在这之前，也有孩子会跟家人反映：“有人摸我了。”“有人亲我了。”“我下身很痛。”但是很多家长往往没有放在心上。

也许很多人根本没有意识到：性侵犯离我们并不遥远，不只是在电视剧里，也不只是在新闻里。你去网上搜一下就知道了，很多网友借助这个可以匿名的平台，讲出了埋藏心底多年的秘密。我们看到，原来就在我们身边，隐藏着如此之多的龃龉和恶行。

至于这些网友为什么把痛苦埋藏了这么久，我想，除了父母从不认真听孩子说话从而不能获得孩子的信任以外，也可能他们提过一些情况，却被父母忽视了，以至于他们认为自己不可能从父母那里得到任何帮助。

我们不知道，对这些带着伤痕长大的孩子来说，到底是来自外界的伤害大，还是来自父母的伤害大？多么可悲啊！

最后再总结一下，性教育的要点无非这几条：

1.将孩子当作一个有人格、有尊严的独立个体，尊重和倾听；

2.分阶段进行适当的性教育引导；

3.用浅显易懂的语言，给予科学正确的性知识；

4.态度端正认真，不含糊其词、遮遮掩掩。

这几条看似简单，却实在考验父母的修为。性这个话题，关系到孩子的人身安全、心灵健康以及未来的感情生活，谁又能说，做这些事情不值得呢？

能上好性教育这一课的父母，才能称得上真正的好父母。

暖暖妈爱分享

远离性教育的雷区：

雷区一：不尊重孩子的身体和隐私。

雷区二：允许其他人随便抱孩子、亲孩子。

雷区三：打压孩子萌芽的性意识。

雷区四：回避孩子提出的跟性有关的问题。

雷区五：漠视孩子的求助信号。

对不起，请不要随便亲我的孩子

“你有权对任何人的拥抱和亲吻说‘不’”

有位妈妈给我留言说：“暖暖妈，我的儿子1岁半了。昨天婆婆带他下楼玩儿，有个不认识的老爷爷伸手要抱他，结果我儿子吓得‘哇’的一声哭了，搂着我婆婆的脖子怎么也不肯撒手。

“我下班回来后，婆婆跟我讲了这个事，还挺不高兴地说：‘这孩子，真是上不得台面，人家要抱一下都哭。还是男孩呢，以后能有什么大出息！’我不想听她把儿子说得那么不堪，就笑着回了一句：‘要是有个陌生人突然要抱您，您老人家恐怕也不乐意吧。’

“结果，就因为这么小的事，我婆婆生气了。暖妈你说我要不要跟她道歉？另外，如果别人想抱孩子，我是不是也应该鼓励孩子接受？这样是否会对培养他的外向性格有好处？”

我回复说：“外向的性格可不是靠这种方式培养出来的。你可以就说话的态度和沟通的方式向婆婆道歉，但你一定要坚持给孩子灌输这个观点——你有权利对任何人的亲吻和拥抱说‘不’！”

在我带着暖暖到世界各地游玩的过程中，见过很多来自不同国家的人。在那些性格热情奔放、习惯用肢体动作表达感情的国度，人们在对待暖暖这么小的小朋友的时候，反而表现得很有分寸。比如他们会蹲下来，看着暖暖的脸，很有礼貌地挥手打招呼，最多伸出手，示意暖暖要不要握一下手。如果暖暖不同意，他们也都会适可而止，微笑着再见。

而在国内，从暖暖很小的时候到现在，我们经常被很多陌生人或熟人热情包围，他们会直接拉起暖暖的手，会摸暖暖的脸，会拿着糖果诱导暖暖“笑一个”或“叫阿姨（叔叔、爷爷、奶奶）”，其实这些只要不过分，我倒能接受。我不能接受的，是有人会锲而不舍地要从我怀里把暖暖抱出来。暖暖虽然在家挺“疯”的，但在其他人面前却往往很紧张、羞涩，如果对方坚持要抱，她也会吓得大哭。

在这些过程中，我从来没有说过：“暖暖，你就让人家抱一下吧，没事的！”相反，我总是护着孩子，然后很客气地对对方说：“对不起，请不要随便逗我的孩子，谢谢。”面子这东西，远没有我的孩子重要。

实际上，我的孩子也并没有因为不让别人抱就变得性格内向孤僻，她越来越活泼外向，独立自主，敢于表达，也懂得合理拒绝。家里来了她喜欢的熟人或朋友，她会很亲昵地去抱人家；对于不熟悉不喜欢的人，她会笑着打个招呼，然后躲到一边玩自己的。

我觉得这非常正常，并无不妥，谁规定一个小孩子就必须八面玲珑，见谁爱谁？谁说只有硬着头皮被别人抱了亲了才是懂礼貌的好孩子？我相信孩子天生有判断别人和与人相处的智慧，只需适度引导，无须过度干预和强迫。

更何况，无论我们的孩子多小，他们都有自己的尊严，不需要牺牲自己的感受，去屈从大人，去讨好别人。

呵护好孩子对于身体界限的认知

赋予孩子对别人的拥抱和亲吻说“不”的权利，不仅仅是出于对孩子的尊重，更是为了一个很重要的教育课题：性教育。

暖妈曾总结过性教育的雷区，其中有一条就是“允许其他人随便抱孩子、亲孩子”。

当一个陌生的庞然大物突然出现，硬要亲孩子、摸孩子，或者要把孩子从熟悉的怀里抱走的时候，无论他是出于什么意图，这对于孩子来说都是无比恐惧的事情。

如果孩子认生，挣扎，哭闹，对方往往还有新的撒手锏：

批判——“这孩子太内向了。”“这么大了还哭，真羞羞。”

引诱——“给我抱（亲）一下就给你一个糖。”“我抱你去找妈妈好不好？”

硬抢——有些人可能觉得被孩子拒绝没有面子，干脆直接把孩子抢过来，直到孩子吓得哇哇哭，才会把孩子还给家长，还会悻悻地补充一句：“抱一下而已，至于哭成这样吗？胆小鬼！”

恕我直言，这些不尊重孩子的行为，也暴露了大人的素养。

最最让人无奈的是，很多父母出于面子，也跟着附和：“哎呀，我这孩子就是内向。”“去让叔叔（阿姨）抱一下吧，有糖吃哦！”

当孩子感受到危险和不安，想要躲在你怀里或身后的时候，你作为他最信任、最依赖的人，却后退一步，把他推了出去，还告诉他：那是别人喜欢你的正常的举动。

家长们可能没有意识到：你这是在破坏孩子对外界天然的感知力和判断力，也是在混淆孩子心中对身体接触的界限的认知。

这不是危言耸听！中国少年儿童文化艺术基金会女童保护基金提供的数据显示，在2014年曝光的203起性侵儿童案中，熟人犯罪占比87.87%。在2015年曝光的340起案件中，熟人犯罪占比70%。很多犯罪嫌疑人利用“熟人”身份，逐渐接近，诱骗孩子，最终得手，作案后还会拿“这是我们之间的秘密，千万不能告诉其他人”等诱哄、胁迫的方式掩盖犯罪事实。

其实，每次写这些话题，我都是很难受的，我特别不愿意相信在我们身边存在着那么多龌龊和罪恶。我更不愿意看到：那么多懵懂无知、听话顺从的孩子，在这些伤害发生之初根本不知道如何拒绝、反抗和保护自己。

孩子区分不出来，那些过分的举动，跟平时被别人抱抱亲亲有什么不同；

孩子也许感觉到了危险，却又认为这是别人喜欢自己，自己应该做个有礼貌的好孩子让别人高兴，于是克制住了自己的反抗意识，直到罪恶发生。

如果，我们从小就尊重孩子的身体，告诉他身体接触的界限在哪里；

如果，每个人都能尊重别人的孩子，不强行摸孩子、抱孩子、逗孩子；

如果，在孩子不愿意被别人触碰和拥抱的时候，家长能出面保护好孩子；

如果，我们能早早明确地告诉孩子：你有权利对任何人的亲吻和拥抱说“不”！

也许，悲剧就会少一点儿、再少一点儿……

“友好逗娃，适可而止”

别人家的孩子再可爱，也不是可以随意逗乐的对象。如果真心想亲和抱，请蹲下来，认真地、平等地和孩子商量一下。如果孩子同意，那自然最好；如果孩子不同意，请不要开些低级的玩笑，花样诱导，强行搂抱。

自己家的孩子再外向，面对那么多不同面孔的陌生人时有羞涩、逃避、不说话等表现是非常正常的，千万不要为了面子硬把孩子推到别人的怀抱里，也不要帮着别人嘲笑孩子。当孩子面对过分的逗弄时，要勇于出面替孩子说一句：“对不起，请不要随便亲（逗）我的孩子！”

暖暖妈爱分享

无论我们的孩子多小，他都有自己的尊严，不需要牺牲自己的感受，去屈从大人，去讨好别人。赋予孩子对别人的拥抱和亲吻说〝不〞的权利，不仅仅是出于对孩子的尊重，更是为了一个很重要的教育课题：性教育。

当孩子感受到危险和不安，想要躲在你怀里或身后的时候，你作为他最信任、最依赖的人，却后退一步，把他推了出去，还告诉他：那是别人喜欢你的正常举动。家长们可能没有意识到：你这是在破坏孩子对外界天然的感知力和判断力，也是在混淆孩子心中对身体接触的界限的认知。

暖妈独家

幼儿英语启蒙自然拼读教程

赵君潇 著

中国妇女出版社

暖暖幼儿园毕业之际，我在公号上发表了一篇名为《一年学费十几万的国际幼儿园，都在学些什么》的文章，分享暖暖在幼儿园的学习和生活。文中提到暖暖所在国际幼儿园的加拿大籍外教教小朋友们学英语的方法。结果发现要求我分享暖暖所在国际幼儿园英语启蒙方法的评论，竟然有1500多个赞。我深受启发，也深深体会到了妈妈们关于英语启蒙的焦虑。

我认真总结了一下暖暖这一年来的英语启蒙之路，值此机会在这里跟大家分享一下。

暖暖的英文基础

在分享具体的启蒙方法之前，我先跟大家介绍一下暖暖的英文背景。

在大班转到这个国际幼儿园之前，其实暖暖不算是完全的英语“零”基础。从她几个月大开始，我就一直通过早教机给她听各种英文童谣。她4岁的时候，我送她去上过一段时间的英文兴趣班。但是，说实话，这种一周一次的兴趣班，如果放学后脱离了使用场景，基本上学到的东西很快也就忘了，所以暖暖刚转到国际园的时候，几乎完全没办法用英语跟外教和小朋友交流。

没想到，半年不到，有一次我们跟暖暖聊起冬眠动物的时候，暖爸顺口说了一个冬眠的单词“hibernation”，暖暖居然七倒八歪地在白板上拼了出来，虽然有一个字母写错了，但这已经让我非常惊讶了。

到现在，幼儿园毕业了，暖暖已经可以非常顺畅地跟我用英语对话，在国外旅行的时候她也可以独立地用英文找人问路和点餐了。

常见的英语启蒙误区

回想起暖暖这一年来的英语启蒙之路，我想先跟大家澄清几个我们一直以来关于英语启蒙的误区。

1.上学以后反正会学英语，所以学龄前的启蒙并不重要。

6岁以前，是孩子的语言敏感期。对于我们这一辈人来说，学英语最痛苦的一点在于，在10岁以前，很多人几乎没有接触过这门语言，之后学习到的，又基本都是“哑巴英语”，所以即便是我现在已经可以流利地用英文演讲，但仍然是用中文想好了以后再人工翻译成英语，这是一种语言学习上的悲剧。学龄前的启蒙，是培养英语语感和英语思维方式（Think in English）最好的阶段，大家千万别错过了。

2.孩子的发音是否地道并不重要，长大以后自然就好了。

这也是我之前一直错误地以为的，总觉得小孩子说说Chinglish也没什么，长大之后自然就自己修正了。但语言学家经过研究发现，对一门语言而言，最初接触的几年形成的语感，会影响孩子此后一生的发音，之后改起来的难度会大大增加。

举个简单的例子，小米手机创始人雷军有一次在美国开新品发布会，一句“Are you OK？”遭到了全国网民的嘲笑。雷军的英语水平不管从语法结构还是流利程度其实已经非常好了，但口音很大程度上，是在长期的学习过程中习得的，很难改变。

我不是说我们一定要去纠正孩子的每个发音，毕竟孩子敢于开口说更重要。但在启蒙之初，我们应该尽量让孩子听到更优美、更地道的发音。

3.英语跟数学一样，是需要好好“学习”的。

好好学习，多多做题，是我们这一代人学习英语的基本方式。但英语跟数学、物理不一样，它不是一门科学，如果不是专门研究语言，不需要去探究它的根源和本质。也就是说，英语是一门语言、一种工具。相比让孩子好好地“学习”它，更重要的是，要营造一种语境，让孩子在生活中多接触、多听、多用。暖暖的外教经常说的一句话是：“Not study，but learn.” 这应该就是英语启蒙的精髓了。

现在最流行的英语启蒙教育方式莫过于自然拼读法（Phonics）了。自然拼读的学习过程有点儿像我们学习汉语拼音的过程，主要是教给孩子认识不同的字母以及字母组合，在不同单词里的发音规律。通过掌握这些发音规律，孩子看到单词，就能够读出来。

暖暖所在的国际幼儿园也不例外，外教们用教外国孩子学母语的方法教孩子学英语，一个非常重要的方法就是自然拼读。

自然拼读之前的准备工作

自然拼读其实并不适合“零基础”的孩子。在教孩子自然拼读之前，需要提前做一些准备。

1.先从童谣和绘本开始

还在暖暖1岁多的时候，我就开始给暖暖看一些原版的英文绘本，听一些原版的英文童谣，至少每天上、下午各有两次不少于30分钟的英语输入。

英文童谣有孩子熟悉的旋律，有朗朗上口、简单押韵的词汇，即便是刚开始孩子根本听不懂，也可以用来“磨”耳朵。通过不断的输入，孩子在潜移默化中，会对英文的发音有一个初步的感知。暖暖小时候最喜欢的童谣是*Brown bear，what do you see?* 通过不断地听和模仿，暖暖在很小的时候就能很标准地发/æ/这个音了。

而暖暖所在的国际幼儿园，在小班和中班的时候，外教老师们不仅会播放这些英语童谣，还会和孩子做出各种动作表演童谣中的情景，甚至还会用一些道具和教具来给孩子讲解童谣里的人物、动物、物品和情节。通过反复听和跟着唱诵，孩子非常容易理解童谣中的词汇，也有助于培养相应的英语思维。

2.提前熟悉26个英文字母

我看到网上有一些文章，说学习自然拼读之前，完全不需要先学26个英文字母。这种观点其实是不准确的，字母是组成英文的最基本单元。即便是在美国的学前训练里，英文字母也都是先于自然拼读需要掌握的基础。

暖暖就读的国际幼儿园里，字母学习也是从“听”和“说”开始，进一步拓展到“读”和“写”的阶段。

暖暖的外教老师告诉我，幼儿园小班学的第一首字母歌是*A is for Apple*。孩子很快就能记住26个字母，因为他们天天和自己的好朋友按照老师的要求，用身体摆出字母的形状，并且还会比较谁摆得更像，谁猜得更准。

A Is For Apple

A is for apple a a apple
B is for ball b b ball
C is for cat c c cat
D is for dog d d dog
E is for elephant e e elephant
F is for fish f f fish
G is for gorilla g g gorilla
H is for hat h h hat
I is for igloo i i igloo

J is for juice j j juice
K is for kangaroo k k kangaroo
L is for lion l l lion
M is for monkey m m monkey
N is for no n n no
O is for octopus o o octopus
P is for pig p p pig
Q is for question q q question
R is for ring r r ring
S is for sun s s sun
T is for train t t train
U is for umbrella u u umbrella
V is for van v v van
W is for watch w w watch
X is for box x x box
Y is for yellow y y yellow
Z is for zoo z z zoo
So many things for you to learn about
So many ways to sing a song
So many things for you to learn about
So many ways to sing a song

有了字母认知的过渡期，进入下一阶段的书写和自然拼读练习，就不再是难题了。

在开始教孩子自然拼读之前，我建议先准备一套自然拼读启蒙教材，有助于系统地帮助孩子进行启蒙学习。

暖暖幼儿园里用过的自然拼读教材很多，因为之前小、中班阶段她的同学已经学过部分自然拼读了，为了跟上同学的节奏和步伐，我也给她额外买过自然拼读的辅导资料。不同的教材，各有千秋，也可以同时买几套，但一定要注意系统性，也就是难度要循序渐进，不能过于跳跃。

自然拼读的启蒙步骤

Step 1：学习字母的发音（Letter Sound）

学习每个字母在单词中的发音（Letter Sound）是自然拼读的第一步。

比如，字母A在单词alligator里的发音是/a/，为了让小朋友们记住这个发音，老师会提示大家用胳膊模仿大鳄鱼的样子，以加深记忆。

外教老师还设置了各种游戏，把不同发音的字母贴在地上，给每个小朋友一个小锤子，然后老师说一个单词，让孩子们去寻找这个单词开头或结尾对应的发音的字母，找到后用小锤子敲一下。小朋友们对这个游戏乐此不疲，不断反复其实就是强制记忆，让他们印象深刻。每一节课都是嘻嘻哈哈的，孩子们根本不觉得是在上课，不经意间，不同的字母和字母组合对应的发音，就熟记于心了。

Step 2：学习字母组合的发音（Vowel Pairs）

相比单个的字母，字母组合的发音就加深了一个难度。比如i和r单独的时候，会发不同的音，但连在一起，就会发/ɜ:/的音。id、ig、il虽然第一个字母一样，但因为后面的字母不同，所以发音也完全不一样。

幼儿园里，外教老师会给孩子们准备一些实物游戏，比如：用小蚂蚁的游走路径画出一个a，加深a和ant的印象；以b开头的单词有ball（球），老师就剪下B、A、L、L这些字母贴在一个真的球上，和孩子们玩投篮游戏。

再比如，at这对字母组合在cat、hat这些单词里，都是发同样的音。老师会把这些押韵的单词串起来编成故事——“我们来认识一只戴着帽子的猫咪……”这对培养孩子的辨音能力和锻炼孩子对情景的理解力都非常有效。

Step3：学习Sight Words

这一步要和step1和step2同时进行。

Sight Words是指不符合自然拼读规则的220个常用词，比如a、the、of等。因为在儿童英语启蒙读物中，Sight Words大约占了75%，所以它也被认为是儿童初级阅读常用字。

之所以说Sight Words的学习要与前面两步同时进行，是因为从自然拼读初期，暖暖就在学Sight Words

了，直到幼儿园毕业还在继续学，所以Sight Words的学习是贯穿整个自然拼读学习过程的。

这220个词真的是很常用，有时候一篇文章中有一半都是Sight Words，所以幼儿园老师也会把这220个Sight Words在平时的教学中逐渐教给小朋友。

通常，暖暖的外教不会强迫孩子们死记硬背，他们也会通过不断地重复和游戏来加深孩子的记忆。比如外教们会制作Sight Words的游戏卡片和小朋友一起玩Sight Words Games。

220 Sight Words and 95 Nouns

Pre-Primer List				
a	find	is	not	three
and	for	it	one	to
away	funny	jump	play	two
big	go	little	red	up
blue	help	look	run	we
can	here	make	said	where
come	I	me	see	yellow
down	in	my	the	you

Primer List					
all	came	into	please	that	went
am	did	like	pretty	there	what
are	do	must	ran	they	white
at	eat	new	ride	this	who
ate	four	no	saw	too	will
be	get	now	say	under	with
black	good	on	she	want	yes
brown	have	our	so	was	
but	he	out	soon	well	

First Grade List					
after	could	has	let	over	them
again	every	her	live	put	then
an	fly	him	may	round	think
any	from	his	of	some	walk
ask	give	how	old	stop	were
as	going	just	once	take	when
by	had	know	open	thank	

Second Grade List					
always	call	gave	pull	these	why
around	cold	goes	read	those	wish
because	does	green	right	upon	work
been	don't	its	sing	us	would
before	fast	made	sit	use	write
best	first	many	sleep	very	your
both	five	off	tell	wash	
buy	found	or	their	which	

Third Grade List					
about	draw	grow	laugh	seven	today
better	drink	hold	light	shall	together
bring	eight	hot	long	show	try
carry	fall	hurt	much	six	warm
clean	far	if	myself	small	own
cut	full	keep	never	short	pick
done	got	kind	only	ten	

95 Nouns					
apple	home	baby	horse	back	house
ball	kitty	bear	leg	bed	letter
bell	man	bird	men	birthday	milk
boat	money	box	morning	boy	mother
bread	name	brother	nest	cake	night
car	paper	cat	party	chair	picture
chicken	pig	children	rabbit	christmas	rain
coat	ring	corn	robin	cow	santa claus
day	school	dog	seed	doll	sheep
door	shoe	duck	sister	egg	snow
eye	song	farm	squirrel	farmer	stick
father	street	feet	sun	fire	table
fish	thing	floor	time	flower	top
game	toy	garden	tree	girl	watch
goodbye	water	grass	way	ground	wind
hand	window	head	wood	hill	

Step 4：分级阅读

孩子们在上面几个阶段的学习中，基本掌握了自然拼读的方法，也积累了一定的词汇量。接下来，老师会根据孩子们的能力培养他们的阅读习惯。

英语的分级阅读，就是按照孩子的心智、能力、心理特点甚至是个人兴趣，为他们提供科学及有针对性的阅读。

老师告诉我一个非常好用的简单鉴定级别的方法，就是5个手指头鉴定法，也就是说，如果一页上面有5个字以上是生字，那这本书对孩子而言，便是有点儿难了。了解了孩子的阅读能力后，就可以循序渐进培养了，大量单词句型的累积，日常生活场景的累积，这两方面的积累对于孩子的阅读能力的培养非常重要。

暖暖的分级阅读中用得比较多的是牛津树系列（Oxford Reading Tree）和红火箭系列（Red Rocket Reader）。

牛津树一般建议从4岁开始阅读，最低可以3岁开始。一开始是生活故事，后来是冒险故事，再后来有拼读故事，有科普故事，有桥梁系列，有经典小说，逐渐升级，对应的年龄跨度也很大。

而红火箭则分为虚构类（fiction）和非虚构类（non-fiction）两部分，故事性阅读和科普性阅读各占一半，里面*Teacher Talk*、*Key Words and Letters*、*Teaching Plan*以及*Flashcards*能够快速帮孩子抓住每本书的重点字母或单词，也能让孩子提前了解故事情节、人物和场景。我觉得这套书能培养孩子的自主阅读的能力，暖暖总是能自己安静地看半天，还会时不时问我几个问题，互动性还挺好的。

除了在幼儿园的学习和教材学习以外，还有一些辅助工具，可以帮助孩子更好地理解自然拼读。比如之前我在文章《玩手机也能让孩子更聪明，关键是挑对这些App》里分享过我经常给暖暖玩的App，里面就有美国的幼儿园和小学生们经常用的Kids A-Z。这个App是暖暖刚转到国际幼儿园时，外教老师推荐给我们使用的。

这个App针对不同年龄段的自然拼读和分级阅读练习，从aa开始一直到zz，一共分为29个级别，最简单的级别从幼儿园有一点儿英文基础就可以开始，之后一直到更高的级别，层次清晰。

特别值得指出的是，Kids A-Z的单词不是按难度编排，而是按拼读规则和使用频度的大小来安排的。其实，对孩子来说，学陌生词的难度是一样的。这也是我们让孩子学习自然拼读的目的——不是让孩子学知识、认单词，而是真正学会拼读。

唯一的问题是，因为Kids A-Z是美国幼儿园的御用工具，所以引进到中国之后也跟美国一样是收费的，价格还不便宜。上次推荐完之后，就有很多妈妈让我研究有没有合班报名的方式，等我研究好了，再来给大家汇报吧！

关于自然拼读的两个疑问

在本文结束之前，我想再回答几个我在后台经常被问到的问题。

1.学了自然拼读，是不是就不用学音标了？

当然不是的。自然拼读更适合英语启蒙阶段的孩子。因为这个年龄的孩子，不是特别适合学习音标。音标有点抽象，对低龄的小朋友而言是有难度的，可以先学习自然拼读，形成一定的语感，这相当于知其然。等他们能理解音标的时候再学习音标，才会事半功倍，才能做到知其所以然。音标与自然拼读，可以相互补充，相互并不排斥。

2.多大开始学习自然拼读最合适？我家孩子已经五六岁了，还来得及吗？

暖暖所在的国际幼儿园用的是美国的教育体系，在美国，一般从4岁左右开始学习自然拼读。但我觉得，自然拼读虽然从低幼时期开始学习更有优势，但只要方法对了，随时都可以开始。孩子如果早早地对英文字母、单词非常敏感，而且产生了强烈的认读单词的欲望，这个时候便是开始学习自然拼读最佳的时机。

从暖暖学习的过程中，我发现自然拼读对中国孩子最大的好处就是可以减轻单词记忆负担，现在市场上优秀的自然拼读教学产品、书籍、视频、软件、游戏、教具等，应有尽有，我们可以仔细挑选符合孩子心理的，本着寓教于乐的目标开发研究的一些教材，以在学习的时候，如果孩子能乐在其中，就是最大的成功。

感谢大家读完这几千字的关于英语启蒙攻略的分享，一不留神就写了这么长。宝宝的英语启蒙是一个挺大的话题，我实在没办法用短短一篇文章就全部分享完。暖暖从一年前那个几乎不敢开口的英文“小白”，到现在成为可以熟练跟外国人对话的小

“英语通”，不单是学习自然拼读的结果，我还有很多的心得想跟大家分享！

如果大家也希望我多分享暖暖学龄前英语启蒙方面的心得，可以给我点个赞，算是对我继续写下去的鼓励吧！

附录1：Sight Words词汇故事

The Best Thing in The World

Once upon a time, there were four brothers who lived in a far away land.

Their father was an old king.

One day he said, "I will not live long now. Today you must start out into the world. In a year, bring back the best thing you have found. The one who can pick the best thing shall be the new king."

The first brother said, "I will look in every city or town. I will buy the best thing I can for my father."

The next two brothers said, "We will both go on fast ships over the sea. We will find something better."

The last brother said, "I am going to ask the people here in our own land to tell me the best thing."

The other three brothers began to laugh. "Then you will never be king!" They said.

The last brother started off.

When he had gone about six miles, he met a man. "What do you carry in those big bags?" he asked.

"The best thing in the world," said the man, "These are full of the good nuts which fall from my five nut trees."

"I don't think that would work," said the brother to himself, "I must try again."

The brother went on another seven miles. He found a small brown bird.

It had been hurt, so he put it in his coat where it could keep warm.

As he went on, he saw a little girl crying.

He ran to meet her. "Why are you crying?" he asked.

"I want to get some water from the well," she said, "We use so much. We drink cold water. We wash the clothes clean with hot water. But I do not know how to pull it up. Please show me."

The brother said, "Hold this bird and I will help you. It does not fly around any more because it got its wing cut."

"Thank you. What a pretty bird!" she said, "I wish you would give it to me. If you will let me keep it, I will always be very kind to it. I will take care of it myself. I will make it grow well again."

"Yes, you may have it." said the brother. So he gave her the bird and went on.

At night, he went to sleep under a round yellow haystack.

When it was light again, he walked on.

Every day he would walk eight or ten miles.

He asked the people about the best thing in the world.

Some said it was best to sing.

Some said it was best to run and jump and play.

Some said the green grass was best.

Some liked the red and blue and white flowers best.

One man said the best thing was to ride a black horse.

He always stopped to help people who needed it.

Soon he made many friends. All the people began to like him.

They would say, "See there goes the king's son. He would be just the right kind of king for us."

Every door was open to him. The people would call to him to stop.

They would ask him to come and eat with them.

After he ate, he would sit down and read to the children.

After he read, he showed them how to draw and write.

Months went by. He still had no beautiful thing to take to his father.

Just before the year was done, he went home again.

The time came when the king called his sons together.

"What did you bring?" He asked them all. The other brothers had many beautiful things.

"And what did you bring?" said the king to the last brother.

"This is too funny!" said the other brothers, "He has nothing!" but the king was kind to the last brother.

"What did you bring me?" the king asked again.

"I bring only the friendship of your people," said the last brother.

"That is the best thing!" cried his father, "You shall be the new king."

附录2：暖妈精选英文拼读材料

1.Are You Sleeping

Are you sleeping, are you sleeping,
Brother bear, brother bear,
Morning bells are ringing, morning bells are ringing,
Ding dong dang! Ding dong dang!
Are you sleeping, are you sleeping,
Little john, little john,
Morning bells are ringing, morning bells are ringing,
Ding dong dang! Ding dong dang !

2.O Christmas Tree

O christmas tree! O christmas tree!
How ever green your branches!
O christmas tree! O christmas tree!
How ever green your branches!
They're green when summer days are bright!
They're green when winter snow is white!

3.Good Bye To You

Goodbye my dear friend!
I'll see you again.
Goodbye to you!
Goodbye to you!
Goodbye my dear friend!
I'll see you again.

扫描二维码，
发送“高效能养育”
随时收听英文童谣

Goodbye to you!
Goodbye to you!
Good bye my dear friend,
I'll see you again.
Goodbye to you!
Goodbye to you!
Goodbye my dear friend,
I'll see you again.

4.I Have Two Hands

I have two hands, the left and the right.
Hold them up high, so clean and bright.
Clap them softly,
One, two, three,
Clean little hands are good to see.
My face is bright, my teeth all white.
My dress is clean and all of me.
So dear playmates follow me.
So that our mother will be happy.

I have two hands, the left and the right.
Hold them up high, so clean and bright.
Clap them softly,
One, two, three,
Clean little hands are good to see.
My face is bright, my teeth all white.
My dress is clean and all of me.
So dear playmates follow me.
So that our mother will be happy.

5.I Am a Little Teapot

I am a little teapot, short and stout.
Here is my handle, here is my spout.
When I get all steamed up,
Hear me shout,
Tip me over and pour me out!

6.Twinkle Twinkle Little Star

Twinkle, twinkle, little star,
How I wonder what you are.
Up above the world so high,
Like a diamond in the sky.
Twinkle, twinkle, little star,
How I wonder what you are!

Twinkle, twinkle, little star,
How I wonder what you are!
Up above the world so high,
Like a diamond in the sky.
Twinkle, twinkle, little star,
How I wonder what you are.

7.Apple Round, Apple Red

Apple round,apple red,
Apple juice,apple sweet.
Apple apple I love you,
Apple sweet I love to eat.

Apple round,apple red,
Apple juice,apple sweet.
Apple apple I love you,
Apple sweet I love to eat.

8.We Wish You a Merry Christmas

We wish you a merry christmas.
We wish you a merry christmas.
We wish you a merry christmas,
And a happy new year.
Good tidings we bring,
To you and your kin.
We wish you a merry christmas,
And a happy new year.

We wish you a merry christmas.
We wish you a merry christmas.
We wish you a merry christmas,
And a happy new year.
Good tidings we bring,
To you and your kin.
We wish you a merry christmas,
And a happy new year.

9.If You're Happy

If you're happy, and you know it, Clap your hands.
(Clap!Clap!)
If you're happy, and you know it, Clap your hands.

(Clap!Clap!)

If you're happy, and you know it, Then,your face will surely show it.

If you're happy, and you know it, Clap your hands.

(Clap!Clap!)

If you're happy, and you know it, Stomp your feet.

(Stomp!Stomp!)

If you're happy, and you know it, Stomp your feet.

(Stomp!Stomp!)

If you're happy, and you know it, Then,your face will surely show it.

If you're happy, and you know it, Stomp your feet.

(Stomp!Stomp!)

If you're happy, and you know it, Shout "Hurray!"

(Hurray!)

If you're happy, and you know it, Shout "Hurray!"

(Hurray!)

If you're happy, and you know it, Then,your face will surely show it.

If you're happy, and you know it, Shout "Hurray!"

(Hurray!)

If you're happy, and you know it, Do all three.

(Clap!Clap!Stomp!Stomp!Hurray!)

If you're happy, and you know it, Do all three.

(Clap!Clap!Stomp!Stomp!Hurray!)

If you're happy, and you know it, Then,your face will

surely show it.

If you're happy, and you know it, Do all three.

(Clap!Clap!Stomp!Stomp!Hurray!)

10.Five Little Monkeys

Five little monkeys jumping on the bed,
One fell off and bumped his head.
Mama called the doctor, and the doctor said,
"No more monkeys jumping on the bed! "

Four little monkeys jumping on the bed ,
One fell off and bumped his head .
Mama called the doctor, and the doctor said,
"No more monkeys jumping on the bed! "

Three little monkeys jumping on the bed,
One fell off and bumped his head.
Mama called the doctor, and the doctor said,
"No more monkeys jumping on the bed! "

Two little monkeys jumping on the bed,
One fell off and bumped his head.
Mama called the doctor, and the doctor said,
"No more monkeys jumping on the bed! "

One little monkey jumping on the bed,
He fell off and bumped his head.
Mama called the doctor, and the doctor said,
"No more monkeys jumping on the bed! "

11.The More We Get Together

The more we get together,
Together,together,
The more we get together,
The happier we'll be!
For your friends are my friends,
And my friends are your friends.
The more we get together,
The happier we'll be!

The more we get together,
Together,together,
The more we get together,
The happier we'll be.
For your friends are my friends,
And my friends are your friends.
The more we get together,
The happier we'll be!

12.Ten Little Indian Boys

One little, two little, three little Indians ,
Four little, five little, six little Indians,
Seven little, eight little, nine little Indians,
Ten little Indian boys .

Ten little, nine little, eight little Indians,
Seven little, six little, five little Indians,
Four little, three little, two little Indians,
One little Indian boy.

13.You Are My Sunshine

You are my sunshine,
My only sunshine,
You make me happy,
When skies are gray.
You'll never know, dear,
How much I love you,
Please don't take my sunshine away.

14.Jingle Bells

Jingle bells, jingle bells, jingle all the way.
Oh,what fun it is to ride in a one-horse open sleigh.
Jingle bells, jingle bells, jingle all the way.
Oh,what fun it is to ride in a one-horse open sleigh.
Jingle bells, jingle bells, jingle all the way.
Oh,what fun it is to ride in a one-horse open sleigh.
Jingle bells, jingle bells, jingle all the way.
Oh what fun it is to ride in a one-horse open sleigh.
Dashing through the snow, in a one-horse open sleigh.
Over the fields we go, laughing all the way.
Bells on bob-tails ring, making spirits bright,
What fun it is to ride and sing a sleighing song tonight.

Jingle bells, jingle bells, jingle all the way.
Oh what fun it is to ride in a one-horse open sleigh.
Jingle bells, jingle bells, jingle all the way.
Oh what fun it is to ride in a one-horse open sleigh.
Jingle bells, jingle bells, jingle all the way.

Oh what fun it is to ride in a one-horse open sleigh.
Jingle bells, jingle bells, jingle all the way.
Oh what fun it is to ride in a one-horse open sleigh.

Dashing through the snow, in a one-horse open sleigh.
Over the fields we go, laughing all the way.
Bells on bob-tails ring, making spirits bright,
What fun it is to ride and sing a sleighing song tonight.

15.Mary Had a Little Lamb

Mary had a little lamb, little lamb, little lamb,
Mary had a little lamb, its fleece was white as snow.
Mary had a little lamb, little lamb, little lamb,
Mary had a little lamb, its fleece was white as snow.
And everywhere that Mary went, Mary went, Mary went,
Everywhere that Mary went, the lamb was sure to go.
And everywhere that Mary went, Mary went, Mary went,
And everywhere that Mary went, the lamb was sure to go.

Mary had a little lamb, little lamb, little lamb,
Mary had a little lamb, its fleece was white as snow.
Mary had a little lamb, little lamb, little lamb,
Mary had a little lamb, its fleece was white as snow
And everywhere that Mary went, Mary went, Mary went,
Everywhere that Mary went, the lamb was sure to go.
And everywhere that Mary went, Mary went, Mary went,
And everywhere that Mary went, the lamb was sure to go.

16.One, Two, Three, Four ,Five

One, two, three, four, five,
Once I caught a fish alive ,
Six, seven, eight, nine, ten,
Then I let it go away.
Why did you let it go?
Because it bit my finger so.
Which finger did it bite?
This little finger on the right.

One, two, three, four, five,
Once I caught a fish alive,
Six, seven, eight, nine, ten,
Then I let it go again.
Why did you let it go?
Because it bit my finger so.
Which finger did it bite?
This little finger on the right.

17.London Bridge

London bridge is falling down,
Falling down, falling down.
London bridge is falling down,
My fair lady .
Build it up with iron bars,
Iron bars, iron bars.
Build it up with iron bars,
My fair lady.

Iron bars will bend and break ,
Bend and break, bend and break.
Iron bars will bend and break,
My fair lady.
Build it up with silver and gold,
Silver and gold, silver and gold.
Build it up with silver and gold,
My fair lady.

18.Twelve Months

January, February, March,
April, May and June,
July and August, September,
October, November, December.

January, February, March,
April, May and June,
July and August, September,
October, November, December.

January, February, March,
April, May and June,
July and August, September,
October, November, December.

January, February, March,
April, May and June,
July and August, September,
October, November, December.

January, February, March,
April, May and June,
July and August, September,
October, November, December.

January, February, March,
April, May and June,
July and August, September,
October, November, December.

19.Fly, Fly, Butterfly

Fly, fly, fly, the butterfly
In the meadow it's flying high
In the garden it's flying low
Fly, fly, fly, the butterfly

Fly, fly, fly, the butterfly
In the meadow it's flying high
In the garden it's flying low
Fly, fly, fly, the butterfly

20.Bingo

There was a farmer who had a dog,
And Bingo was his name, oh!
B-I-N-G-O,
B-I-N-G-O,

B-I-N-G-O,
And Bingo was his name, oh!

There was a farmer who had a dog,
And Bingo was his name, oh!
(Clap)-I-N-G-O,
(Clap)-I-N-G-O,
(Clap)-I-N-G-O,
And Bingo was his name, oh!

There was a farmer who had a dog,
And Bingo was his name, oh!
(Clap)-(Clap)-N-G-O ,
(Clap)-(Clap)-N-G-O ,
(Clap)-(Clap)-N-G-O ,
And Bingo was his name, oh!

There was a farmer who had a dog,
And Bingo was his name, oh!
(Clap)-(Clap)-(Clap)-G-O,
(Clap)-(Clap)-(Clap)-G-O,
(Clap)-(Clap)-(Clap)-G-O,
And Bingo was his name, oh!

There was a farmer who had a dog,
And Bingo was his name, oh!
(Clap)-(Clap)-(Clap)-(Clap)-O,
(Clap)-(Clap)-(Clap)-(Clap)-O,
(Clap)-(Clap)-(Clap)-(Clap)-O,

And Bingo was his name, oh!

There was a farmer who had a dog,
And Bingo was his name, oh.
(Clap)-(Clap)-(Clap)-(Clap)-(Clap)
(Clap)-(Clap)-(Clap)-(Clap)-(Clap)
(Clap)-(Clap)-(Clap)-(Clap)-(Clap)
And Bingo was his name, oh !